KB061728

기본소득과 조세

조세 전문가가 짚어내는 재원 마련 문제와 개선책

기본소득과 조세

초판 1쇄 인쇄 2022년 3월 2일
초판 1쇄 발행 2022년 3월 10일

지은이 김신언

펴낸이 조현철
펴낸곳 카리스
출판등록 2010년 10월 29일 제406-2010-000097호
주소 경기도 파주시 풍뎅이길 26-15, 2F

전화 031-943-9754
팩스 031-945-9754
전자우편 karisbook@naver.com
총판 비전북 (031-907-3927)

값 15,000원

ISBN 979-11-86694-09-1   03300

· 이 책의 판권은 카리스에 있습니다.
· 잘못된 책은 바꿔드립니다.
· 이 책의 전부 또는 일부 내용을 재사용하려면
  사전에 저작권자와 카리스의 동의를 받아야 합니다.

Basic Income & Tax

조세 전문가가 짚어내는 **재원 마련 문제**와 **개선책**

기본소득과 조세

김신언 지음

카리스

머리말

    기본소득의 성패는 재원 마련에 달려 있다고 해도 과언이 아니다. 기본소득 연구자들은 막대한 예산이 드는 기본소득 제도를 실현하기 위해서 정부의 재정 지출보다는 세금을 통한 재원 조달에 더 중점을 두고 있다. 기본소득이 지속되기 위해서는 장기적인 측면에서 국가 재정이 안정되어야 하는데, 공채로 인한 재원 조달로는 한계가 있는 반면 조세는 이 문제에서 자유롭고 소득 계층 간 재분배 효과도 달성할 수 있기 때문이다. 이에 따라 조세 지출을 줄이면서 보편 증세를 통한 재원 조달 방법이 제안되었고, 목적세로 여러 가지 세목을 신설하는 방안도 제시되었다. 실제 기본소득당 용혜인 의원은 2021년에 기본소득토지세와 탄소세 입법안을 발의하기도 했다.

    한편, 그동안 정작 조세법 학계나 실무에서는 기본소득과 관련된 세제에 대한 논의가 부족했다. 왜냐하면 최근 몇 년 동안 조세법 분야는 여러 세제상 문제로 매우 분주했기 때문이다. 첫째, 부동산 가격 폭등으로 인해 26차례에 걸친 정부의 부동산 정책 변경과 이에 따른 부동산 관련 세법의 대폭 개편이 있었다. 둘째, 50년 만에 신탁법이 영미법 체계에 더욱 가깝게 개정됨에 따라 대륙법 기반의 기존 세제의 개편 과정에서 나온 과세 사각지대 문제의 해결 방법을 찾아야 했다. 셋째, 국제 조세 분야에서 구글세의 일환으로 OECD를 중심으로 한 디지털세 도입과 관련된 연구 등이다. 물론 조세법 연구가 당장 수익을 발생시키는 현행 법률 체계의 문제를 해결하는 데 중점을 두어 왔고, 그렇지 않은 세제에 대해서는 다소 미진하다는 비판에서 자유롭지 못할 것이다. 그러나 무엇보다 기본소득의 연구자들이 세제 개편 방안을 제안하면서 조세 전문 학술지에 논문을 게재하여 검증하기보다 유튜브 콘텐츠나 도서 출판물 같은 쉽고 편리한 방법에 치중했다는 점이다. 간담회나 학술대회에서도 기본소득을 비판하는 학자들을 참여시킨 적이 거의 없기 때문에 학술 자료를 중심으로 연구하는 학자들 사이에서 인지도가 떨어진 것도 조세 분야에서 논의가 적었던 근본적인 원인이다. 현재 시중에 판매되고 있는 약 80여 종의 기본소득 관련 도서들이 기본소득의 재원 마련 방법으로 제시된 조세의 과세 논리와 타당성에 대한 객관적인 검증을 다루고 있지 않다는 점이 이를 뒷받침한다.

이 책에서는 기본소득의 도입 필요성과 같은 기초 이론이나 그 기능보다는 세제 관련 각종 논의에 집중하여 조세법적 시각에서 문제점을 지적하고 합리적인 개선 방안을 찾아보고자 했다. 이를 위해 기본소득에 적용될 기초적인 조세법 이론을 먼저 서술하고 국토보유세, 탄소세, 데이터세, 로봇세에 대하여 법리적으로 그 실현 가능성을 검토하는 방식으로 책을 편집했다. 본문 내용에서 딱딱한 전문용어가 더러 있긴 하지만, 기본적인 상식선에서 타당성과 개선점을 알리려는 저자의 의도를 표현하는 데 무리가 없다고 생각한다. 아무쪼록 이러한 노력이 기본소득 연구자들의 편중된 시야를 확장하고 조세법 분야에서도 세제 개편의 새로운 연구와 발전의 마중물이 되기를 희망한다.

2022년 2월
김신언

차례

1편

기본소득과
조세법의 기본 이론

1장 기본소득과 재원 마련

코로나19로 인한 경제 위기를 극복하고자 긴급재난지원금이 몇 차례 지급되면서 국내에서도 기본소득에 대한 국민들의 관심이 높아지고 있다. 국회에서도 기본소득제도 도입을 위한 법안들이 여야 합의로 속속 상정되고 있어 기본소득의 실현 가능성을 높이고 있다. 국가는 「헌법」이 정하는 바에 따라 국민의 사회보장, 사회 복지의 증진에 노력할 의무를 지며, 균형 있는 국민경제의 성장 및 안정과 적절한 소득을 분배할 책무도 동시에 가지고 있다. 그러므로 기본소득의 지급도 국가가 당연히 국민의 권익과 경제생활을 위해 필요한 조치로 고려할 수 있다. 다만 현재 기본소득과 관련된 정치적인 논쟁이기도 한 기본소득의 재원을 어떻게 확보하느냐가 전 국민에 대한 기본소득 지급의 성패를 결정짓는 가장 핵심적인 이슈라고 할 것이다. 국가는 공채와 조세를 통해 필요한 재원을 조달한다. 공채는 신속하게 조달할 수 있는 장점이 있지만, 국가 부채가 증가하므로 재정 건전성을 고려하여 적정선을 유지해야 한다. 반면, 조세는 국민으로부터 징수하는 것이므로 국민 생활에 직접적인 타격을 주게 되어 신중할 수밖에 없다. 기본소득의 재원 확보와 관련된 문제가 바로 이러한 내용이다.

현재, 기본소득의 도입을 주장하는 사람들도 공채발행보다는 필요한 재원을 세수증대를 통해 마련하는 방안을 제시하고 있다. 연간 50조 원이 넘는 조세 지출 규모를 줄이고, 국토보유세, 탄소세, 데이터세, 로봇세 등과 같은 새로운 세원을 적극적으로 개발하는 것이다. 한편으로는 목적세 이외에 보편적인 증세를 통해 필요한 재원을 확보하자는 주장[1]도 제기되었다. 그렇지만, 이러한 입법 논의과정에서 법적 타당성을 검토할 수 있는 조세법 학자들의 참여는 거의 없는 실정이다. 따라서 기본소득의 재원 마련을 위해 조세 지출을 줄이거나 새로운 세법을 입법하는 등 증세를 시행할 경우 법률의 위헌 소지가 있는 부분이 걸러지지 않아서, 조세법의 기본 원칙을 준수하는지에 대한 의구심이 있다. 국민이 수용할 만한 정도의 담세력을 기준으로 조세 부담이 적절한지에 대하여 제대로 검토되는지에 대한 우려도 금할 수가 없다.

기본소득 도입의 찬반논쟁이나 그 필요성에 대한 논의와는 별개로 현재 논의되고 있는 기본소득형 조세들에 대하여 법리적인 관점에서 살펴볼 필요가 있는 것이다. 따라서 이번 장에서는 우선 기본소득의 재원으로서 조세가 갖추어야 할 조건들과 조세법의 기본 원칙에 대하여 먼저 살펴보기로 한다. 그리고 2장에서는 기본소득이 세수 증대 효과가 있다는 점에서 기본소득을 과세 대상소득으로 볼 수 있는지에 대하여, 3장부터는 국토보유세, 탄소세, 데이터세와 로봇세에 대하여 조세법적 시각에

---

1   유종성, 기본소득과 결합한 조세·재정 개혁 방향 ,『2021년 제1회 국회 기본소득포럼 자료집』, 기본소득포럼, 2021, 19~20면.

서 그 과세 논리와 실현 가능성을 자세히 살펴보기로 한다.

1. 기본소득의 이해

기본소득의 정의

기본소득 Basic Income 이란 다른 소득의 유무와는 상관없이 모든 사람에게 소득을 균등하게 분배해주는 것을 뜻한다.[2] 기본소득지구네트워크 Basic Income Earth Network, 이하 BIEN [3]도 기본소득을 ① 주기적으로 ② 현금성 자산[4]을 ③ 개인에게 ④ 보편적으로 ⑤ 무조건적으로 지급하는 것으로 정의하고 있다.[5] 1986년 유럽에서 시작한 기본소득유럽네트워크는 2004년 기본소득지구네트워크로 명칭을 바꾸었고, 전 세계에 걸쳐 기본소득에 관한 논의를 촉진하는 국제적 네트워크로 발전했다. BIEN은 2020년 말 기준 전 세계 35개 나라 및 지방 자치 단체가 가입되어 있다. 우리나라는 2010년 BIEN의 13차 총회에서 17번째로 승인되었는데, 공식명칭은 기본소득

---

2   Karl Widerquist, Allan Sheahen, *The Basic Income Guarantee in the United States: Past Experience, Current Proposals*, Georgetown University, 2012, p. 2.

3   1986년 기본소득유럽네트워크(BIEN, Basic Income Europe Network)가 결성되었는데, 이 기구가 2004년 바르셀로나에서 열린 제10차 총회에서 기본소득지구네트워크로 전환했다. 2020년 현재 전 세계 35개 국가 및 지방의 네트워크와 유럽네트워크, 세계기본소득네트워크가 가입되어 있다.

4   특정 용도로만 지정된 음식, 서비스, 바우처(vouche) 등이 아니라는 것이다.

5   BIEN 홈페이지(basicincome.org/about-basic-income, 검색일: 2021. 3. 8.); 경기도도 '사회 모든 구성원 개개인에게 재산·노동의 유무와 상관없이 무조건 지급하는 일정한 소득'이라고 정의하고, 그 구성 요소로서 위 다섯 가지 특성을 동일하게 언급하고 있다(경기도, 『기본소득의 정석』, 2020. 6. 30, 3면).

한국네트워크 Basic Income Korean Network, 이하 BIKN 라는 민간단체이다.[6] 그런데 BIKN은 기본소득에 대하여 정관 제2조에서 공유부 common wealth 에 대한 모든 사회 구성원의 권리에 기초한 몫으로서 모두에게, 무조건적으로, 개별적으로, 정기적으로, 현금으로 지급되는 소득이라고 정의함으로써 BIEN과는 달리 공유부를 기본소득의 개념에 포함시키고 있다.

가. 기본소득의 부각

기본소득에 대한 근대적인 기록은 1516년에 토머스 모어가 그의 저서 『유토피아』에서 절도를 줄이는 데 처벌보다 "모든 사람에게 어느 정도 생활 수단을 주는 것"이 더 나은 방식이라며 기본소득의 개념을 처음 주장한 것으로 알려진다. 토머스 페인 Thomas Paine, 1796년 도 토지 보유로 얻은 지대소득을 국가 기금으로 하여 노령층 기본소득과 성년의 자본 급여를 지급할 것을 주장했다.[7] 현대에서는 노벨경제학상을 수상한 밀턴 프리드먼 Milton Friedman, 1962년 과 허버트 사이먼 Herbert Alexander Simon, 1998년 에 의해 복지 제도의 해결책으로 기본소득이 부각되었다.[8]

국내에서의 기본소득 도입 논의는 이미 10년 전부터 시작되었고,

---

6   기본소득한국네트워크 홈페이지(basicincomekorea.org/introduction_bien, 검색일: 2021. 5. 24).
7   현행과 같은 소유 제도를 인정한다 해도 인공적 소유의 토대가 되는 자연적 소유까지 특정 개인이 주장할 권리는 없다고 말한다. 이를 위해 자연적 소유를 특정 개인이 소유하는 것에 대한 보상으로 '기초 지대'를 걷어 국가 기금을 만들고 만 21살에 이른 성년에게 15파운드를 주고, 만 50살 이상의 모든 사람에겐 매년 10파운드씩 지급하자고 주장했다(안효상, "토머스 페인의 『토지 정의』와 해설", 「시대」 통권 50호, 박종철출판사, 2017, 55면). 따라서 지속적으로 일정 금액을 지급하는 기본소득과 더불어 상대적으로 목돈을 일시에 지급하는 기본 자산을 함께 논의한 것이다.
8   경기도, 「기본소득의 정석」, 2020. 6. 30, 5~8면 재인용.

2017년 대통령 선거 경선 당시 이재명 경기도지사가 공약으로 제시하면서 대중에게 알려졌다. 특히, 2020년부터 시작된 코로나19로 인한 경제 위축에 대응하기 위해 긴급재난지원금을 지급하면서 국민들의 관심을 받게 되었다. 경기도와 서울시가 청년수당을 지급하기 시작했고, 강원도는 육아기본수당, 경상도와 전라도의 일부 군[9]에서 농민수당을, 제주시는 해녀수당을 지급하고 있다. 전 국민에 대한 기본소득은 아직 논의 단계이지만, 지방 자치 단체를 중심으로 특정 계층에 대한 기본소득이 보조금 형태로 이미 지급되고 있다. 코로나 이후 재정 여력을 확보한다면 경제 활성화를 위해 정부가 전 국민에게 기본소득을 지급하는 것을 추진할 수 있고, 이재명 후보가 대통령으로 당선되면 적극 실현하고자 할 것이다.

제21대 국회에서는 이미 기본소득 법률안이 3건이 발의된 상태인데, 성일종 의원이 대표 발의한 '기본소득 도입을 위한 법률안' 2020년 6월 30일과 조정훈 의원이 대표 발의한 '기본소득에 대한 법률안' 2020년 9월 16일, 소병훈 의원이 대표 발의한 '기본소득에 대한 법률안' 2020년 9월 24일이 그것이다. 성종일 의원의 법률안은 국가와 지방 자치 단체가 기본소득 도입과 시행 및 연구를 위해 노력해야 한다고 최초로 규정한 데 이의가 있다. 이어 두 의원의 발의 법안들은 기본소득이 무엇인지, 왜 지급해야 하는지를 명확하게 규정하고 있으며, 누구에게 얼마를 어떻게 지급할 것인지에 관한 구체적인 계획까지 제시하고 있다.

---

9   경상북도 청송군, 봉화군, 경상남도 의령군, 합천군, 전라남도 해남군, 함평군, 강진군, 화순군이 2019년에 농민수당을 지급했다. 전라남도와 전라북도는 2020년부터 도에서 직접 지급한다.

나. 긴급재난지원금과 기본소득의 구분

2020년 우리나라는 코로나19 여파로 국가 경제가 위축되고 서민들의 소득이 줄어들자 국민들의 생계와 소득을 보장하기 위해 긴급재난지원금을 지급하기 시작했다. 2020년 3월 13일 전라북도 전주시가 처음 선별적인 지급 방침을 발표했고, 이후 4월 29일 국회에서 긴급재난지원금 추가 경정 예산이 의결되어 같은 해 5월부터 전 국민을 대상으로 4인 가구 기준 가구당 100만 원의 긴급재난지원금이 지급되었다.[10] 이후 코로나 2차 유행으로 위기에 처한 소상공인과 자영업자들을 지원하고자 2020년 9월에는 7조 8,147억 원 규모의 제4차 추가 경정 예산이 의결되어 제2차 긴급재난지원금을 지급하기에 이르렀다. 2021년 1월에 이후부터는 소상공인을 중심으로 한 특수 형태 근로 종사자 및 프리랜서 등을 대상으로 긴급재난지원금까지 집행되고 있다.[11] 긴급재난지원금을 마치 기본소득의 마중물 역할로는 볼 수 없다는 견해[12]의 타당성을 논하지 않더라도 국내에서는 코로나 상황이 발생하기 이전에 이미 이재명 대통령 후보를 중심으로 정치적인 이슈가 되고 있었고, 일부 지방 자치 단체에서도 기본

---

10 「긴급재난기부금 모집 및 사용에 관한 특별법」에 근거한다. 이 법은 2020년 5월 1일 공포되어 같은 날부터 12월 31일까지 시행되는 한시법이다(부칙 제2조). 전혜숙 의원이 2020년 4월 27일 법안을 대표 발의했으며, 같은 달 29일 국회 본회의에서 수정 가결되었다.

11 코로나19로 인한 경제 위기에 대처하기 위해 우리나라뿐만 아니라 미국 연방정부는 2020년에 1인당 1,200달러, 홍콩도 1만 홍콩달러를 재난지원금으로 지급했다. 현재 코로나19 이후 우리나라뿐만 아니라 전 세계 국가가 경기 개선을 지원하기 위해 추가 부양책을 준비하고 있다.

12 김공회, "긴급재난지원금은 기본소득의 마중물인가?: 기본소득(론)의 과거, 현재, 미래", 「마르크스주의 연구」 제17권 제3호, 경상대학교 사회과학연구원, 2020, 125면; 코로나19로 인한 긴급재난지원금을 실시한 국가들(미국, 일본, 홍콩, 한국 등)의 복지 제도가 아직 현금을 지급하지 않고 있는 유럽 국가들에 비해 비교적으로 약하기 때문이라고 보았다.

소득과 유사한 제도를 실행해 왔다.

여기서 '긴급재난지원금'이란 국가 또는 지방 자치 단체가 코로나19에 따른 국민의 생계안정과 소비촉진 등을 위하여 지원하는 금액을 말한다.[13] 현재 재난지원금은 재난기본소득과도 혼용[14]되고 있는데 재난상황에서 정부나 지방 자치 단체가 모든 국민에게 별도의 조건 없이 일정액의 금전을 한시적으로 지급하는 것이라고 정의할 수 있다. 재난지원금은 재난이 발생했을 때 일시적^{한시적}으로 지급하는 것이며, 그 수혜 대상도 정부가 선별적으로 결정한다는 특징이 있다. 그러나 기본소득은 다른 소득의 유무와는 상관없이 모든 사람에게 지속적으로 소득을 균등하게 지급한다는 점에서 차이가 있다. 다만 두 가지 모두 무상으로 지급된다는 점은 동일하다.

그런데 코로나 사태 이후 정부의 긴급재난지원금 집행 과정에서 모든 국민을 지급 대상으로 할 것인지 취약 계층을 중심으로 한 선별적 지원을 할 것인지에 대한 논란은 계속되고 있다. 그러나 형평성 문제와 대상 선정을 위한 시간 소요와 행정력 낭비에 대한 비판이 대두되었고, 국민적 합의는 여전히 요원遙遠하다. 제1차 긴급재난지원금이 전 국민을 대상으로 지급되었던 것과는 달리 제2차 지원금부터는 선별적으로 지급되었는데, 주된 이유는 정부의 재정 지출 증가 때문이었다. 그러나 모든 국민에게 일괄적으로 금전을 지급할 경우 국민들이 이를 소비하는 과정에서 다시 국가로 환수되는 부가가치세 등 소비세 및 자영업자 등의 수익 증대로 인해 나타나는 법인세나 소득세의 증세 효과, 그리고 재난지원

---

13   「긴급재난기부금 모집 및 사용에 관한 특별법」 제2조 제1항.
14   100.daum.net/encyclopedia/view/47XXXXXb1318, 검색일: 2020. 11. 22.

금 등 정부지원금이 적시에 지급되면서 나타나는 경제의 조기 회복과 같은 선순환 효과에 주목할 필요가 있다. 제2차 및 제3차 긴급재난지원금 지급 당시에는 소상공인이나 자영업자들이 밀린 임대료나 물품 구입 대금의 결제 등으로 요긴하게 사업 자금 융통에 도움을 줄 수 있었지만, 전 국민에게 지급한 것과 대비하여 이들이 발생시키는 선순환 경제 효과가 상대적으로 적었다는 점을 간과했다는 비판도 이런 이유에서다.

일반적인 선택적 복지와는 달리 기본소득은 단지 사회정의로만 볼 수 없고 경제성장을 자극하는 원동력으로서도 의미를 가진다. 기본소득만이 경제적 불평등의 만병통치약은 아니지만, 진지하고 의미 있는 경제적 번영을 위한 동력[15]이 될 가능성이 있다. 기본소득의 지급은 기존의 임금 등과 별개로 지급하므로 개인의 가처분소득을 증대시켜 소비 진작을 통한 경제 활성화에 이바지할 수 있기 때문이다.

기본소득의 재원으로서 조세

기본소득은 조건 없이 지급된다는 점에서 선별적 공공 부조公共扶助와 차이가 있으며, 노동 없이 주어지는 혜택이므로 무임승차 논란으로부터도 자유롭지 못하다. 정부가 기본소득의 재원을 마련하기 위해 공채를 발행한다면 막대한 재정적 부담을 질 수밖에 없고, 증세를 통해 실현하려 한다면 조세 저항의 문제에 부딪힐 우려도 있다.

---

15 Rachel Morpeth, "Work Isn't Just About Money: Universal Basic Income and Potential Benefits for U.S. Working Poor", 2019. 3. 13. 기사(centerforfinancialinclusion.org/work-isnt-just-about-money-universal-basic-income-and-potential-benefits-for-u-s-working-poor?gclid=Cj0KCQiA1pyCBhCtARIsAHaY_5cNKZ55SWrtb1DDAwJp9FmL9i4bXippMM4-ty6XJZxYx2nfHavDBs4aAlkOEALw_wcB, 검색일: 2021. 3. 10).

기본소득의 연구자들은 기본소득을 도입하기 위한 새로운 세원稅源으로 개발할 수 있도록 국토보유세토지세, 탄소세, 데이터세, 로봇세를 도입하는 방안을 제시했다. 이를 바탕으로 국회의원 31명이 참여[16]한 국회기본소득연구포럼은 기본소득의 재원 마련을 위한 새로운 세제 도입 세미나 등을 통해 이들 세법(안)을 속속 발표하고 있다. 이미 2021년 4월에 데이터세 법안이 제시되었고, 기본소득당 용혜인 의원이 2021년 3월 탄소세 법안을, 11월에는 국토보유세기본소득토지세 법안을 각각 발의했다.

가. 국내 기본소득 연구자들의 과세 논리와 해외 사례

• 공통부 또는 공유부

공유부共有富, common wealth 란 자연에서 주어지거나 수많은 사람이 같이 만들어서 어떤 개인이 단독으로 소유권을 주장하기 불공정한 것을 일컫는다. 공공기관에 의해 주민들이 같이 사용할 수 있도록 만든 공공재 public goods 와는 그 기능면에서 비슷하다고 할 수 있다. 하지만 우리나라의 기본소득 연구자들은 기본소득의 재원으로서 공유부는 공공재와는 엄밀하게 다르다고 구분한다. 반면에 해외에서는 4차 산업혁명 시대에서 우리나라 기본소득 연구자들이 공유부로 보는 개인의 인적 정보를 국가가 제공하는 도로나 다리 같은 공공재 public goods 와 동일하다는 견해[17]도

---

16   "소병훈 주도, 국회기본소득연구포럼 30일 출범…31명 여야의원 참여", 아시아경제, 2020. 7. 29. 기사(ppomppu.co.kr/zboard/view.php?id=news_pol_eco&no=116180); 국회 연구 단체 등록 현황에는 국회의원 구성 인원이 10명으로 되어 있다(assembly.go.kr/assm/memact/memgroup/memgroup02/researchGrp/researchGrpView.do?sch_re_name=&sch_regdaesu=21&re_seq_no=2126&re_topic=002&num=20&sch_assm_name=&currentPage=&sch_re_topic=, 검색일: 2021. 5. 24).

17   IZA Newsroom, "A data tax for a digital economy. The globalized internet age calls for

확인할 수 있다.

앞서 설명한 것과 같이 기본소득한국네트워크^{BIKN}는 기본소득지구네트워크^{BIEN}에서 정의하고 있지 않는 공유부를 기본소득의 정의에 포함시키고 있다. BIKN의 이론적 근거를 제공하고 있는 강남훈 교수 등 국내에서 오랫동안 기본소득을 연구해온 학자들은 공유부에 대한 사회 구성원의 권리를 다시 배당해 준다는 개념을 가지고 있다. 그 대상으로 자연적인 공유부로서 토지를, 인공적인 공유부로서 빅데이터와 심지어 인공지능까지 법적 소유권과 상관없이 배당의 대상이 된다는 논리다.[18] 즉, 토지는 지구상에 살고 있는 사람들 모두가 개별적 구성원으로서 토지에 대한 원천적 공동 소유권을 가지고 있기 때문에 토지를 활용하여 수익을 얻은 개인이 그 수익 전체를 사회 구성원과 나누는 것이 정당하다는 개념에서 국토보유세^{기본소득토지세}를 주장한다.

또한 사람들이 제공한 데이터를 바탕으로 형성된 빅데이터도 공유부이므로 플랫폼 기업으로부터 그 수익을 징수하여 데이터의 공급자에게 분배되어야 하고,[19] 따라서 빅데이터세를 도입하자고 주장한다. 그런데 이 공유부 개념은 소유권에 대한 법적 실체를 전혀 고려하지 않았기 때문에 「헌법」이 보장하고 있는 기본권 중의 하나인 재산권을 침해할 수 있다는 한계가 있다. 즉 토지 소유자나 빅데이터의 소유자에게 그 수익

---

innovative approaches to taxation", 2018. 10. 23. 기사(newsroom.iza.org/en/archive/opinion/a-data-tax-for-a-digital-economy, 검색일: 2020. 7. 23).

18 강남훈, "인공지능과 기본소득의 권리: 마르크스의 지대이론과 섀플리 가치 관점에서", 「마르크스주의 연구」 제13권 제4호, 경상대학교 사회과학연구원, 2016, 12~13, 17면.

19 강남훈, "4차 산업혁명과 공유부 배당: 섀플리 가치의 관점에서", 「한국사회복지학회 학술대회 자료집」, 한국사회복지학회, 2018, 1, 5면; 데이터 자체가 수많은 사람들이 비임금 노동에 해당하는 자기활동을 통해 창출한 것으로서 빅데이터 회사들에게는 초과 수익에 해당하므로 플랫폼을 사용하는 이용자들의 기본소득에 대한 권리가 있다고 본다.

을 모든 국민에게 균등하게 배분하라는 논리는 오직 사회경제학적인 관념으로만 접근하기 때문에 실제 법적 소유자의 재산권을 침해하여 법적 정당성을 떨어뜨린다.

이들이 주장하는 기본소득의 재원으로서 조세에 대한 기본 인식은 공유 자산에서 발생하는 수익을 재원으로 하여 국민에게 자신의 몫을 배당[20]하기 위한 절차적 요소로 보는 것이다. 따라서 이들 중에서 공유부의 개념에 부합하지 않는 과세 대상이라면, 기본소득의 재원으로 하는 목적세로서 그 타당성을 인정하기 어렵다고 보는 견해도 있다. 그러나 이러한 주장은 조세법의 목적세 개념을 이해하지 못하는 데에서 발생하는 오류이다. 조세는 소유권의 귀속과는 전혀 상관없이 조세법의 기본 원칙을 준수한다면, 국가가 징수할 수 있다. 조세란 국가 및 지방 자치 단체가 국민에 대한 각종 공공 서비스를 제공하기 위한 자금을 조달할 목적으로 특정한 반대급부 없이 법률에 규정된 납세 의무자에게 일반적 기준에 의하여 부과하는 금전 급부金錢給付 [21]이기 때문이다.

따라서 반드시 공유부 개념이 있어야만, 기본소득의 재원 마련을 위한 조세 부과의 정당성을 확보하는 것도 아니며, 기본소득을 지급하기 위해서도 공유부 개념이 반드시 필요한 것도 아니다. 기본소득 universal basic income 또는 basic income 을 다룬 수많은 외국 문헌에서는 공유부common wealth 를 찾기 어렵다는 점이 이를 뒷받침한다. 우리나라에서 유독 공통부 또는 공유부에 대한 개념을 강조하고 있는 이유를 알 수 없으나, 보수단체의 사회주의적

---

20 금민, "공유 자산 배당으로서의 기본소득", 「Future Horizon」, 과학기술정책연구원, 2017, 18~19면.
21 임승순, 『조세법』, 박영사, 2020, 4면; 독일 「조세기본법」 제3조 제1항도 같은 취지의 조세 개념을 규정하고 있다.

인 사고방식에 대한 경계심, 색깔 논쟁 등을 고려할 때 자칫 사유 재산세의 기본적인 가치를 침해할 수 있는 개념을 굳이 부각시켜 국민적 합의에 걸림돌이 될 필요가 있는지 고민해 볼 필요가 있다.

- 알래스카 천연자원기금

세계적으로 기본소득을 지급한 첫 사례는 알래스카의 천연자금기금으로 알려진다. 1976년 알래스카주는 천연자원의 사용 수익을 영구기금^永^{久基金}으로 만들고 그 기금을 주식, 채권, 부동산에 다양하게 투자한 후 발생하는 수익을 1982년부터 미국 시민권이 있는 알래스카 거주자에게 직업 등의 유무와 상관없이 무조건적으로 분배해 오고 있다. 5인 기준 한 가구당 분배액은 1,281달러에서 6,405달러로 다소 연도별로 차이가 발생 _{기금 수익률의 차이 때문} 하는데, 2008년에는 최대금액인 1인당 3,239달러, 5인 기준 한 가구당 16,345달러가 지급되기도 했다. 지급된 금액의 사용방법이나 시기 등에 대해서는 어떠한 조건이나 의무도 없다는 점[22]에서 우리나라가 긴급재난지원금을 지급하면서 경기 부양을 목적으로 사용시한 _{3개월} 을 둔 것과 대조된다. 알래스카의 기본소득은 이후 이란이 원유를 기반으로 기본소득을 지급한 정책에도 참고한 것으로 알려진다. 하지만 많은 사람들이 오해하고 있는 것처럼 알래스카가 원유 생산량이 풍부하다는 이유만으로 이러한 기본소득을 지급한다고 말할 수 없다. 왜냐하면 알래스카주는 미국 50개 주 중에서도 원유 생산량이 10위에 그치기 때문이다.[23] 한편, 알래스카주에서는 천연자원에 기초하여 알래스카 영구

---

22   Karl Widerquist, Allan Sheahen, *op cit*, pp. 2~4.
23   Karl Widerquist, Allan Sheahen, *op cit*, p. 5.

기금을 만들고 기금에서 발생하는 수익을 거주자 모두에게 기본소득으로 분배하지만, 천연자원이 공유부의 배당이라는 논거는 찾을 수 없다.

나. 기본소득 재원의 필요조건

기본소득은 전 국민에게 조건^{무상으로} 없이 보편적 · 반복적으로 지급하는 것이다. 이러한 기본소득의 정의를 충족시키기 위해 조세로 재원을 마련할 경우 필요조건은 다음과 같이 정리할 수 있다.[24]

• 안정성과 지속가능성 Stability and sustainability

기본소득은 장기간 계속적으로 지급되는 것이므로 재원 조달이 안정적이고 지속 가능해야만 하는 특성이 있다. 따라서 과세 대상 규모가 장기적으로 계속 성장하는 것이 세율 인상 없이도 안정적인 세수를 확보하는 데 용이하다. 만약 과세 대상이 점점 소모되어 줄어드는 경우에는 세원을 유지하기 위해 세율 인상이 불가피하므로 적절한 세원이라고 볼 수 없다.

• 충분성 Sufficiency

전 국민에게 지급하는 기본소득은 막대한 재원이 소요되는 정책이므로 재원 조달 여력이 충분해야만 한다. 현재 제출된 기본소득 법안 중에

---

24 김갑순, 『기본소득재원 마련을 위한 세제개혁방안 세미나 자료집』, 한국조세정책학회, 2020, 57~60면; 세미나에서 토론자로 나선 동국대학교 김갑순 교수의 의견을 정리한 것이다. 김갑순 교수는 세미나에서 논의한 데이터세, 탄소세, 로봇세 중에서 데이터세가 기본소득의 재원으로서 가장 우수하다고 평가했다.

서 이재명 후보가 경기도지사 시절 마련한 안으로 볼 때 개인당 연간 50만 원에서 단계적으로 인상하여 월 50만 원을 목표로 하고 있어서 장기적으로 개인당 연간 6백만 원, 전 국민이 5천만 명일 경우 연간 총 300조 원[25]의 재원이 필요하다. 따라서 재원의 규모가 지속적으로 상승하여 안정적이고 대규모의 세수 확보가 가능해야 한다. 그런데 기본소득 연구자들 중 일부[유영성]는 기본소득 재원이 적으면 적은 대로 분배하면 되지, 반드시 많이 걷을 필요가 없다는 견해를 가지고 있다. 기본소득은 국민으로서 당연히 받아야 하는 권리라는 의미만 강조하기 때문이다.

그러나 이들은 징수 측면에서 조세법의 기본 원칙을 간과하고 있다. 조세를 입법할 때 그 세수를 징수하기 위하여 효율성 면에서 징수 비용이나 납세 협력 비용이 과다하지 않을 것을 요구하고 있다. 그런데 징수할 세목의 세수가 너무 적어서 그 징수 비용을 감당하는 데 그친다면 기본소득을 지급 받을 권리에 대해 선언적 의미를 실현하는 상징적인 의미는 찾을 수 있을지언정 조세로서 존립 자체를 어렵게 한다. 따라서 기본소득의 재원으로서 새로운 세원을 개발하기 위해서는 그 사용 목적에 맞게 어느 정도 충분할 것을 요구한다.

• 부담의 공평성 Equity

기본소득을 도입하는 배경에는 소득 양극화 문제를 해결하기 위한 목적도 있으므로, 소득 격차를 줄이기 위해 재원을 조달하는 과정에서도 그 부담의 수평적·수직적 공평성 확보가 중요한 관건이 된다. 따라서

25　기본소득당의 오준호 대통령 후보는 최저 생계비 기준인 월 65만 원을 주장하므로 연간 약 390조 원이 필요하다.

조세를 신설하거나 소득세와 소비세 등 기존 세수를 증세하는 경우에는 국민에게 세 부담이 귀착되는 정도를 고려하여 담세력 擔稅力 에 따라 역진적 逆進的 이지 않고 소득 재분배 효과를 높일 수 있는 과세 방법을 채택해야 한다.

• 국민적 수용성 Acceptability

국민들이 체감하는 재원 부담의 상대적 크기는 국민 1인당 기본소득 배당 규모가 영향을 미친다. 기본소득의 재원을 마련할 때 세목 신설 또는 기존 조세의 보편적 증세를 통해 느끼는 국민적 체감에 따라 조세 저항 등 국민적 수용성에 차이가 발생한다. 따라서 국민의 조세 저항에 부딪힐 수밖에 없는 조세라면 그 입법과 적용에 보다 신중해야 할 것이다. 반면, 재원 마련을 위한 조세 부과의 일차 목적 이외에도 부차적인 목적이 국민들로부터 필요성을 공감하는 것이라면 제도 정착을 위한 국민적 지지를 얻는 데 용이하다.

2. 기본소득의 사회경제적 효과

기본소득 지급으로 인한 경제적 효과

기본소득이 보편적으로 전 국민에게 지급될 때 미치는 경제적 효과는 소비 증가로 인한 경제 활성화뿐만 아니라 경제 활동 규모가 커지면서 자연스럽게 세수 증대로도 이루어질 수 있다. 만약 전 국민에게 월 50만원 연간 1인당 6백만 원 의 기본소득을 지급하고 반드시 전액 소비하게 할 수 있다면, 인구가 5,000만 명일 때 연간 기본소득으로 시장에서 소비되는 금액이 300조 원 증가된다. 수학적 검증과 실증 분석이 필요하지만, 현재 국세청 통계를 바탕으로 최종 소비자인 국민들이 연간 300조 원의 지출을 증가시킬 경우 창출되는 국세 증가는 대략적으로 가늠해 볼 수 있다.

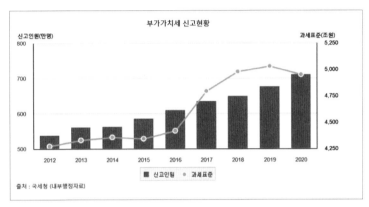

〈그림 1〉 부가가치세 신고 현황

우선 〈그림 1〉은 과거 부가가치세 신고 현황을 나타낸 도표다. 이 그림에서 매년 부가가치세 신고 인원이 증가하고 과세 표준도 증가하는 것을 확인할 수 있다. 부가가치세 과세 표준이 증가한다는 것은 국가 경제 규모가 성장하면서 소비도 늘어나고 있다는 것을 의미한다. 그리고 최근 사업자 등록 숫자는 감소세인 반면, 신고 인원이 증가했기 때문에 면세 사업자의 비중이 과세 사업자에 비해 감소하고 있다고 볼 수 있다. 다만 〈그림 2〉에서 볼 수 있는 것처럼 면세 사업자의 현황 신고 금액이 증가하고, 결정 인원 ^{신고 인원을 의미하는지 불확실하지만} 도 증가하는 것으로 보아 다소 편차가 있을 수 있다.

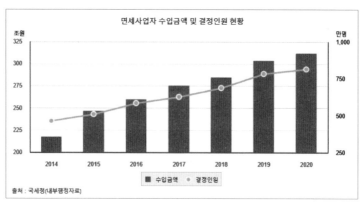

〈그림 2〉 면세 사업자 수입 금액(매출액)

　그런데 아래 〈표 1〉을 자세히 살펴보자. 코로나가 발생하기 이전인 2019년 기준으로 전체 부가가치세 신고된 과세 표준은 5,031조 원이지만, 납부 세액은 137조 원이고, 환급 세액은 54.6조 원이라서 이를 차감하면 2019년 귀속 부가가치세의 세수는 82.4조 원이 된다.[26] 전 단계 세액 공제법에 의할 경우 최종 소비 단계의 과세 표준의 10퍼센트만큼이 부가가치세 세수에 해당할 것이다. 환급 세액이 발생하는 것은 최종 소비 단계가 수출 등으로 영세율을 적용받게 되거나 일반 과세자가 매입 세액이 매출 세액을 초과한 경우 등이다. 〈표 2〉에서 보는 것과 같이 부가가치세 과세 표준 중에서 영세율 매출은 1,334조 원 정도로 전체의 약 26.5퍼센트에 해당하고 나머지는 국내에서 거래 단계 또는 최종 소비자에게 소비되는 매출이다. 그런데 부가가치세 실제 세수가 80조 원이라고 가정하면 최종 소비자에게 과세되는 매출은 간이과세 포함하여 약 800조 원 정도

26　2020년 발표된 국세청 연도별 세목별 통계에 실제 2019년 부가가치세 징수 세액은 약 71조 원으로 발표된 이유는 현행 「부가가치세법」상 지방소비세 배분액을 별도로 집계했기 때문에 나타나는 차이다.

로 예상할 수 있다. 나머지 3,697조 원 5,031조 원-1,334조 원= 은 영세율의 중간 거래 단계에 해당하거나 최종 소비자가 직접 소비하는 지출의 중간 거래 단계에서 발생한 매출이 된다. 〈표 2〉에서 면세분 연간 매출액이 660조 원[27]인데, 거래 중간 단계에서 포착되는 것과 최종 소비자의 면세 매출의 정도를 정확하게 측정할 수 없더라도 전체 매출에서 면세가 차지하는 비율은 11퍼센트 660÷(5,031+660) 이하로 볼 수 있다.[28] 특히 면세의 경우 부가가치세 거래 단계에서 중간 단계에 들어가지만, 최종 소비자에게 소비될 때 부가가치세가 과세될 경우가 많으므로 실제 최종 소비 단계에서 면세로 소비되는 금액은 적을 것이다.

단위: 만 명, 조 원

	2012	2013	2014	2015	2016	2017	2018	2019
신고 인원	538	561	562	584	609	635	648	675
과세 표준	4,272	4,326	4,357	4,342	4,420	4,791	4,977	5,031
납부 세액	110.6	112.8	115.3	113.7	116.3	127.2	134.1	137.0
환급 세액	51.6	50.3	49.9	44.1	42.9	50.0	54.0	54.6

출처: 국세청(내부 행정 자료)

〈표 1〉 부가가치세 과세 표준과 납부 세액 비교

따라서 〈표 1〉에서 보는 것과 같이 최종 소비자가 지출하여 세수에 미치는 영향은 최종 소비자의 지출이 증가할수록 거래 단계별로 매출도 증가하게 되어 결국 전체 거래에서 경제적 효과가 크게 작용한다는 것을

27 〈그림 2〉에서 연간 1회 시행되는 면세 사업자 현황 신고에 포착된 매출액이 300조 원 남 짓인 것과 차이가 발생하는 것은 과세 및 면세 겸용 사업자의 면세 매출이 최소 반기별로 부가가치세 신고 때 집계되면서 면세 매출이 별도로 반영되기 때문이다.

28 면세 사업자 현황 신고 매출액 기준으로 환산했을 경우 약 6%(300조 원÷5,331조 원=)를 차지한다. 그러나 면세로 중간 도매상이 공급하는 육류, 채소 등이 면세 매출로 산입되지만, 가공 과정을 통해 음식점에서 판매되거나 양념 포장 등이 되어 최종 소비자에게 공급되는 경우에는 부가가치세가 과세된다. 따라서 최종 소비자 단계에서 부가가치세가 면세되는 재화나 용역의 비율은 더 낮아지게 된다.

알 수 있다. 따라서 최종 소비자가 국내에서 소비하는 부분은 시장 규모가 약 800조 원인 상태에서 기본소득으로 추가로 연간 300조 원을 더 소비할 경우 전체 시장 규모를 27퍼센트 키우는 경제적 효과를 달성할 수 있다.

[단위 : 백만 원]

	과세분 매출 taxable transaction [A]			영세율 매출 zero-rate transaction		면세분 매출 tax-exempted transaction	
	인원	과세 표준	세액	인원	과세 표준	인원	수입 금액
2015년	5,677,883	3,112,401,518	308,573,780	159,892	1,229,215,701	315,765	495,750,344
2016년	5,921,638	3,216,297,512	318,924,737	163,387	1,203,681,601	336,862	552,204,557
2017년	6,182,367	3,472,996,762	344,558,210	164,944	1,318,000,997	355,173	596,506,977
2018년	6,308,520	3,628,107,662	360,147,153	169,794	1,348,670,377	366,941	625,542,833
2019년	6,579,691	3,696,926,181	366,936,093	173,510	1,334,161,737	388,503	660,514,482
법인 사업자	795,957	2,967,620,089	296,675,244	104,660	1,313,090,349	128,580	570,357,029
일반 사업자	4,181,036	696,947,827	69,679,200	68,250	21,052,658	236,234	88,794,164
간이 사업자	1,602,698	32,358,265	581,649	600	18,730	23,689	1,363,289

〈표 2〉 부가가치세 신고 현황 | (과세 유형, 과세 표준)

세수 증대 효과

가. 부가가치세 납부 세액 증가

연간 기본소득 300조 원이 최종 소비자인 개인에게 지급될 경우 최종 소비 단계에서 증가하는 부가가치세 증가 세수를 다음과 같이 계산할 수 있다. 우선 300조 원에서 면세와 간이 과세가 적용되는 재화와 용역을 제외하면 대략 300조 원의 90퍼센트 수준인 270조 원 이상이 된다. 이 금액은 부가가치세가 포함된 금액이므로 다시 부가가치세액을 산출하면 약 25조 원[270조 원÷1.1=]의 부가가치세 세수가 증가한다. 면세 재화는 중간 단계에서 존재하는 경우가 많고 최종 소비자 단계에서 차지하는 매출 비율이 6퍼센트 이하라면 이보다 더 클 수 있다. 물론 실제 기본소득이 모두 소비 사용될 경우 개인이 자신의 가처분소득이 증가함에 따라 현재 소비되는 금액의 일부를 저축하거나 대출을 상환할 수 있어서 전체 경제 규모에서 지출이 기본소득 지급액만큼 바로 늘어나지 않을 수 있다. 그러나 기본소득의 근간이 국가에 의해 계속 반복적으로 지급되는 것임을 미루어 보면, 기본소득으로 인해 국민의 미래와 노후에 대한 염려를 덜게 되어 소비 성향의 증가로 이어질 가능성이 높을 뿐만 아니라 장기적으로 부가가치세 세수에 미치는 영향은 정부의 기본소득 지출만큼 증가할 것이다.

나. 거래 단계 매출 증가로 인한 법인세와 소득세 ^{사업소득} 세수 증가

한편으로는 최종 소비자 단계에서 300조 원의 소비가 증가하면 거래 단계에서 발생하는 매출의 증가는 더 커진다. 앞의 〈표 1〉에서 최종 소비자의 과세 매출은 824조 원이고, 2019년 기준 상품 수지 결과를 보면 수출액이 613조 원 ^{5,538억 달러} [29]이므로 과세 대상 매출에서 수출이 차지하는 비율이 42퍼센트, 내수 경제 규모는 58퍼센트가 된다. 최종 환급 세액 54.6조가 모두 해외 수출에 적용되는 영세율로 인한 환급액이라고 가정하더라도 국내 최종 공급자 ^{영세율의 경우 수출자} 가 소비하는 비율은 대략 과세가 60퍼센트 정도다.

---

29   "지난해 상품 수지, 819.5억 달러…전년 比 흑자 폭 21.3억 달러↑", 이데일리, 2021. 2. 18. 기사(edaily.co.kr/news/read?newsId=01531766628947568&mediaCodeNo=257&Out LnkChk=Y, 검색일: 2020. 2. 18).

과세 거래 전체 단계의 매출액은 대략 3,018조 원(5,031조 원×60%[30]=)이 되며,[31] 만약 최종 소비 단계의 매출이 800조 원이라면 중간 거래 단계에서 발생한 매출액은 2,200조 원이 넘는다. 그러므로 최종 소비가 증가하면 거래의 중간 단계에서 매출액은 최종 소비의 2.75배 _{2,200조 원÷800조 원 = 2.75} 정도 증가할 수 있다. 만약 연간 300조 원의 기본소득이 지급되어 모두 소비 시장에 풀릴 경우 부가가치세 면세를 제외한 과세 대상 공급 대가가 270조 원만큼 소비가 증가되는 것이므로 중간 단계 매출 증가는 최소 742조 원 _{270조 원×2.75배=} 이 증가하게 된다. 최종 소비 단계까지 포함하여 300조 원이 시장에 풀리게 되면 개인 및 법인 사업자의 과세 매출 증가는 약 1,012조 원 _{742조 원+270조 원=} 만큼 성장하게 된다. 종전 과세 매출 시장의 3,018조 원에서 30퍼센트 이상이 된다고 볼 수 있다. 매출액에서 업종별로 수익률은 천차만별이지만, 매출이 증가하더라도 사업자 숫자의 변동이 크게 없다면 평균 30퍼센트의 매출 증가로 인해 기존 업체의 수익률도 증가할 것은 예측 가능하다. 회사별로 법인세와 소득세의 누진율을 감안하여 만약 증가된 매출액의 2퍼센트 정도를 추가로 법인세와 (사업)소득세로 징수한다고 가정한다면 약 20조 원 _{1,012조 원×2%=} 의 법인세와 사업소득으로 인한 소득세의 세수 증대가 발생할 수 있다.

현재 전 국내 소비 과세 매출이 2,000조 원이지만, 매출이 27퍼센트가 늘어나면 인구 증가에 따른 가처분소득의 증가보다 더 큰 경제적 효과

---

30 영세율로 인한 환급 기준으로 수출 전 단계까지 546조 원의 매출액이 발생한 것으로 보면 오차가 있으나 대략적인 산출을 위한 것이므로 무시하기로 한다.
31 물론 수출 등으로 영세율이 적용되더라도 국내 거래 단계에서 발생하는 매출이 존재하지만, 수출을 위한 원재료 수입에 대한 부분을 고려하지 않았으므로 영세율 매출은 제외하기로 한다.

가 발생할 수 있다. 즉 현재 국내 인구가 5천만 명일 때 인구가 27퍼센트 증가하더라도 가처분소득은 같은 비율만큼 증가하지 않으므로 직접 소비에 참여하는 비율이 인구수 증가율보다 높지 않을 것이다. 하지만 최종 소비 증가로 인한 전체 경제 규모가 30퍼센트 증가한다면 인구 비율이 그만큼 증가하는 것보다 더 큰 경제적 효과를 볼 수 있을 것이다. 국내 인구가 감소로 돌아서고 노령화가 급속히 이루어질 것을 예상하면 기본소득의 지급으로 인해 국내 경제에 미치는 선순환 효과는 비단 직접적인 세수의 증가뿐만 아니라 거시 경제 측면에서도 유익한 효과를 유발할 수 있음을 충분히 예측할 수 있다.

다. 기본소득 수령으로 인한 개인소득세 증가 세수

2018년 이후 우리나라의 소득세는 〈표 3〉에서 보는 바와 같이 7단계의 누진세율 구조로 되어 있다. 통계청이 발표한 우리나라 가구주가 남성일 경우의 연평균 근로소득은 4,411만 원이고, 여성일 경우에는 1,760만 원으로 나타났다.[32] 전국 2인 이상 가구의 월평균 근로소득은 347만 7천 원이라고 한다. 근로자의 경우 소득 금액에서 근로소득 공제, 기본 공제 등의 각종 소득 공제를 한 후 과세 표준을 산출하고 누진세율에 의한 세액을 산출하여 다시 교육비 등의 세액 공제를 한 금액이 납부 세액이 된다. 〈표 3〉에서 본 것과 같이 중위 소득이 많이 위치한 연간 과세 표준 1,200만 원을 초과하고 8,800만 원 이하라면 각 단계별로 9퍼센트씩 소

---

32 통계청 가구 특성별 소득 원천별 가구 소득(kosis.kr/statisticsList/statisticsListIndex.do?menuId=M_01_01&vwcd=MT_ZTITLE&parmTabId=M_01_01#content-group, 검색일: 2021. 2. 9).

득세율이 증가하게 된다. 8,800만 원 초과 1억 5천만 원 사이는 11퍼센트
만큼 증가한다.

과세 표준	세율	누진 공제
1,200만 원 이하	6%	0
1,200만 원 초과 4,600만 원 이하	15%	108만 원
4,600만 원 초과 8,800만 원 이하	24%	522만 원
8,800만 원 초과 1억 5천만 원 이하	35%	1,490만 원
1억 5천만 원 초과 3억 원 이하	38%	1,940만 원
3억 원 초과 5억 원 이하	40%	2,540만 원
5억 원 초과 10억 원 이하	42%	3,540만 원
10억 원 초과	45%	6,540만 원

〈표 3〉 종합소득세율

따라서 4인 가족을 기준으로 연간 2,400만 원의 소득이 증가하면 현
행 누진세율 구조에서 최소한 한 단계 높은 세율만큼 세수가 늘어날 것
이다. 즉, 이미 소득이 있는 개인에게 기본소득은 과세 표준을 증가시키
는 역할을 하므로 자신이 적용받는 최대 세율만큼 추가로 소득세를 납
부하게 된다. 예를 들어, 연간 평균 소득인 3,000만 원의 근로소득이 있
는 4인 가족의 가장 A는 각종 소득 공제로 인해 과세 표준이 2,000만 원
이라고 가정하자. 이때 A가 납부할 소득세^{세액 공제 이전}는 192만 원<sup>1,200만 원
×6%+800만 원×15%=2,000만 원×15%-108만 원</sup> 이 된다. 그런데 국가가 기본소득
을 이 가족에게 연간 2,400만 원을 지급한다고 가정하면 이 기본소득은
필요 경비가 인정되지 않으므로 전액 과세 표준에 산입되어 총 과세 표
준은 4,400만 원이 된다. 이 때 A가 납부하는 소득세^{세액 공제 이전}는 552만
원^{1,200만 원×6%+3,200만 원×15%=4,400만 원×15%-108만 원} 이 되어 기본소득을 받
기 전에 비해 360만 원^{2,400만 원×15%=} 이 증가하게 되고, 기본소득으로 지
급한 2,400만 원이 모두 15%의 세율을 적용받게 됨을 알 수 있다. 만약

A의 근로소득이 더 높아서 추가로 지급되는 2,400만 원의 기본소득이 24 퍼센트의 세율 구간에 해당될 경우 소득세 세수는 15퍼센트보다 높은 수준으로 늘어난다. 따라서 기본소득 지급액에 전액 소득세를 부과할 경우 최소 15퍼센트 이상의 소득세 세수가 증가함을 예측할 수 있다. 만약 정부가 연간 300조 원을 개인에게 지급하고 이 기본소득이 모두 소득세 과세 표준으로 산입되어 평균 15퍼센트의 소득세를 징수할 수 있다면 기본소득의 지급으로 자연적으로 증가하는 개인의 소득세 세수는 45조 원[300조 원×15%=]이 된다.

앞에서 부가가치세와 법인세 및 소득세의 세수 증가를 요약하면 최대 90조 원 이상이 될 수 있다. 결국 기본소득 지출액의 30퍼센트에 해당하는 금액을 세수로 확보할 수 있으므로 기본소득 재원으로 210조 원만 확보할 수 있다면 지속적으로 300조 원의 기본소득을 지급할 수 있게 된다.

기본소득이 사회 비용 절감에 미치는 효과

가. 최저임금 인상률 억제와 정부의 조정기능 향상

최저임금 제도는 「헌법」과 「최저임금법」에서 규정하고 있는 바와 같이 임금 생활자에게 최소한의 소득을 보장하여 근로자의 생활 안정과 노동력의 질적 향상을 꾀함으로써 국민 경제의 건전한 발전에 이바지하는 것을 목적으로 한다.[33] 우리나라는 매년 최저임금 상승률을 결정할 때 노사정위원회를 통해서 결정한다. 그런데 국가가 기본소득을 지급하여 개인

---

33   「헌법」 제32조 제1항, 「최저임금법」 제1조.

의 기본적인 생활을 보장 ^{1인당 50만 원, 4인 가족 기준 연간 2,400만 원을 지급} 할 수 있
다면 정부의 중개 역할을 확대할 수 있을 것으로 보인다. 또한 기본소득
이 「헌법」 등이 최소한으로 보장하고 있는 임금 생활자의 소득을 보전하
는 역할을 할 수 있으므로 최저임금의 급격한 상승으로 인한 소상공인
사업자의 인건비와 4대 보험료 부담을 감소시킬 수 있는 장점을 가지고
있다. 나아가 불필요한 파업 또는 그 기간이 감소함으로써 국가 경제에
미치는 선순환 효과도 기대할 수 있다.

나. 4대 보험 납입 체계의 재검토

국민연금은 노령, 장애 또는 사망에 대해 연금 급여를 실시함으로써
국민의 생활 안정과 복리 증진을 목적으로 한다.[34] 만약 국가가 지속적으
로 1인당 매월 50만 원의 기본소득을 지급할 경우 현행 전 국민 국민연
금 가입과 사업자의 납입 부담 의무[50%]를 지속할 필요가 있는지 검토해
볼 필요가 있다. 현재 사용자의 4대 보험에 대한 총 부담 비율은 근로자
의 연봉 대비 10퍼센트 이상[35]이다. 사용자는 결손 상태라 소득이 없다 해
도 직원을 고용하면 그 직원의 급여액을 기준으로 사용자 부담금을 무
조건 납부하게 되어 있으며, 개인 사업자라면 자신의 건강보험료도 직원
중 최대 급여 대상자만큼 납부해야 한다. 따라서 국민연금 부담액을 포
함한 4대 보험에 대한 사용자 부담금의 감소는 코로나 사태로 인한 긴급

---

34 「국민연금법」 제1조.
35 2020년 기준 국민연금 보험료 9%, 건강보험료 6.86%(장기요양보험은 건강보험료의
11.52%로, 별도 부과), 고용보험료 1.6%의 각각 절반(150인 미만은 사업주가 0.25% 더 부
담), 산재보험료 평균 1.63%(사업 종류별로 차등이 있음) 전부를 사용자가 부담해야 한다.

재난지원금과는 비교도 되지 않는 소상공인에 대한 실질적인 혜택으로 작용한다.

특히 징수 측면에서 사업자의 50퍼센트 부담 의무는 여러 가지 사회적 문제를 야기하고 있다. 4대 보험료는 소득세와 달리 고용주가 손실이 발생하더라도 대출을 받아서라도 납부해야 한다. 실무에서 식당 등 외국인 노동자를 사용하는 고용주들은 4대 보험료 납부를 회피하기 위해 프리랜서 사업소득이나 일용직으로 신고하고 있는 것이 현실이다. 오히려 국가 세수 감소와 더불어 4대 보험의 사각지대를 키우는 원인이 되고 있다.

구분	합계		근로장려금		자녀장려금	
	가구수 (가구)	금액 (백만원)	가구수 (가구)	금액 (백만원)	가구수 (가구)	금액 (백만원)
가구유형별	4,906,016	5,030,337	4,206,833	4,428,643	699,183	601,695
단독가구	2,736,349	2,382,556	2,736,349	2,382,556	-	-
홑벌이 가구	1,798,987	2,190,241	1,217,393	1,687,343	581,594	502,898
맞벌이 가구	370,680	457,540	253,091	358,743	117,589	98,797
연령별	4,906,016	5,030,337	4,206,833	4,428,643	699,183	601,695
30세 미만	1,222,098	1,062,633	1,187,593	1,034,898	34,505	27,735
40세 미만	724,699	717,120	524,090	537,646	200,609	179,475
50세 미만	931,972	1,003,436	604,484	707,926	327,488	295,509
60세 미만	841,989	913,964	725,363	828,027	116,626	85,937
70세 미만	687,381	806,935	673,978	798,054	13,403	8,880
70세 이상	497,877	526,250	491,325	522,092	6,552	4,158
부양자녀 인원별	4,906,016	5,030,337	4,206,833	4,428,643	699,183	601,695
0명	3,680,457	3,694,055	3,680,457	3,694,055	-	-
1명	699,267	647,556	300,581	423,211	398,686	224,345
2명	420,381	513,179	179,444	245,892	240,937	267,286
3명	91,706	145,774	39,991	56,159	51,715	89,614
4명	11,581	23,053	5,163	7,491	6,418	15,562
5명 이상	2,624	6,721	1,197	1,834	1,427	4,887

〈표 4〉 2020년 근로장려금, 자녀장려금 지급 현황

위 〈표 4〉를 보면 우리나라 2020년 총 2,148만 가구[36] 중에서 420만이 넘는 가구가 중위 소득[37]에 미치지 못하여 근로장려금을 받은 것으로 나타난다. 그런데 부양 자녀가 없는 가구가 전체의 83퍼센트 이상 수령했으며, 연령대별로는 근로 적령기에 해당하는 50대 이하가 전체의 75퍼센트 이상을 차지한다. 단독 가구 또는 홀벌이로서 다른 지원이 없음에도 이렇게 많은 대상자가 나타난다는 점은 인구의 상당수가 저소득층에 해당할 수도 있지만, 프리랜서나 일용직에 대한 소득 신고가 제대로 되지 않고 있다는 반증이기도 하다. 소득 신고나 4대 보험 신고를 꺼리는 노동자들의 이익과 4대 보험 사용자 부담금보다 이를 누락하더라도 적은 세율^{6% 이하}이 적용될 수 있는 사용자의 계산이 맞아서 소득 신고 자체를 누락하는 경우가 적지 않기 때문이다.

특히 4대 보험 중에서 가장 높은 비중을 차지하는 국민연금은 장애, 노후 생활 보장이 그 목적인 만큼 기본소득이 일정 부분 그 영역을 보완할 수 있을 것이므로 현재의 체제를 보완할 필요성이 있다. 국민연금이 향후 인구 및 연금 운영 수익의 감소 등으로 고갈될 우려가 제기되고 있어 미래에 기본소득만큼의 노후 생활을 보장할 수 있을지는 미지수다.[38] 만

---

36 통계청 홈페이지의 가구 형태별 가구 및 가구원 통계 참고(kosis.kr/statisticsList/ statisticsListIndex.do?menuId=M_01_01&vwcd=MT_ZTITLE&parmTabId=M_01_ 01&outLink=Y&entrType=#content-group, 검색일: 2022. 1. 10).

37 2020년도 기준 총소득 기준 금액이 단독 가구 2,000만 원, 홀벌이 가구 3,000만 원, 맞벌이 가구 3,600만 원 미만일 때 근로장려금을 신청할 수 있으며, 자녀장려금은 홀벌이 또는 맞벌이 가구 총소득 기준 금액이 4,000만 원 미만일 때 신청할 수 있었다(국세청 홈페이지>국세정책/제도>근로장려금 신청 자격 참고, nts.go.kr/nts/cm/cntnts/cntntsView. do?mi=2452&cntntsId=7783, 검색일: 2021. 1. 10).

38 또한 현행 국민연금은 수령 당시 납입자의 소득 기준으로 배분됨에 따라 자신이 납입한 금액을 모두 받을 수 없게 되어 사실상 납입액이 많은 고소득자를 더욱 차별하는 역효과도 무시할 수 없다.

약 매달 국민연금 납부액이 감소하면 현재의 가처분소득을 증가시키게 되어 ① 근로자와 사업자의 소득세 과세 표준 증가로 인한 세수 증대로 국가의 재정 건전성을 도모할 수 있고, ② 소비 증대 또는 가계 부채 감소 등 경제 활성화에도 도움이 된다.

3. 조세법의 기본 원칙

기본소득의 재원을 조세 징수로 마련한다면 해당 조세가 조세법 체계의 근간이 되는 조세 법률주의와 조세 공평주의라는 두 가지 기본 원리에 부합하여야만 한다. 사회 경제적 가치에서 기본소득의 원천을 공유부로 삼는 주장도 입법 단계에서 조세법의 기본 원칙에 따라 검증되어야만 그 법적 타당성을 가진다. 다시 말해 법적 재산권 관계를 검토하지 않고 천연 또는 인공 자원의 소유권을 국민 모두의 것이라고 하는 접근 방식은 새로운 세법을 입법하는 데 걸림돌이 될 수 있다.「헌법」제23조에서 보장하고 있는 국민의 본질적인 재산권이 침해되지 않아야 과세권의 실정법적 근거를 마련하고 그 내용의 타당성을 보증할 수 있기 때문이다.

조세 법률주의

조세 법률주의란 국가가 법률의 근거 없이 조세를 부과하거나 징수할 수 없고, 국민도 조세 납부를 요구받지 아니한다는 원칙이다. 우리나라「헌법」은 제59조에서 조세의 종목과 세율은 법률로 정하도록 규정함으로써 조세 법률주의를 천명하고 있다. 조세 법률주의는 과거 국왕으로부터 개인의 재산권을 보호하기 위한 역사적 산물이며, 특히 프랑스 대혁명 등을 통해 신체의 자유와 함께 시민 주권 이념이 실현되면서 더욱 발전했다. 따라서 개인의 재산권은 신성불가침적 권리로서 근대 자본주의 사상의 기초가 되었지만, 이후 독점 자본주의의 폐단을 시정하는 과정에서 공공복리와 필요를 위해 법률로써 제한할 수 있는 권리로 인식되게 되었다.[39]

조세 법률주의의 파생 원리로 보통 ① 과세 요건 법정주의, ②과세 요건 명확주의, ③ 소급 과세 금지 원칙, ④ 엄격 해석의 원칙, ⑤ 합법성의 원칙을 든다. 조세 법률주의에 따라 과세하기 위한 요건을 세법에서 법률로 반드시 규정해야 하는 것을 ① 과세 요건 법정주의라고 하며, 과세 요건이란 일반적으로 과세 대상혹은 과세 물건, 납세 의무자, 과세 표준, 세율을 말한다. 이 4가지는 반드시 법률에 규정되어야 하며, 법률보다 아래인 시행령과 시행 규칙 등에 규정할 수 없다. 이를 포괄 위임 입법 금지 원칙이라고도 부른다. ② 과세 요건 명확주의는 과세 요건과 부과 및 징수 절차를 규정한 법률과 명령, 규칙 등이 명확하여 과세 관청이 자의적으로 해석하고 집행하지 못하도록 한 것을 말한다. 이른바 법적 안정성과 예측 가능성을 담보하기 위한 원칙이다. 한편, ③ 납세 의무가 성립한 소득의 수익과 재산 또는 행위나 거래에 대하여 그 성립된 이후에 새로운 법률에 의하여 소급하여 과세할 수 없다는 것을 소급 과세 금지 원칙이라고 한다. 다만 조세 법령이 납세자에게 유리하게 변경된 경우에는 이를 인정하는 것이 일반적이다. ④ 엄격 해석의 원칙은 세법은 그 문언에 충실하게 해석하여야 하며, 유추 또는 확장 해석을 금지하는 것을 말

---

39 임승순, 앞의 책, 29면.

한다. 그러므로 세법의 해석은 조문의 문자, 문구, 문장에 대하여 국어학적 또는 문법적 해석을 하는 문리 해석을 원칙으로 하되, 문리 해석만으로 그 의미를 확정할 수 없는 경우에 한하여 보충적·제한적 논리 해석이 가능하다. ⑤ 합법성의 원칙은 조세 법률주의가 절차법적으로 조세의 집행 과정에서 발생할 수 있는 자의나 부정이 발생하지 않도록 정한 것이다. 따라서 법률에 의하지 않고 조세를 감면하거나 징수 시기나 방법을 과세 관청과 납세자가 약정하는 것을 금지한다.

조세 공평주의

가. 입법 및 해석 집행상의 조세 평등

조세 공평주의 또는 조세 평등주의란 조세 법률관계에서 납세자인 국민이 담세력에 따라서 공평하게 조세 부담을 해야 한다는 원칙을 말하며, 담세력에 따른 조세 부담은 수평적 공평과 수직적 공평이 조화를 이루어야 한다. 수평적 공평이란 국가가 과세권을 행사할 때 같은 경제력을 가진 부담 능력이 같은 사람은 같은 금액의 세금을 부담하는 것을 말하며, 수직적 공평이란 응능부담應能負擔의 원칙에 따라 담세력의 차이에 따라 차등적累進的으로 세금을 부담시키는 것을 말한다. 자본주의가 가진 구조적인 모순으로 인해 현대 사회에서는 수직적 공평이 수평적 공평보다 실질적이고 중요한 가치로 대두되고 있다.

조세 공평주의는 입법상의 조세 공평주의와 세법의 해석·적용 및 집행상의 공평으로 구분된다. 조세 공평주의는 때때로 조세 법률주의와 상충하기도 하며, 어느 쪽을 우선시킬 것인지가 중요한 현안이 되기도 한다. 「헌법」 제11조 제1항은 "모든 국민은 법 앞에 평등하고, 누구든지 성별·종교 또는 사회적 신분에 의해 정치적·경제적·사회적·문화적 생활의 모든 영역에서 차별을 받지 아니한다"라고 규정하고 있다. 따라서 세법을 입법할 때 신분 등에 의하여 불합리한 차별이 발생한다면 「헌법」을 위반한 것이 되어 무효가 된다. 현대 사회에서는 특히 수직적 조세 평등을 위해 누진 세율 제도를 두고 있다. 조세 법률관계에서 누진 세율의 정도가 「헌법」이 추구하는 복지 국가의 이념을 실현하기 위한 유효하고도 적절한 수단으로서 사유 재산 제도의 근본이념을 훼손할 정도로 과도하지 않아 비례의 원칙에 위반된다고 볼 수 없다면 합리적 차별이라고 볼 수 있다는 것이 통설이다.[40]

조세 공평주의는 입법 영역뿐만 아니라 해석과 적용 및 집행에서도 중요한 원리이다. 법의 의미와 내용을 명확히 이해하는 것이 법의 해석이라고 한다면 조세 법률주의에 근거하여 세법은 그 문언에 따라 엄격하게 해석하면서 조세 공평주의와도 부합하도록 해석해야 한다. 세법의 해석을 통해 그 적용 범위가 결정되는 과세 요건에 해당하는지 검토할 때 조세 법률관계를 형성하는 사실 관계나 납세자의 구체적인 행위가 이에 해당하는지를 결정하는 것이 세법 적용이다. 납세자 모두에게 동일한 기준이 적용되도록 해야 하며, 법률상의 해석이 명확하지 않은 경우에는 질의 서신을 통해 과세 관청으로부터 공적인 견해 표명을 받을 수 있다. 과세 관청의 공적인 견해 표명을 신뢰한 납세자의 행위는 신의 성실의 원칙에 의하여 보호되며, 과세 관청을 이에 반하는 처분을 할 수 없다.

---

40   임승순, 앞의 책, 42~43면.

나. 기본소득 배분과 조세 부과의 수직적 평등과의 관계

2020년에는 전 국민을 대상으로 기본소득과 고용보험 중 어느 것이 더 정의로운가에 대한 논쟁이 있었다. 모든 국민에게 고용보험 제도 도입을 주장하는 측에서는 실직자와 대기업 정규직들에게 똑같이 적은 소득을 지급하는 것보다 끼니가 걱정되는 실직자에게 지원하는 것이 더 타당하며, 기본소득은 고소득의 대기업 직원들에게는 푼돈밖에 되지 않는다고 주장한다.[41] 그러나 대기업 직원이 되기 위해 노력한 개인의 열정에 대한 대가라는 반론은 제하고라도 쉬지 않고 일하는 사람보다 어떠한 이유에서든 일하지 않는 자를 더 우대하는 것에 대한 형평성 문제도 간과할 수 없다.

동일한 소득에 동일하게 과세하는 것이 수평적 평등이라면 많은 소득이 있는 자가 더 많은 세금을 부담해야 한다는 논리는 수직적 평등에 해당한다. 따라서 기본소득의 재원으로 징수된 세수가 모든 국민에게 균등하게 지급된다면 추후 종합소득에 기본소득을 합산하여 다시 과세하는 것이 수직적 공평 측면에서도 타당할 것이다. 연금 제도가 발달한 캐나다도 10년 이상 거주한 65세 이상의 주민들에게 노후연금 OAS: Old Age Security pension 을 지급할 때 소득을 기준으로 차등 배분하지 않고 단지 거주 기간만으로 일률적으로 분배한 후 한 해의 소득이 일정액 이상인 사람은 소득세 형태로 매달 다시 정부에 환원하도록 하고 있다.[42] 우리나라

---

41 24조 원을 국민에게 국민 소득으로 분배할 경우 연간 100만 원씩 돌아가지만, 전 국민 고용보험은 실직자 200만 명에게 연간 1,200만 원을 지급할 수 있다는 것이다(oikyo1225.tistory.com/311, 검색일: 2020. 8. 1).

42 2019년 기준 연간 소득이 77,580캐나다달러 이상(최고 123,386캐나다달러까지)이면 2020에 15%의 회수세(recovery tax)로 매달 OAS 수령액의 일부 또는 전액이 차감되

는 매년 5월 성실 신고 사업자는 6월 종합소득 신고를 통해 연말정산 대상 소득 외의 소득이 있는 개인을 대상으로 종합소득세 신고 의무를 부과하고 있다. 따라서 기본소득으로 인해 가처분소득이 증가한 개인을 대상으로 기본소득을 포함한 연간 총소득을 누진세율로 과세한다면 수직적 공평에 대한 문제는 현행 법률 시스템 내에서도 어느 정도 해결할 수 있다. 다만 기본소득의 성격은 현행법상 기타소득으로 규정하되, 필요 경비가 전혀 인정되지 않고 모든 수령액이 합산하도록 입법하는 것이 수직적 공평의 실현에 효과적이다. 다음 장에서는 기본소득의 지급액에 대하여 조세법적으로 공평성을 증대할 수 있는 방법이 무엇인지 검토해 보고자 한다.

는 방식이다(canada.ca/en/services/benefits/publicpensions/cpp/old-age-security/recovery-tax.html, 검색일: 2020. 8. 1).

2장 기본소득의 과세 문제

　정부는 코로나19로 인한 경제 위기에 대처하기 위해 긴급재난지원금을 지급해 왔지만, 그 지급 대상을 일괄적으로 할 것인지 선별적으로 할 것인지에 대해서는 국민적 합의를 도출해 내지 못하고 있다. 정부가 2020년 제2차 긴급재난지원금부터 선별적으로 지급하면서 나타난 문제점은 지급 기준의 형평성에 대한 국민의 공감이 적었던 것과 배분의 신속성 및 행정 비용의 절감 대책 수립 등을 들 수 있다. 반대로 제1차 긴급재난지원금처럼 전 국민에게 일괄적으로 지급한다면 고려해야 할 것이 재원 조달에 따른 정부의 재정 건전성 악화 문제, 고소득자에 대한 수직적 공평 문제 해결 방안을 들 수 있다. 전 국민에게 일괄 지급하는 기본소득은 선별적 복지보다 행정력의 낭비와 시간 소모를 피할 수 있는 장점이 있다. 정부의 재정 건전성과 관련해서는 앞 장에서 서술한 바와 같이 기본소득 지급으로 인한 경제적 승수 효과乘數效果와 세수 증대 및 기타 사회 비용 절감으로 인해 그 부작용을 상쇄할 수 있을 것으로 예측된다. 반면, 고소득자에 대한 수직적 공평 문제를 해결하기 위해서는 지급된 기본소득에 대하여 소득세를 부과함으로써 재원을 회수하고 소득 계층 간에도 수직적 공평을 확보하는 방안을 검토해야 한다.

한편 국회에서 4차 산업혁명에 의한 소득 양극화 완화와 국민의 인간다운 생활 보장을 목적으로 2020년 9월 16일에는 조정훈 의원이, 2020년 9월 24일에는 소병훈 의원이 각각 기본소득 법안을 대표 발의했다. 기본소득이란 국가가 모든 국민이 기본적인 생활을 할 수 있도록 조건 없이 전 국민에게 금전을 균등하게 지급하는 것[43]을 말한다. 따라서 기본소득 법안이 실행될 경우 국가 재난 상황이 아니라도 국민들은 정기적으로 무상 지원금인 기본소득을 받을 수 있게 된다. 전 국민을 대상으로 기본소득이 정기적으로 지급된다면 위에서 말한 취약 계층에게 지급되는 재난지원금과 달리, 상대적으로 안정적인 경제생활을 할 수 있는 고소득자를 포함하여 기본소득을 다른 소득과 합산하여 과세하는 것이 조세 평등주의의 관점에서 적절할 것이다. 우리나라 현행 세법은 개인이 얻은 소득에 대하여 소득세를 부과하지만, 무상으로 취득한 경우에는 증여세를 부과한다. 아직 국가가 국민에게 무상으로 지급하는 재난지원금이나 기본소득에 대한 과세 문제에 대해서는 사회적으로 큰 논의가 없었다. 국가 재난 사태에 지급하는 재난지원금은 재난 등으로 경제적 어려움에 처한 취약 계층을 대상으로 하기 때문에 지원금을 과세하는 것이 적절하지 않을 수 있고 직접적인 세수 증대 효과도 기대할 수 없기 때문이다. 그러나 기본소득의 경우 장기적으로 볼 때 4인 가족을 기준으로 지급되는 금액의 크기가 크고, 앞 장에서 살펴본 바와 같이 그 세수 증대 효과가 크므로 과세할 수 있어야 한다. 그러나

---

43   Karl Widerquist, Allan Sheahen, *The United States: The Basic Income Guarantee-Past Experience, Current Proposals*, Georgetown University, 2012, p. 2.

국회에서 논의 중인 기본소득 법안 중 소병훈 의원이 대표 발의한 법안에서 기본소득에 대한 비과세를 명시적으로 규정하고 있다. 이는 현행 조세법 체계의 안정을 위해 바람직하지 않다.

또한 국민에게 무상으로 지급되는 각종 지원액에 대해서도 현행「소득세법」을 개편하여 적극적으로 과세함으로써 소득 계층 간 수직적 공평을 실현하고 부족한 세수를 보충하는 방법도 검토해야 할 때이다. 방법론적으로 기본소득을 거주자의 과세 대상 소득에 포함시키는 것과는 함께 최소한의 생계 유지를 실현하기 위해 존재하는 여러 가지 조세 지출과 복지 제도를 기본소득과 중복하여 적용하지 않도록 보완하는 것도 필요하다. 구체적으로 근로장려금이나「소득세법」상 종합소득 공제 중에서 인적 공제 또는 자녀 세액 공제를 연간 소득 신고 의무자의 부양 가족이 수령하는 연간 기본소득 수령액만큼 제외하는 등 시혜적인 각종 감면이나 혜택이 중복되지 않도록 해야 한다.

1. 과세 가능성 판단

기본소득과 같이 보편적 복지를 옹호하는 사람들 가운데 대다수는 지급 단계에서 차별하지 않고도 사후에 얼마든지 조세 제도 ^{소득세 체계} 를 통해 기본소득의 일부를 회수하는 방법으로 차등을 실현할 수 있다고 믿고 있다.[44] 그러나 국가가 무상으로 국민에게 지급하는 긴급재난지원금이나

---

44 김공회, 앞의 논문, 108면. 하승수 변호사는 별도의 행정 처리도 없이 소득 신고 때 소득으로 처리되므로 누진세로 과세할 수 있다고 주장했다. 하승수, "기본소득, 거대정당 무시못할 정책대안…단계적으로 도입해야", 조선비즈, 2016. 11. 04. 기사(biz.chosun.com/site/

기본소득이 과연 현행 세법 체계에서 과세될 수 있을까? 이하에서는 재
난지원금^{또는} ^{기본소득}을 받은 개인에 대해 현행 세법이 부과할 수 있는 세
제를 중심으로 과세 가능성을 살펴보기로 한다.

소득세

가. 소득의 개념

소득세는 개인의 소득에 과세하는 것으로서 현행 세법상 소득세가 부
과되기 위해서는 과세 대상 소득에 해당해야 한다. 소득은 경제적 · 회계
학적 · 법적으로 그 개념을 달리하고 있어서 시대에 따라 다양한 논의가
있었다. 먼저 경제적 소득은 개인이 재화나 용역을 소비함으로써 발생하
는 만족이나 효용을 금전 가치로 환산한 것을 의미하기 때문에 미실현된
자본 손익까지 포함하는 큰 범위이다. 반면에 회계학적 소득이란 수입에
서 수입을 발생시키기 위해 투입된 비용을 공제한 금액을 의미하며, 미
실현[45]된 것을 포함하지 않는다. 법적 소득은 법률이 과세 대상으로 정의
한 것만을 의미하므로[46] 「소득세법」상 과세 대상으로 정의되지 않은 것은

---

data/html_dir/2016/11/04/2016110400396.html, 검색일: 2020. 11. 26).

45   여기서 의미하는 소득의 전제로서 수익 대신 수입이라고 쓴 것은 수익이 매출 자체를 의미
한다고 볼 수 없고 비용을 제외한 개념으로 인식될 수 있기 때문이다. 따라서 IFRS에서 단
기 매매 증권의 평가 손익 등이 인식되기 때문에 미실현이익도 수입(매출)에 해당한다고
볼 수 없다. 본문에서는 '개념적' 소득이라는 큰 관점에서 경제학적·법학적 관점에서 비교
하기 위한 방법에 지나지 않으므로 수익이나 수입이냐에 대한 논의의 실익은 없다. 기술적
인 면에서 회계학에서 평가 손익이 계속기업(繼續企業)을 가정했음에도 기간별 재무제표
를 통해 '수익'의 흐름을 보는 데 도움이 되기 때문에 포함되지만, 다시 현금 흐름표를 통해
회계 정보 이용자에게 실제 '실현된 소득'을 가늠하게 한 것도 그와 같은 개념이다.

46   임승순, 앞의 책, 404~405면.

소득이 될 수 없다.

우리나라 「소득세법」은 소득의 개념 자체를 정의하고 있지 않지만, 과세 대상이 되는 소득은 규정하고 있다. 즉, 현행 「소득세법」상 국내 원천 소득이 있는 개인[47]은 「소득세법」에서 규정한 국내외 소득에 대하여 납세 의무를 지며,[48] 거주자와 비거주자의 과세 대상 소득을 「소득세법」 제4조와 제119조에 따라 구분하고 있을 뿐이다. 따라서 우리나라의 「소득세법」은 영국과 독일처럼 소득의 종류를 구분하고 있고 「헌법」이 정한 조세 법률주의 원칙에 따라 「소득세법」이 열거하고 있지 않으면 과세할 수 없다는 제한적 소득 개념이나 소득 원천설 income source theory 에 가깝다는 것이 일반적인 견해다.[49] 이는 「법인세법」이 법인의 소득을 산출하는 과정에서 익금益金 이 순자산을 증가시키는 거래로 인해 발생하는 이익이나 수입제15조 으로, 손금은 법인의 순자산을 감소시키는 거래로 인하여 발생하는 손실 또는 비용제19조 이라고 규정하면서 순자산 증가설을 표명한 것과 차이가 있다. 반면에 우리나라 「소득세법」의 체계도 실상은 소득의 담세력을 구분할 필요에 따라 종류별로 과세 대상을 구분했을 뿐, 본질적으로 소득 원천설의 입장으로 볼 수 없다는 견해도 있다. 그 근거로 순자산 증가설과 소득 원천설의 차이는 자본 이득 capital gain 에 대한 과세 차이인데, 현행 「소득세법」이 비록 소득의 종류를 구분하더라도 자본 이득은 양도소득세로 분류 과세하며, 일시적인 소득은 기타소득으로 과세하기 때문이라는 것이다. 그리고 각각의 유사한 소득은 그 소득 범위 내에

---

47   「소득세법」 제2조 제1항.
48   「소득세법」 제3조 제1항.
49   이창희, 『세법강의』, 박영사, 2020, 354~355면.

포함하는 규정을 두고 있다는 점을 들고 있다.[50]

소득 원천설을 엄격히 따를 때 「소득세법」상 '재난지원금' 또는 '기본소득'이 소득으로 열거되지 않는 경우 과세할 수 없다. 또한 그 반대 의견에 의하더라도 현행 「소득세법」상 소득 구분에서 열거된 과세 가능한 유사 소득이어야 과세할 수 있다. 그렇다면 이하에서는 현행 「소득세법」상 소득으로 구분될 수 있는 영역이 어디인지 파악하여 과세 가능성을 살펴보기로 한다.

나. 「소득세법」상 소득 구분

우리나라 소득세는 크게 종합소득, 퇴직소득, 양도소득 세 가지[51]로 '분류 과세'한다. 재난지원금 또는 기본소득은 퇴직이나 양도 행위로 받는 소득이 아니므로 앞의 '분류 과세' 대상이 아니다. 종합소득도 이자, 배당, 사업, 근로, 연금, 기타소득으로 구분되는데, 역시 무상으로^{조건 없이} 지급되는 것이므로 기타소득을 제외하면 종합소득의 하나로 과세될 여지가 없어 보인다. 다만 기타소득에서 열거한 소득에 해당하더라도 일부 소득은 계속 · 반복적으로 발생하면 사업소득이 될 수 있다.[52] 그러나 재난지원금이나 기본소득을 계속 · 반복적으로 지급한다고 하더라도 현행 세법상 기타소득을

---

50 임승순, 앞의 책, 410면; 소득 원천설이라는 것이 일정한 수입의 원천(源泉)에서 계속·반복적으로 발생하는 수입만을 소득으로 보는 것이므로 일시적·우발적 소득은 (그 원천을 알 수 없기 때문에) 과세 대상 소득에서 제외하는 개념이라는 점에서 본다면 소득 원천설보다는 순자산 증가설에 가깝다고 볼 수도 있다.

51 2020년 12월 29일 「소득세법」을 개정하여 2023년 1월 1일부터 발생하는 금융투자소득에 대하여도 분류 과세한다.

52 「소득세법」 집행 기준 21-0-10; 강연료 및 인세, 연구 용역비, 문예창작소득, 경영자문소득에 대하여 일시적인지 여부에 따라 사업소득과 기타소득을 구분하고 있다.

제외한 근로, 배당 등 종합소득의 하나에 해당될 수는 없다. 근로의 제공이나 투자 없이 국가로부터 무상으로 지급 받았기 때문이다. 따라서 코로나 19로 인해 중복해서 여러 차례 재난지원금을 수령했더라도 기타소득의 어느 하나에 해당하지 않는 한 소득세는 과세될 수 없다.

기타소득은 「소득세법」 제21조 제1항에서 이자소득 · 배당소득 · 사업소득 · 근로소득 · 연금소득 · 퇴직소득 및 양도소득 외의 소득을 의미하며 총 26개의 소득을 열거하고 있다. 그 내용을 살펴보면, 상금[1호], 복권 등 당첨금품[2호], 「사행행위 등 규제 및 처벌 특례법」에 해당하는 행위로 얻은 이익[3호], 승마 등의 구매권의 환급금[4호], 저작자 등의 권리 양도로 받은 금품[5~7호], 물품 대여에 대한 사용료[8호], 지역권 등의 대여 소득[9호], 계약의 위약금 등[10호], 유실물 보상금[11호], 점유 취득 자산[12호], 특수 관계로 인한 경제적 이익 중 급여나 배당으로 처분되지 않은 금품[13호], 슬롯머신 등의 당첨금품 등[14호], 문학 작품으로 인한 원고료, 인세 등[15호], 재산권의 알선 수수료[16호], 사례금[17호], 소상공인 공제 부금의 일시 해제금[18호], 고용 관계 없이 받은 강연료 등과 심사료, 전문적 지식을 제공하여 받은 용역의 대가, 그 밖의 고용 관계 없이 받은 용역대가 등으로서 일시적 제공으로 받은 대가[19호], 기타소득으로 처분된 소득[20호], 퇴직연금 계좌에서 연금이 아닌 형태로 수령한 소득[21호], 주식 매수 선택권 이익과 직무 발명 보상금[22호, 22의2호], 뇌물[23호], 알선 수재 등의 금품[24호], 서화, 골동품 양도소득[25호], 종교인의 소득[26호]이다.

따라서 재난지원금이나 기본소득은 선별적 또는 일괄 지급의 형태와 상관없이 개인의 노력 또는 노동과는 상관없이 국가가 무상으로 지급하는 것이므로 위에 열거된 기타소득 중 어느 하나에 해당하지 않고, 기타소득 범위와 유사한 것도 아니므로 소득 원천설을 따르든 그 반대의 주장을 따르든 현행 「소득세법」상 과세 대상이 아니다. 2021년 5월 종합소득세 신고 당시 정부도 모든 국민에게 일괄 지원한 재난지원금은 과세 대상 소득에 해당하지 않는다고 안내했다. 다만 매출이 하락한 사업자나 프리랜서 등에게 차등 지급한 지원금은 국가의 방역 대책에 순응한 자영업자의 손실에 근거하여 사업 보전용으로 지원한 것이므로 과세 대상 소득에 포함시키도록 했다.[53] 실제 사업소득자의 손실액이 커서 재난지원금을 소득에 포함한다고 해도 소득세의 과세 표준이 증가된 사례가 적어 큰 이슈가 되지 않았다. 그러나 국세청 입장에서도 명확한 법령 해석에 의한 공적 견해가 아닌 인터넷 상담 사례로만 제공했을 뿐이라서 무상으로 지급한 손실보상금도 과세 대상 소득으로 보기에 무리가 있다.

증여세

가. 과세 대상

증여세는 경제적 가치가 있는 재산을 무상으로 수증^{受贈} 할 때 과세하는 국세다. 현행 「상속세 및 증여세법」 제4조 제1항에 따르면 증여세가 부과되는 증여 재산은 무상으로 이전받는 재산 또는 이익[제1호], 특수 관계자 간 가격 조정을 통한 이익[제2호], 재산 가치 증가 이익[제3호], 증여세가 포괄주의로 전환되기 전 열거된 유형별 증여 규정[제33조에서 제42조의3까지] 및 그 경제적 실질이 유사한 재산이나 이익을 과세 대상으로 규정하고

---

53 국세청 홈택스의 인터넷 상담사례, "재난지원금 소득 인정 여부", 2021. 1. 15(hometax. go.kr/websquare/websquare.wq?w2xPath=/ui/pp/index_pp.xml, 검색일: 2021. 1. 23).

있다. 유형별 증여 규정은 신탁이익, 보험금의 증여 등 손익 거래를 매개로 한 것과 합병, 증자 등 자본 거래를 매개로 한 증여로 구분된다. 그 밖에도 배우자 등에 대한 양도 등의 증여 추정^{제44조, 제45조} 과 명의 신탁 재산 등에 대한 증여 의제 등^{제45조의2에서 제45조의5까지} 을 「상속세 및 증여세법」은 열거하고 있다. 그런데 재난지원금 또는 기본소득은 국가 또는 지방 자치 단체와 국민 사이에 특수 관계가 성립하지 않으므로 제1호를 제외한 모든 규정으로는 과세하기 어렵다. 다만 제1호에서 명시한 무상으로 이전받은 재산이 과세 대상이 되기 위해 증여자를 특정할 것을 요구하지 않으므로 수증자가 무상으로 이전받은 가치에 대해서는 국가^{증여자가}_됨 가 지급하더라도 증여세 과세 대상이 된다.[54]

한편, 「상속세 및 증여세법」도 만약 소득세나 법인세가 부과되면 증여세는 면제[55]하지만, 중복 과세를 회피하기 위한 것이다. 또 증여세의 근본 취지가 특수 관계자 사이에 상속세 회피 수단이 되는 것을 방지하여 상속세를 보완하는 역할을 한다는 점에서 볼 때 재난지원금 등에 증여세를 과세하는 것은 적절하지 않을 수 있다. 그러나 앞서 언급한 소득 개념 중 순자산 증가설의 입장에서는 증여받는 재산도 소득을 구성하지만, 대가 없이 일시적 · 집중적으로 발생하는 특성 때문에 세목을 소득세 대신 증여세로 부과한다고 보는 견해[56]를 따를 때 개인소득에 대하여 소득세 또는 증여세 어느 한 세목으로든 과세해야 한다는 주장을 완전히 무시할 수 없을 것이다.

---

54 증여세는 증여자가 아닌 수증자가 납세 의무를 지며 증여자가 누구냐에 따라 증여세 납세 의무에 영향을 미치지 아니한다. 따라서 개인이 국가로부터 무상으로 증여를 받게 된다면 증여세 납세 의무를 진다고 봄이 타당하다.
55 「상속세 및 증여세법」 제4조의2 제3항, 제4항.
56 임승순, 앞의 책, 905면.

나. 납세 의무자와 과세 범위

현행 「상속세 및 증여세법」상 증여세는 183일 이상 거소를 둔 거주자로서 수증자는 그 수증 재산이 「상속세 및 증여세법」 제4조에 따라 증여세가 과세되는 국내외 모든 재산에 대하여 납세 의무를 진다. 거주자가 아닌 비거주자는 국내에 있는 모든 증여 재산에 대하여 납세 의무를 진다. 한편, 재난지원금을 지급했던 서울시는 그 지원 대상을 90일 이상 거소를 신고한 자로 하고 있으므로 외국인도 포함[57]했다. 비록 국가인권위원회의 권고를 받은 것이지만, 국내에 거소가 있다는 이유만으로 외국인에게 세금으로 재난지원금을 지급하는 것에 대한 반대의 목소리도 적지 않다. 그러나 외국인도 현행 법률상 소득세와 증여세의 납세 의무가 있으므로 역시 세금을 내는 사회 구성원이라는 측면에서 지원금 수령 대상이라는 반론 또한 못지않다.[58] 다만 이 주장은 과세 대상이 되는 국내 거

---

[57] 국가인권위원회(이하 인권위)는 재난지원금 지급과 관련하여 외국인 주민을 합리적 근거 없이 차별할 수 없다는 이유로 외국인에게도 재난지원금을 지급할 것을 권고했다. 따라서 서울시는 일정 조건을 가진 외국인(서울시의 경우 거소 신고한 지 90일이 넘고, 국내에서 합법적으로 취업과 영리 활동이 가능한 체류 자격을 가진 자로 한정하고 있다)에게도 재난지원금을 지급했다. 하지만 경기도는 인권위의 권고를 수용하지 않기로 결정했다(mk. co.kr/news/society/view/2020/08/879184, 검색일: 2020. 10. 23).

[58] 거주자를 대상으로 재난지원금을 지급하는 다른 국가의 사정도 다르지 않다. 한국은 신청해야 긴급재난지원금을 지급했지만, 미국은 신청 없이 과거 세금 신고한 정보를 기반으로 경제지원금(Economic Impact Payment)을 지급했다. 그런데 미국의 영주권을 가진 사람들은 미국에 살고 있지 않더라도 세금 신고를 할 의무가 있기 때문에 세금 정보만으로 하다 보니 수령인이 거주자인지 비거주자인지 구분하지 않고 지불하는 착오가 발생했다. 따라서 2020년 현재 J-1, F-1 등의 비자를 가진 사람들 가운데 코로나지원금을 받은 사람을 대상으로 지원금으로 받은 수표를 'void'로 표기하고, (계좌로 입금받았으면 본인의 수표로 발행하여) 즉시 우편으로 IRS(미국 국세청)로 보내도록 했다{"What should I do to return an Economic Impact Payment(EIP)?", updated June 9, 2020, irs. gov/newsroom/economic-impact-payment-information-center-topic-i-returning-the-economic-impact-payment, 검색일: 2020. 10. 22). 미국도 재난지원금이 자국 내에서 국

주자로서의 체류 일수와 재난지원금의 대상이 되는 체류 기간의 차이를 고려하지 않은 모순이 있다. 따라서 만약 재난지원금 등이 과세된다면 국적이나 세법상 거주자 요건의 충족 여부와는 상관없이 실제 그 지원금을 수령한 자를 납세 의무자로 규정하여야 할 것이다.

현행 「상속세 및 증여세법」상 무상으로 수증한 재산에 대하여 증여세의 일부 또는 전부의 납부를 면제하는 기준을 살펴보면, 제35조부터 제37조[59]까지 또는 제41조의4[60]에 해당하는 경우로서 수증자가 증여세 납세 능력이 없고, 체납 처분을 해도 조세 채권을 확보하기 어려운 경우로만 한정하고 있다.[61] 물론 소득세나 법인세가 과세되는 경우에도 증여세를 면제[62]하지만, 이는 중복 과세 방지를 위해 면제하는 것일 뿐, 납부 세액이 낮거나 수증자의 납부 능력을 고려한 것이 아니다. 다만 현행 「상속세 및 증여세법」상 증여세 과세 표준[63]이 50만 원 미만이면 증여세를 부과하지 않으므로[64] 수증자 개개인으로 볼 때 현재까지 지급된 금액이 이 금액 이상인 경우에만 과세된다.[65] 따라서 재난지원금 등이 증여세 부과 대상이고, 과세 표준이 과

적(시민권)과 상관없이 경제적 어려움에 봉착한 주민(영주권자 이상)을 대상으로 최소한의 생계 유지를 위한 지원이란 것을 명확히 하고 있다.

59 저가 양수 또는 고가 양도에 따른 이익의 증여, 채무 면제 등에 따른 증여, 부동산 무상 사용에 따른 이익의 증여.

60 금전의 무상 대출 등에 따른 이익의 증여.

61 「상속세 및 증여세법」 제4조의2 제5항; 그 이유는 통상적인 증여보다는 담세력이 적어서 세수 증대에 영향이 없고, 과세 가액 산정의 어려움 등을 고려하여 납부 능력이 없는 수증자를 배려하기 위함이다.

62 「상속세 및 증여세법」 제4조의2 제3항, 제4항.

63 증여세 과세 표준은 증여가액에서 감정 평가 수수료, 채무 인수액, 10년 이내 친족으로 받은 금액에 대한 대상별 공제(1천만~6억 원)를 차감한 금액을 말한다. 그런데 재난지원금이나 기본소득은 어떠한 증여 공제 대상도 아니다.

64 「상속세 및 증여세법」 제55조 제2항.

65 재난지원금이 가구당 지급된 경우에는 가족 구성원의 수만큼 1/n로 나눌 수 있는지에 대한 구체적인 규정도 없으므로 납세 의무자에게 귀속되는 소득을 결정할 수 없다는 문제점

세 최저한이 아니라면 과세 관청은 현행 조세 체계에서 조세 정의를 위해서 증여세를 부과해야 할 의무가 있다. 그러나 세수 확보를 위해 납세 협력 비용이 증가하는 문제점이 있고, 세수 증대나 수직적 공평을 실현할 실익이 없다는 문제가 있다. 또한 과세 금액 면에서 재난지원금이나 기본소득이 개개인에게 과세하기에는 다소 적은 금액이라면 현행 세법상 비록 증여세 과세 대상이 되더라도 증여세를 부과하는 실익은 적을 것이다. 특히 소득세와는 달리 그 소득의 과소에 따라 추후 종합소득세를 부과할 때 얻을 수 있는 누진적 소득 분배의 효과도 기대할 수 없다.

조세 특례 또는 비과세 해당 여부

조세 특례란 일정한 요건에 해당하는 경우의 특례 세율 적용, 세액 감면, 세액 공제, 소득 공제, 준비금의 손금損金 산입算入 등의 조세 감면뿐만 아니라 특정 목적을 위한 익금 산입, 손금 불산입 등의 중과세를 포함하는 것이다.[66] 비과세는 과세 대상에서 제외하므로 과세권자가 과세권을 행사할 수 없는 것을 말하며, 조세 감면은 납세 의무가 성립했더라도 특별한 사유에 해당하면 납세 의무의 일부 또는 전부를 면제하는 것을 말한다.[67] 비과세는 주로 세목별로 별도로 규정하고 있으며, 「소득세법」은 제12조에서 금융이자·배당, 근로, 퇴직, 사업, 연금, 기타소득 중에서 일정 대상을 면제하고 있다. 따라서 현행 「상속세 및 증여세법」상 명시적으로 국가로부터 무상으로 지급 받는 재난지원금과 기본소득을 면제하는 기

이 있다.

66   「조세특례제한법」 제2조 제1항 제8호.

67   송쌍종, 『조세법학총론』, 도서출판 나라, 2010, 318면.

준을 두거나 소득세 등으로 과세한다는 규정이 없지만[68], 실무적으로 과세할 수 없다고 본다. 왜냐하면 그동안 정부가 특별재난지원금이나 수해 복구 민간 성금 등에 대하여 과세하지 않은 정부의 비과세 관행 때문이다. 신의 성실의 원칙상 비과세 관행에 의한 소급 과세는 금지[69]된다. 신의 성실의 원칙에서 비과세 관행은 불특정 납세자를 대상으로 하고, 과세 관청만을 대상으로 하는 것으로 납세자의 신뢰 보호[70]를 위한 조세법의 기본 원칙 중 하나이므로 과세 관청이 코로나19로 지급된 재난지원금에 대하여 과세하려고 나설 가능성은 없다.

기본소득법(안) 검토

가. 기본소득이 왜 비과세되어야 하는가?

기본소득이란 모든 국민에게 조건 없이 균등하게 지급되는 금전을 의미하므로 일시적이고 구호 목적의 재난지원금과는 분명히 다른 특성을 가진다. 이미 제2차 재난지원금부터 사회적 약자를 더 배려해야 한다는

---

68 수해나 감염병 피해 등으로 특별재난지역으로 선포되는 경우에도 일반적으로 「법인세법」 「소득세법」 또는 「조세특례제한법」으로 세액 감면 대상이 되는 소득의 한도, 계산 방법 등을 정하고 각 과세 특례 신청 서식까지 정하는 것이 일반적이다. 또한 개정안에 대한 의견을 미리 기획재정부가 문서로 정식 공고하여 통합입법예고시스템을 통하여 의견을 수렴하는 과정을 거치고 있다. 하지만 긴급재난지원금의 지급에 소득세가 비과세된다는 내용이 없다. 따라서 열거주의 과세 원칙에 따라 긴급재난지원금이 과세 대상 소득으로 규정되지 않아서 소득세가 과세된지 않지만, 「상속세 및 증여세법」상 증여세 과세 대상으로 볼 수 있다면 증여세는 과세될 수 있는 것이다.

69 「국세기본법」 제18조 제3항; 세법의 해석이나 국세 행정의 관행이 일반적으로 납세자에게 받아들여진 후에는 그 해석이나 관행에 의한 행위 또는 계산은 정당한 것으로 보며, 새로운 해석이나 관행에 의하여 소급하여 과세되지 아니한다.

70 임승순, 앞의 책, 57~58면.

선별적 지급 주장에 대해 전 국민에게 일괄 지급하는 기본소득은 추후 수직적 공평이라는 방법으로 대응해야 할 것이다. 그런데 2020년 9월 24일 더불어민주당 소병훈 의원을 중심으로 12명의 국회의원이 발의한 '기본소득에 관한 법률 제정안 이하 기본소득법안'에 따르면, 보호 조치로서 기본소득은 「국민기초 생활보장법」상 개별 가구의 실제 소득에 포함시키지 않을 뿐더러 24조 1항, 기본소득은 개인소득세 부과를 목적으로 하는 과세 소득이 아닌 것으로 보고 있다 24조 2항. 위 법안 24조 1항이 인용한 「국민

구분	조정훈 의원 안	소병훈 의원 안
발의일	2020. 9. 16.	2020. 9. 24.
기본소득위원회	대통령소속(위원장 1인 포함 25명 이내)	국무총리 소속(위원장 1인 포함 30명 이내)
실무위원회	실무위원회와 분야별 전문위원회 설립 가능	규정 없음
기본 계획 수립	규정 없음	국무총리가 매 5년마다
사무국 설치	별도 사무국을 둠	국무총리실에 설치
지급 대상	19세 이상의 국민(단, 14세 미만일 경우 친권자나 후견인에게 지급하며, 14세 이상 19세 미만은 청소년과 친권자에게 나누어 지급)	국내 거주 국민, 결혼이민자
지급액	기본소득위원회가 정함 2022년 월 30만 원 이상, 2029년 월 50만 원 이상 GDP의 10% 이상을 기본소득 지급에 사용	국가기본소득위원회의 결정에 따라 국무총리가 매년 12월에 고시
지급방법	정기 또는 일시 지급(현금 또는 지역화폐)	매월 정기 지급(현금 또는 지역화폐)
신청, 조사	규정 없음	개별적 신청해야 하며, 지방 자치 단체장이 조사 결정
기본소득 실험	기간과 조건을 대통령령으로 정해서 지급할 수 있으며, 지방단체도 실험이 가능	규정 없음
선별적 기본소득	2023년까지 기본소득이 실행되지 않을 경우 연령, 성별, 주거 등에 따라 선별적으로 기본소득 지급	규정 없음
긴급지원금	긴급 지원 사유가 있는 경우	규정 없음
보호 조치	아동의 기본소득은 아동에게만 사용해야 함	기본소득을 기초 생활보장권자의 소득 인정액에서 제외, 기본소득을 소득세 부과 대상에서 제외
특별회계	국세, 관세법상 내국세의 10% 이상 50% 이하를 기본소득 특별회계의 세입으로 활용	일반회계 전입금 타 회계 또는 기금의 전입금, 차입금 등
시효	기본소득 지급을 시작한 날로부터 1년간 행사 가능	5년간 기본소득을 받을 권리를 행사하지 않을 경우 소멸

〈표 1〉 국회 기본소득법안 주요 내용 검토표

기초 생활보장법」은 생활이 어려운 사람에게 생활에 필요한 일정 금액을 지급하여 이들의 최저 생활을 보장하고 자활을 돕는 것을 목적으로 하는 것으로 보건복지부 장관이 수급 대상자의 소득 수준을 고려하여 지원하는 것을 규정한 법률이다. 따라서 이 조항은 기본소득이 지급되는 바람에 기초 생활수급자에서 배제되는 것을 방지하기 위한 안전 조치로 해석할 수 있으며 합리적이다. 그런데 위 법안 24조 2항에서와 같이 기본소득을 지급 받는 사람들은 다른 소득의 정도와 상관없이 기본소득을 추가적으로 과세 대상에서 제외시키고 있다. 반면, 조정훈 의원이 대표 발의한 기본소득법안에는 아동의 기본소득은 아동에게만 사용하도록 하는 보호조치만 있을 뿐, 조세에 대한 부분은 고려하고 있지 않다.

기본소득 제도가 수령자의 소득을 고려하여 추후 수직적 공평 문제를 해결하기 위해 고소득자에게는 보다 많은 세금을 납부하게 만들어야 함에도 불구하고 소병훈 의원의 법안은 기본소득을 과세 대상 소득에서 제외하여 조세가 가진 부의 재분배 기능을 기대할 수 없게 만들었다. 이는 4차 산업혁명으로 증대된 생산성에도 오히려 고용 등의 기회가 줄고, 증대된 이익도 특정 소수에게 집중됨으로써 빈부 격차가 커지고 삶의 질은 떨어지는 문제를 보완하기 위해 기본소득을 도입한 취지에도 부합하지 않는다. 즉, 고소득자를 기본소득 지급 대상에서 제외하자는 선별적 지급을 찬성하는 사람들의 비판에 대하여 수평적 공평을 내세운 일괄 지급 찬성자들의 논리가 정당성을 얻으려면 고소득자가 기본소득을 받은 후 종합 과세를 통해 수직적 공평을 확보하는 것이 바람직하다. 긴급재난지원금이든 기본소득이든 전 국민에게 무상으로 현금이 지급된 후 과세한다면 조세가 가진 재분배 효과뿐만 아니라 추가적인 세수를 확보할 수 있는 장점이 있다.

한편, 개인소득에 대한 비과세를 「소득세법」이 아닌 소병훈 의원의 발의한 법안과 같이 기본소득법안에 명시한 것이 과연 적절하지도 의문이다. 현행 세법상 조세 특례는 「조세특례제한법」에서 「조세특례제한법」과 「국세기본법」 및 조약과 「소득세법」 「법인세법」 「상속세 및 증여세법」 등 개별세법 이외에 「금융실명거래 및 비밀보장에 관한 법률」제16호 「남북교류협력에 관한 법률」제21호 「자유무역지역의 지정 및 운영에 관한 법률」제23호 「제주특별자치도 설치 및 국제자유도시 조성을 위한 특별법」제24호에 따르지 아니하고는 조세 특례를 정할 수 없고,[71] 비과세도 개별 세법에서 별도로 규정하고 있기 때문이다. 만약 「기본소득에 관한 법률」이 입법되고 이 법에서 소득세의 비과세 대상으로 기본소득을 규정한다면 현행 조세법 체계에서 이질적인 것이 되며, 국토보유세, 탄소세, 데이터세, 로봇세 등과 같이 기본소득 재원 마련을 위한 목적세들이 입법될 때에도 동일한 혼란을 야기할 수 있다.

나. 사회보험의 추가 납입

다만 기본소득은 사회보험 부과를 위한 개별 가구의 실제 소득에는 포함하지 않는 것이 타당하다. 만약 기본소득이 과세 대상 소득이 된다면 기본소득 수령자의 사회보험료 납입 금액이 증가할 수 있다. 현재 직장 가입자의 국민연금 보험료 산정 기준을 보면 기준 소득 월액에 보험료율을 곱하여 연금 보험료를 산정하는데, 직장 가입자의 기준 소득 월액은 사용자가 신고한 소득 월액에서 천원 미만을 절사한 금액으로 한다. 기

---

71 「조세특례제한법」 제3조 제1항.

본소득은 사용자가 지급하는 것이 아니므로 직장 가입자의 국민연금의 기준 소득 월액에서 제외될 수 있지만, 국민연금 지역 가입자의 기준 소득 월액은 5월 종합소득세 보수총액신고 금액_{종합소득 과세 대상소득+재산} 으로 확정되므로 차이가 있다. 건강보험의 경우 직장 가입자는 직장에서 받는 보수 월액과 그 외 소득 월액을 합한 금액에 보험료율을 곱하고, 지역 건강보험도 재산, 자동차, 소득 및 기타 여러 분류 기준에 의하여 보험료 부과 금액을 산정하므로 기본소득이 이러한 소득 산정 기준에 들지 않도록 할 필요가 있다.

2. 과세 제도 개선방안

과세 대상 선정

정부가 제2차 긴급재난지원금을 지급할 때 전 국민이 아니라 선별적으로 대상을 선정하여 지급하면서 그 선정 기준에 대한 국민의 공감대를 형성하는 데 부족함이 있었고, 시간 소요 등으로 인한 적시성의 부재, 행정력 낭비 지적 등은 제1차 긴급재난지원금이 일괄 지급되었을 때와 비교하여 두드러진 문제점들이다. 사회 · 정치학계에서 주장하는 바에 따르면, 기본소득은 재원 확보와 지출 방법에서 그 정당성을 확보하는 것이 국민의 지지를 얻기 위해 중요하다. 조세를 통해 재원을 마련하려면 정당한 과세 근거를 마련해야 자칫 일하는 사람에게서 금전을 빼앗아 게으른 가난뱅이에게 준다는 비판을 피할 수 있다. 그러나 기본소득의 지급이 소득의 '재분배 수단'이 아니라 권리를 가진 사람에게 '배당을 지급'

하는 형태를 취할 때 과세도 최고 수준의 정당성을 확보[72]한다고 한다. 기본소득의 도입을 주장하는 사회 · 정치학자들은 기본적으로 기본소득의 재원이 되는 토지 등이 공유 자산이므로 모든 국민에게 권리가 있으므로 국가가 토지 등의 소유자들에게 세금을 징수하여 무상으로 분배[배당]하자는 것인데, 이들이 말하는 '재분배 수단'은 재원의 확보 단계만을 한정해서 말하는 것으로 보인다. 그러나 국가는 그 재원이 확보된 이후 기본소득이 지급되면 그 수혜자를 대상으로 다시 소득세를 과세하여 고소득자에게 누진세율의 소득세를 부과함으로써 조세 평등주의를 실현[73]하여야 할 책무가 있다.

수직적 공평 문제는 비단 조세법에서만 다루는 원칙이 아니다. 수평적 공평에 근거하여 기본소득을 일괄 지급할 때 대기업에 다니는 개인이 받는 월 30만 원의 기본소득과 실직자가 받는 월 30만 원이 주는 도움의 정도는 확연히 다를 것이다. 이러한 형평성을 근거로 선별적 공공 부조를 주장하는 사람들은 배분 단계에서부터 이 문제를 해결하자고 하는 것인데, 역시 수직적 공평에 그 근거를 두고 있다. 그렇다면 일괄 지급을 주장하는 수평적 공평과 선별적 지급을 주장하는 수직적 공평의 교차점을 만들기 위해 일괄 지급 후 소득세 부과를 통해 부의 재분배를 하는 것은 어떨까? 즉, 국가가 국민에게 무상으로 일괄적으로 지급하는 지원금은 그 명칭이 무엇이든 필요 경비가 인정되지 않는 소득세 과세 대상으로 규정하여 사후 소득 계층 간 수직적 공평을 적절히 실현할 수 있다면 두 주

---

72   전강수, "기본소득 사상의 세 흐름에 대한 비교 검토와 그 함의: 재원 정당성을 중심으로", 「시민과 세계」 통권 제35호, 참여연대 참여사회연구소, 2019, 210면.
73   조세법에서 국민 개개인이 조세를 부담함에 있어 담세력에 따라 공평하게 배분되는 것을 조세 평등주의라고 하며, 입법뿐만 아니라 세법의 해석·적용 및 집행이 평등하게 이루어져야 한다는 것을 말한다.

장 간의 간격은 어느 정도 줄일 수 있을 것이다. 따라서 이하에서는 현행 과세 제도의 개선을 통해 정부가 지급한 지원금을 조세로 다시 회수하는 방안과 추가적인 문제점들을 검토하고자 한다.[74]

소득 구분 방안

소득세에서 소득 구분의 실익은 각각의 소득별로 과세 표준을 산출하는 방법에 차이가 있고 분류 과세와 분리 과세를 적용받는 소득의 구분이 필요하며, 적용 세율도 다르기 때문이다.[75] 이러한 구분을 통해 과세 관청은 소득의 종류별로 중과세 등의 조치를 통해 부동산 투기 과열 조절 등의 역할을 할 수 있을 뿐만 아니라 소득의 기간 귀속도 합리적으로 할 수 있고, 개인의 부담담세력을 고려하여 소득 공제 및 세액 공제를 증감하거나 누진세율을 적용하는 등의 조치를 할 수 있다. 전 국민에 대한 재난지원금[76]과 기본소득의 지급과 관련하여 조세를 통한 수직적 공평을 실현하기 위해서 현행 「소득세법」상 소득 구분에 따른 과세 방안은 다음과 같이 고려할 수 있다.

가. 기타소득

기타소득은 소득의 종류에 따라 무조건 종합 과세와 당연 분리 과세,

---

74 다만 재난지원금이나 기본소득이 국민의 형편에 따른 수직적 공평을 실현하기 위해서는 국가가 무상으로 지원한 금액 이외에 국민 개개인의 소득을 기준으로 하는 것이 타당하므로 중여세는 검토하지 않기로 한다.
75 이창희, 앞의 책, 391~392면.
76 따라서 제2차 긴급재난지원금과 같이 선별적 지급은 본 논문의 고려 대상이 아니다.

선택적 분리 과세 기타소득이 있다. 당연 분리 과세 기타소득은 종합소득 과세 표준에 합산하지 않는 것으로 복권 당첨금, 승마 투표권 등의 구매자가 받는 환급금, 슬롯머신 당첨금품 등과 신용카드 사용자에 대한 보상금, 서화·골동품의 양도소득이 있다.[77] 선택적 분리 과세는 당연 분리 과세 기타소득과 뇌물을 제외한 기타소득으로서 원천징수된 기타소득 금액 _{수입 금액에서 필요 경비를 제외한 소득 금액} 이 연 300만 원 이하인 경우로, 납세자가 분리 과세나 종합 과세 중 유리한 것을 선택할 수 있다.[78] 무조건 종합 과세는 뇌물과 위약금·배상금으로 대체된 계약금 그리고 기타소득 금액이 300만 원을 초과한 경우로 한정하고 있다.

따라서 만약 세법 개정을 통해 전 국민에 대한 재난지원금 또는 기본소득이 기타소득으로 규정된다면 기본소득 전액이 필요 경비 인정 없이 무조건 종합소득에 합산하여 과세되어야 할 것이다. 재난지원금과 기본소득은 무조건적이고 무상으로 지급되므로 소득 창출을 위한 필요한 행위나 경비가 존재하지 않으며, 전 소득이 과세 표준에 포함되어야 누진도가 높아져 수직적 공평의 효과를 보다 크게 볼 수 있기 때문이다. 다만 앞서 국가인권위원회의 권고를 받아들여 90일 이상 거주한 외국인에게 재난지원금을 지급한 것처럼 현행 「소득세법」상 거주자의 요건을 충족하지 못해 납세 의무자가 아니라는 이유로 조세 부과에서 국민과의 형평성에 문제가 제기되지 않도록 지급 시점에 지급 기관이 기타소득에 대한 원천징수가 가능하도록 「소득세법」을 개정할 필요가 있다.

---

77   「소득세법」 제14조 제1항 제7호, 같은 법 시행령 제21조.
78   「소득세법」 제14조 제3항 제8호.

나. 배당소득

경기도는 지역화폐를 사용한 데이터를 제공하고 그 수익을 도민에게 다시 환원하는 데이터 배당 개념을 세계 최초로 실행했는데, 개인 정보가 제거된 통계성 데이터를 연구소, 학교, 기업 등 데이터가 필요한 기관에 제공함으로써 새로운 수익을 창출한 것이다.[79] 이 수익은 해당 데이터가 수집 및 활용될 수 있도록 지역화폐를 사용한 카드 36만 782개의 사용자에게 카드당 120원을 자동 지급했다. 비록 개인에게 지급된 금액은 소액이었지만, 정부가 국민에게 어떠한 운영 수익을 배당할 수 있다는 점을 보여준 좋은 사례다. 따라서 재난지원금이나 기본소득을 국가가 국정을 운영하면서 세수 등으로 획득한 재원을 국민에게 균등 배당하는 것으로 본다면 국민은 국가의 일원으로서 마치 주주의 입장에서 배당을 받은 것이 될 수 있을 것이다. 그러나 현행 「소득세법」 제17조에서 정한 배당소득은 법인으로부터 받은 이익이나 잉여금의 배당, 의제 배당擬制配當, 배당으로 처분된 금액, 집합 투자 기구로부터의 이익, 수익 분배의 성격이 있는 것 등을 의미하므로 현행법상 전 국민에게 지급하는 재난지원금과 기본소득을 배당소득으로 보아 과세할 수 없다. 따라서 배당소득으로 과세하기 위해서는 「소득세법」에서도 국가로부터 재난지원금, 기본소득 등 유상 또는 무상으로 받는 금액을 배당소득으로 반드시 명시해야 한다.

한편, 배당소득이 법인의 주주로서 과세되면 법인에게 법인세가 부과된 이후 배당 단계에서 주주에게 다시 과세되므로 중복 과세 문제가 발

---

79 gg.go.kr/bbs/boardView.do?bsIdx=464&bIdx=1410469&menuId=1534, 검색일: 2020.10.23.

생한다. 개인의 경우 이 문제를 해결하기 위해 배당소득이 종합소득으로 과세될 때 「소득세법」은 배당 세액 공제[80] 제도를 두고 있다. 그러나 기본소득은 국민 거주자 으로서 받는 소득이므로 이중과세 문제가 없어서 배당 세액 공제를 적용할 필요가 없다. 또한 배당소득은 원천징수 규정에 따라 배당 또는 이자 소득을 지급할 때 일반적으로 15.4퍼센트 지방소득세 포함 의 원천징수 세율만큼의 금액을 공제하고 지급하게 되어 있다.[81] 금융소득 이자소득+배당소득 중 원천징수 되지 않은 소득 전액과 연간 금융소득의 합계액이 2천만 원을 초과하면 '종합 과세'된다.[82] 따라서 기본소득 등을 「소득세법」상 배당소득으로 규정한다면 배당 세액 공제 없이 무조건 종합과세 대상으로 하는 것이 효과적으로 수직적 공평을 실현하는 방법이 될 것이다. 다만 기타소득으로 과세되든 배당소득으로 과세되든 종합소득세 신고는 5월에 하게 하되, 연말정산 시기에 기본소득을 포함하여 신고한 경우에는 종합소득 신고를 한 것으로 보게 하여 납세 협력 비용이 추가로 발생하지 않도록 해야 한다.

소득 공제 및 세액 감면제도의 폐지

한편, 기본소득 등을 과세 대상 소득으로 포함시키지 않고 소득 공제 및 세액 감면과 같은 조세 지출을 수령 금액과 연동하여 축소하는 방안을 검토할 수도 있다. 우리나라 「소득세법」은 과세 표준 금액을 계산하기 위해, 각종 소득 근로소득·사업소득·연금소득·퇴직소득·이자소득·배당소득·기타소득 등 과 관련

---

80 「소득세법」 제56조.
81 「소득세법」 제129조 제1항, 제130조.
82 「소득세법」 제14조 제3항 제6호.

되는 총수입 금액에서 필요 경비를 공제하고 산출된 종합소득 금액에서 다시 개별적으로 일정액을 공제^{소득 공제}하는 방식을 취하고 있다. '소득 공제'란 과세 대상이 되는 소득 중에서 일정액을 공제하여 주는 것을 말한다. 소득 공제는 의무적으로 과세해야 할 금액에서 공제함으로써 납세자에게 세금 부담을 덜어주고 최저 생계비를 보장하는 데 그 목적이 있다. 따라서 국가가 전 국민을 대상으로 정기적으로 기본소득을 지급하여 최저 생계를 지원하는 효과를 달성한다면 혜택이 중복되지 않도록 소득 공제나 세액 공제 등 조세 감면을 전면적으로 개정·축소할 필요가 있다. 다만 기본소득 재원을 확보하기 위해 각종 공제를 일시에 없애는 것보다는 기본소득 지급액만큼 매년 개인의 기본 공제 등 점진적 폐지하는 것이 국민적 반발을 낮추는 데 도움이 될 것이다.

현행 「소득세법」상 소득 공제는 근로소득 공제, 연금소득 공제, 퇴직소득 공제, 산림소득 공제가 있다. 이밖에도 종합소득 공제로서 기본 공제, 추가 공제, 다자녀 추가 공제, 연금 보험료 공제, 주택담보노후연금 이자 비용 공제, 특별 공제, 공동 사업자 소득 공제 특례 규정을 두고 있다. 이 중에서 기본 공제와 같은 인적 공제는 납세 의무자의 최저 생활을 보장하기 위해 최저 생계비에 해당하는 금액을 공제하고, 부양가족의 수에 따라 차등을 둠으로써 응능^{應能} 과세를 실현하고자 하는 것[83]이므로 우선 축소할 대상이다. 즉, 소득세액을 산출할 때 종합소득이 있는 거주자는 사람의 수 1명당 연 150만 원을 곱하여 계산한 금액을 그 거주자의 해당 과세 기간의 종합소득 금액에서 공제한다.[84] 이를 기본 공제라고 하는데,

---

83   임승순, 앞의 책, 495면.
84   「소득세법」 제50조 제1항.

거주자 본인과 부양가족 즉, 배우자, 60세 이상 직계 존속, 20세 이하의 직계 비속, 형제자매로서 20세 이하 또는 60세 이상인 사람, 「국민기초생활보장법」에 따른 기초 생활 급여를 받는 수급자, 「아동복지법」에 따른 가정위탁을 받아 양육하는 아동이 그 대상이다. 「소득세법」에서 정하고 있는 1명당 기본 공제 150만 원은 경제적으로 1명이 살아가는 데 필요한 연간 최소 생계비를 의미하는 것은 아니다. 다만 「헌법」이 정한 대로 국민이 법률에 의한 납세 의무[85]를 이행하더라도 국가가 모든 소득 금액을 과세 표준에 반영하지 않겠다는 의미를 가지는 것이다. 그런데 국가가 사회 복지를 강화할 여력이 있어서 기본소득을 개인에게 지급하기 시작하고 「소득세법」이 예정한 최소 생계비를 넘어섰는데, 개인별로 소득세를 부과하기에는 그 세수에 비해 행정 비용이 커서 실익이 없을 수 있다. 이런 경우 기본 공제를 줄이는 방법으로 소득 신고 의무가 있는 거주자의 과세 표준을 증가시키는 것도 기본소득의 지급과 관련된 수직적 공평을 실현하기에 적당한 방법이다. 현행 제도에서 배우자 및 직계 존비속 등의 부양가족이 해당 과세 기간의 소득 금액의 합계액이 100만 원을 초과하면 기본 공제 적용이 배제되는 것[86]과 같은 원리다. 각종 소득 공제가 세액 공제로 전환된 2015년 이후 소득세가 연간 세수에서 차지하는 비중이 가장 큰 것[87]을 보더라도 소득 공제 배제의 누진적 효과는 클 것이다. 기본소득 지급액에 대해서 개별적 과세보다 가족 단위로 묶어야

---

85 「헌법」 제38조.

86 「소득세법」 제50조 제1조 제1항 제2호, 제3호.

87 국세청, 『국세통계: 연도별·세목별 세수 실적』, 2020; 「소득세법」이 개정되면서 2015년 소득세는 62조 원으로 법인세 45조 원, 부가가치세 54조 원을 넘어 처음 국내 세수 1위를 차지했다. 2019년 귀속 소득세는 89조 원(법인세 72조 원, 부가가치세 70조 원)으로 2015년 이후 부동의 국내 세수 순위 1위를 차지하고 있다(stats.nts.go.kr/national/major_detail.asp?year=2020&catecode=A02002#, 검색일: 2020. 11. 28).

만 누진율에 의한 세수 증대 효과가 크다. 다만 기본소득의 지급 기준이 가족 단위가 아닌 개인별 지급임을 감안한다면 소득 귀속을 소득 공제 신청 대상자에게 의제 擬制 할 수 있도록 「소득세법」의 개정이 필요해 보인다.

가족 단위로 지급될 경우 소득 귀속

올해 정부와 지방 자치 단체가 제1차 긴급재난지원금을 지급할 때도 가족 단위로 그 구성원의 숫자, 소득의 정도를 참작했듯이 조정훈 국회 의원이 대표 발의한 기본소득법안에서는 국민뿐만 아니라 배우자 외국인 주민과 영주권자까지 기본소득 지급 대상으로 규정하고, 19세 이상에게는 기본소득을 직접, 그 미만의 개인에게는 친권자 등에게 지급하는 것으로 정하고 있다. 따라서 기본소득을 무조건 종합소득에 합산하여 신고한다면 19세 이상이라도 소득이 없거나 친권자가 받을 때, 또는 가족 구성원 중 소득이 있는 자가 2인 이상일 때 누구의 소득으로 합산할 것인지 문제가 될 수 있다.[88] 만약 재난지원금이나 기본소득이 전 국민에게 지급된다면 그 소득의 귀속은 개개인이 되는 것이 타당할 것이다. 하지만 만약 지급에 수반되는 시간과 행정력의 낭비를 줄이기 위해 가구 단위 또는 친권자 등에게 지급한다면 그 지급 대상 가구 중에서 소득이 가장 많은 사람의 소득으로 보는 것이 효율적이다. 또는 앞서 소득 공제 항목 중 기본 공제를 제외하는 것 이외에 경로우대 공제, 장애인 공제, 배

---

88 앞서 「상속세 및 증여세법」상 증여세에서도 과세 표준이 50만 원이 되는 기준은 개인당 과세 표준을 의미하는 것이므로 재난지원금이 가족 구성원 수에 맞춰 지급되었다면 가족 구성원의 수만큼 나누어 각 개인의 수증액으로 보아야 하는지 논란이 될 수 있다.

우자 공제 등의 추가 공제와 다자녀 추가 공제액을 연간 소득 신고 의무자의 부양가족이 수령하는 연간 기본소득 수령액만큼 제외하는 것도 검토할 수 있다. 두 가지 조치는 소득 신고자의 과세 표준 금액을 향상시킬 수 있으므로 보다 적극적인 수직적 공평의 실현과 더불어 부족한 세수를 보충하는 데 도움이 될 것이다.

조세법상 선별적 복지 제도—근로장려금 등

이밖에도 정부는 저소득자의 근로를 장려하고 소득을 지원하기 위하여 근로장려금을 2006년 12월 30일에, 저소득자의 자녀 양육비를 지원하기 위하여 자녀장려금을 2014년 1월 1일에 각각 신설했다. 그런데 이 제도의 특징은 정부가 세액 감면 등의 조세 특례를 제공하는 것이 아니라 신청 자격이 있는 자의 신청에 의해 현금으로 지급한다는 사실이다. 사실 「조세특례제한법」상으로도 특이한 구조를 가지고 있는 조문들이다. 특히 제100조의3부터 제100조의13까지의 규정에 따른 근로장려금[89]을 제100조의28부터 제100조의31까지의 규정에 따른 자녀장려금[90]을 각각 "결정 · 환급"한다고 규정하고 있다. 신청 자격자들이 사실상 세금을 납부한 실적이 없더라도 정부가 환급의 형태로 돌려주는 것이다. 무상지급이 될 수 있지만 과세 관청은 근로장려금이나 자녀장려금을 증여세 과세 대상으로 보지 않는다. 또한 소득세의 과세 대상에도 포함되지 않는데, 근로장려금 등은 연간 소득 금액이 이미 결정된 이후에 이를 바탕으

---

89   「조세특례제한법」 제100조의2.
90   「조세특례제한법」 제100조의7.

로 최소한의 생활을 유지하기 위한 방편으로 지급하는 것이므로 다시 과세소득에 산입할 수 없기 때문이다. 근로장려금과 자녀장려금 지출이 급격히 증가하는 추세라는 점도 우려할 만한 상황이다. 근로장려금 등이 도입된 이후 2018년까지 1조 원대에 머물렀지만 이후 5조 원대를 유지하고 있다.

따라서 근로장려금도 기본소득이 현실화될 경우 그 지급의 폭을 조정해야 할 것이다. 경기도가 밝힌 기본소득의 중기적 과제 기본소득 연간 100만 원 지급를 실현할 재원 마련이 조세 지출의 축소를 통해 약 50조 원의 예산을 절감하는 것[91]도 이러한 관점에서 나온 것이다. 다만 비록 모든 조세 지출 항목을 삭감하는 것은 정부 지출의 절감이라는 장점에도 불구하고 중소기업이나 신기술 개발 장려 등의 효과를 반감시키는 요인이 되어 전면적으로 시행하는 것은 곤란하다. 우선 기본소득의 지급과 관련하여 최저생계 지원이라는 혜택이 조세 지출에서 중복되는 부분을 줄여나가는 것이 타당하다.

근로장려금은 모든 국민에게 지급하는 기본소득과는 다르다. 왜냐하면 근로장려금은 연간 소득 금액을 합산한 이후 세대별로 기준 소득 금액의 단계별로 차등해서 지급하므로 일종의 부의 소득세로써 선별적 지급의 일환이라고 볼 수 있기 때문이다. 다만 자녀장려 세제는 그 목적이 인구수가 감소하고 있는 현대 사회에서 출산을 장려하는 데 있으므로 소득 기준과는 다른 국가 정책에 해당하여 기본소득의 과세 개념과 연계하여 다룰 문제는 아니다.

---

91   경기도, 앞의 책, 13면.

3. 결론

대통령 선거가 진행되면서 코로나19로 인한 경제 위기에 대처하기 위하여 과거 지급된 긴급재난지원금보다 더 큰 폭의 지원금이 논의되고 있다. 그런데 여전히 그 지급 대상을 일괄적으로 할 것인지 선별적으로 할 것인지에 대하여 국민적 합의가 쉽지 않다. 개인적으로 재난지원금은 일괄 지급이 더 효율적이고 경제에 도움이 된다고 본다. 취약 계층에게 지급되는 기본소득이 생계유지 측면의 지출을 늘리는 것에 반하여 중위 소득 이상의 소득 계층에서는 상대적으로 소비를 늘릴 여지가 커서 경제회복에 직접 도움이 될 수 있기 때문이다.

그러나 한편으로 국민에게 무상으로 지급되는 각종 지원액에 대해서도 현행 「소득세법」을 개편하여 적극적으로 과세함으로써 소득 계층 간 수직적 공평을 실현하고 부족한 세수를 보충하는 방법도 검토해야 할 때다. 물론 현행 「소득세법」상 고율의 소득세가 부과되어도 지방소득세를 합하여 49.5퍼센트가 부과되므로 고소득자로부터 기본소득을 100퍼센트 환수하기는 어렵다. 또한 최고 세율이 적용되는 고소득자 비율이 국민 중에서 단지 몇 퍼센트에 불과하다는 점에서 그 재원의 회수율은 미미할 것이라는 비판이 있을 수 있다. 그러나 2015년부터 현재까지 소득세가 차지하는 세수 증가 규모를 살펴볼 때 전 국민에게 지급된 기본소득에 대한 과세로 인한 소득세 증세 효과를 섣불리 예단할 수 없다. 방법론적으로 기본소득을 거주자의 과세 대상 소득에 포함시키는 것과는 함께 최소한의 생계유지를 실현하기 위해 존재하는 여러 가지 조세 지출과 복지 제도를 기본소득과 중복 적용하지 않도록 보완하는 것도 필요하다. 구체적으로 근로장려금이나 「소득세법」상 종합소득 공제 중에서 인적 공제를 연간 소득 신고 의무자의 부양가족이 수령하는 연간 기본소득 수령액만큼 제외하는 등 시혜적인 각종 감면이나 혜택이 중복되는 규정을 삭제해야 한다.

한편, 국회에서 논의 중인 기본소득법안에서 기본소득에 대한 비과세를 규정하는 것은 현행 조세법 체계의 안정을 위해 바람직하지 않다고 본다. 다만 기본소득이 사회보험의 보험료 산정기준에서 제외하는 것을 명확히 규정하여 준조세로 인한 국민의 추가적인 부담이 발생하지 않도록 하여야 할 것이다. 또한 국가인권위원회의 권고에 따라 90일 이상의 국내 거소자에게 국가가 재난지원금을 지급하는 경우에도 세법이 정한 183일 체류한 거주자만 납세 의무를 가지는 것과 형평성을 보완할 수 있도록 이들에 대한 원천징수 체계도 정비해야 할 것이다. 희망하건데, 국가가 지금까지 지급한 재난지원금으로 인해 늘어난 부가가치세 등의 소비세, 자영업자의 수익 증대로 인한 법인세와 소득세의 세수 증대 효과와 재난지원금이나 기본소득이 과세될 경우 발생할 수 있는 세수 증대 효과에 대하여도 경제·회계학적인 검증 연구들이 나오길 기대해 본다.

2편

기본소득형 조세의
과세 논리와 타당성 분석

3장 국토보유세(기본소득토지세)

1. 국토보유세의 개요

기본소득 지급에 필요한 재원을 마련하기 위하여 연간 50조 원에 달하는 조세 지출 규모를 줄이고, 국토보유세, 데이터세, 탄소세, 로봇세 등과 같은 새로운 조세를 적극적으로 도입하는 방안들도 제시되었다. 이 법안들 중 일부는 이미 국회 사무처 법제실에서 법리적 검토와 자구字句 수정 등을 거쳐 대표 발의할 국회의원실로 이첩되었으며, 추후 문제점을 보완하고 세수 추계 등의 과정을 거쳐 발의될 것이다. 이 세목들 가운데 국토보유세는 최근 정부의 부동산 정책과 연관되어 국민들의 조세 부담에 직접적으로 영향을 줄 수 있다. 따라서 이하에서는 그동안 논의된 자료를 중심으로 국토보유세의 도입 근거와 과세 논리, 2021년 5월에 제시된 경기도 안소병훈 의원의 법안 과 2021년 11월에 발의된 용혜인 의원의 법안[92]을

---

92 의원들이 제시한 법안의 명칭은 각각 '국토보유세' '기본소득토지세'(소병훈 의원), '토지세

함께 검토하여 그 타당성과 논리적 모순 등에 대한 개선점을 도출하고자 한다.

2. 국토보유세의 과세 논리와 문제점

국토보유세는 기본소득의 재원으로 사용할 수 있게 목적세로 설계되었다. 국토보유세의 기본적인 정신은 과거 토지 공개념 3법과 기본적으로 그 맥락을 같이한다. 특히 국토보유세는 토지를 천연적인 공유부의 가장 대표적인 대상으로 보고, 조세를 통해 그 불로소득을 징수하여 지가^{地價} 안정 및 기본소득의 재원으로 사용하는 것을 기본 개념으로 한다. 이를 뒷받침하기 위하여 제시된 우리나라의 경제적·사회적 상황을 고려한 과세 논리는 다음과 같다.

보유세 강화 필요

보유세 강화를 주장하는 논거로는 우선 토지 소유의 편중과 낮은 보유세 실효세율을 꼽을 수 있다. 우리나라는 전체 국부의 88.1퍼센트^{약 1경} ^{3,261조 원}가 토지 및 건물 등 부동산 자산이다.[93] 개인 기준으로 볼 때 전체 인구 중 상위 10퍼센트가 79.1퍼센트의 토지를 소유하며, 세대 기준으로

및 토지 배당에 관한 법률안'(용혜인 의원)과 같이 다른 이름으로 제시되었지만, 본문에서는 각 법률안을 직접 검토할 목적이 아닌 경우 단순히 국토보유세라고 칭하기로 한다.

93   신용상, 『일반 투자자의 시장 접근성 제고를 위한 공모·상장형 부동산 유동화시장 활성화 방안 연구』 KIF VIP 리포트 2020-01, 한국금융연구원, 2020, 29면.

볼 때도 상위 10퍼센트가 68.7퍼센트를 소유하고 있다. 법인도 상위 10퍼센트가 법인 토지의 90퍼센트를 소유한 것으로 집계되었다.[94] 그런데 최근 지가가 계속 오르고 있어서 이로 인한 수익은 토지를 과도하게 소유한 특정 계층에게만 한정되고, 부동산 가격 상승으로 인한 소득 불평등이 더욱 악화되었다[95]고 한다.

다음으로 미국의 높은 부동산 보유 실효세율과 자동차세와 비교해서도 낮은 국내 부동산 보유세율을 비교한다. 우리나라의 보유세 실효세율은 2018년 기준 0.16퍼센트인 반면, 미국은 0.99퍼센트의 높은 실효세율을 나타낸다.[96] 토지에 대한 불로소득의 환수를 목적으로 하는 토지 공개념에 입각한 세제 개편은 주로 보유세에 중점을 둔다. 하지만 부동산을 취득하거나 처분할 때 부과되는 세제도 불로소득의 환수와 관련한 부동산 시정의 효과가 있으므로 함께 검토할 필요가 있다.[97] 보유세 강화를 주

---

94 유영성 외, 『기본소득형 국토보유세 도입과 세제 개편에 관한 연구』, 경기연구원, 2020, 16~17, 21면.

95 남기업, 『대한민국 부동산 불평등 실상과 해소방안 연구』, 용혜인 의원실 연구 용역 보고서, 2021, 13~14, 30~35면; 이 연구 보고서는 소득 불평등의 기여도를 평가하기 위하여 로렌츠 곡선을 토대로 지니계수만을 이용했다. 인구의 누적백분율을 가로축으로, 소득의 누적백분율은 세로축으로 하는 로렌츠 곡선은 대각선이 완전 균등 분배를 나타낸다. 지니계수는 대각선과 로렌츠 곡선 사이의 면적과 로렌츠 곡선 하방의 면적을 이용한 비율로 소득 불평등을 평가하는 방식이다. 그런데 국가별로 소득 분포가 로렌츠 곡선을 교차하는 방식으로 변화한다면 소득 불평등에 대한 정확한 판단이 어렵다(B. K. Atrostic, James R. Nunns, *Measuring Tax Burden: Historical Perspective*, University of Chicago Press, 1991, p. 365). 지니계수의 수치가 같더라도 로렌츠 곡선의 형태가 다르면 나라마다 느끼는 체감 불평등도 다르다. 따라서 우리나라 통계청도 2019년부터 1912년 개발된 지니계수 외에 팔마비율, 소득 10분위별 점유율, 중위 소득 60%를 기준으로 한 상대적 빈곤율, 평균 빈곤 갭 등 다양한 소득 분배 지표를 확대 제공하고 있다(통계청 보도자료 "가계금융복지조사 소득 분배 지표 확대 제공", 2019. 4. 11).

96 윤영훈, "주요국의 부동산 관련 세부담 비교", 「조세재정 브리프」, 한국조세재정연구원, 2021. 5. 21, 5면.

97 박훈, 허원, "토지 공개념 인정이 토지 관련 보유세 개편에 갖는 의미", 「경희법학」 제54권 제3호, 경희대학교 법학연구소, 2019, 90면.

장하는 경기연구원 보고서에서도 보유세^{재산세 등}에 거래세^{취득세 등}를 포함한 우리나라의 부동산 가액 대비 실효세율을 비교하면 아래 〈그림 1〉과 같이 2017년 기준 0.52퍼센트로 증가[98]하므로 OECD 국가들 평균 0.54퍼센트에 근접[99]하고 있음을 보여준다. 여기에 양도소득세와 같은 이전세를 포함하면, 우리나라가 부동산과 관련하여 부과하는 총 세수의 실효세율은 훨씬 더 높다는 것을 예측할 수 있다.

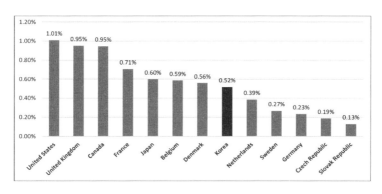

〈그림 1〉 민간 부동산 총 가액 대비 부동산세(보유세+거래세) 비율(2017)[100]

그런데 보유세 실효세율만을 미국과 비교하는 일련의 논거는 미국의 부동산 양도소득세 capital gain tax 와 상속세 estate tax 과세 체계 이른바 이전세 에 대한 이해 부족에서 기인한다. 미국은 양도소득을 자본이득과세 capital gain

---

98   유영성 외, 앞의 보고서, 63면.
99   2018년 이후 양도소득세와 종합부동산세가 대폭 개편되면서 과거보다 중과세의 폭이 확대되었다. 또한 보유세의 과세 표준이 되는 주택 가격의 공시가격도 현실화되었기 때문에 현재의 실효세율 수치는 더 높을 것이다.
100   경기연구원 보고서에서는 보유세, 거래세, 이전세로 부동산 과세를 분류한다. 보유세는 종합부동산세와 종합부동산세분 농어촌특별세, 재산세, 지역자원시설세, 지방교육세를 포함한다. 거래세는 취득세, 등록면허세, 지방교육세, 농어촌특별세(취득세분), 인지세를 말한다. 이전세는 양도소득세, 증여세, 상속세, 지방소득세를 말한다.

^{tax} 형태로 종합소득세 과세 체계 내에서 과세한다. 따라서 양도로 인한 손실이 발생하면 미국은 양도소득과 통산한 이후에도 다른 소득과 연간 3천 달러 한도 내에서 통산하고, 그럼에도 손실이 남는다면 이월하여 같은 방법으로 통산한다.[101] 우리나라에서 종합소득과 양도소득을 분류하여 해당 연도 양도소득끼리만 통산하고 손실 잔액은 이월하지 않고 소멸시키는 것[102]과 차이가 있다. 게다가 미국은 임대 또는 투자 목적으로 구입한 자산을 양도한 후 일정 기간^{180일} 이내에 동종 자산을 구입하면 교환$^{like-kind\ exchange}$ 으로 보아 기존 양도 자산의 양도소득세를 새로 구입한 자산$^{부동산\ 등}$ 의 처분 시점까지 늦출 수 있다.[103] 극단적으로 사망 시점까지도 양도소득세를 이연^{移延} 시킬 수 있는데, 미국은 상속 공제 금액이 커서 자녀에게 상속할 때 이월한 양도소득세까지 면제될 수 있다. 2017년 12월 31일 이후부터 2026년 1월 1일 이전에 사망하는 피상속인 재산의 기본 공제 금액만도 1,000만 달러에 달한다.[104] 만약 해당 부동산이 부부 공동 자산일 경우 상속세의 기본 공제액만 2,000만 달러$^{한화\ 약\ 240억\ 원}$ 에 이른다. 이렇듯 미국에서는 부동산의 양도나 상속으로 이익이 실현되는 시점에도 이월 과세나 상속 공제를 통해 사실상 과세가 불가능한 상황이 발생하기 때문에 고육지책으로 매년 높은 보유세를 부과할 수밖에 없는

---

101 26 U.S.C. Code section 1211(b).

102 대법원 2007. 1. 11. 선고, 2007두16847 판결;「소득세법」등에서 자산의 양도차손에 대한 이월 공제 규정을 두고 있지 않다. 대법원도 양도 차손(讓渡差損)에 대하여 소급 공제 또는 이월 공제를 허용하지 않는 것이 재산권의 본질적인 부분을 침해하지 않는다고 판단했다.

103 26 U.S.C. Code §1031(a)(3); Exchange of real property held for productive use or investment.

104 26 U.S.C. Code §2010(c)(3)(B); 과거 기본 공제는 500만 달러였는데, 세법 개정을 통해 8년간 한시적으로 1,000만 달러로 증액한 것이다.

것이다.

전통적으로 우리나라는 낮은 보유세, 높은 거래세 체계를 유지하고 있다. 이외에도 주택을 중심으로 중과세가 가능한 양도소득세 등의 이전세 체계를 가지고 있다. 이러한 우리나라의 과세 체계가 비효율적이라고 비판[105]하지만, 부동산의 거래 시점에 실현이익을 보다 정확히 파악할 수 있으므로 미실현이익에 대한 측정상의 어려움을 피하고 보유 단계에서 과세하지 못한 부분을 추후 추징하는 장점이 있다. 한편, 미래에 양도 차익이 발생할 가능성이 높은 부동산과 중고품으로 전락하는 자동차의 보유세를 구입 당시 금액 대비 실효세율로 비교하는 것도 비교 가능성이 떨어진다. 따라서 보유세 강화 필요성에 대한 반대 논리에 대한 대응 논리를 보다 꼼꼼하게 보완할 필요가 있다.

불로소득의 환수

가. 불로소득의 정의

불로소득 unearned income 이란 노동의 대가로 얻는 임금이나 보수 이외의 소득을 의미한다. 여기에는 이자, 배당, 임대료 등의 투자 수익 자본소득, 유가증권이나 부동산의 매매로 인한 재산소득과 상속 등 무상으로 얻는 소득을 포함한다.[106] 아담 스미스는 지대 ground-rent 또는 토지임대료 ordinary rent of land 를 소유주가 어떠한 노력 없이도 얻는 소득 the owner enjoys without

---

105 유영성 외, 앞의 보고서, 69~70면.
106 위키백과사전.

any care or attention of his own 이라고 정의했다.[107] 부동산의 불로소득은 감가상각이 되는 건축물이 아닌 토지에서만 발생하기 때문에 토지에만 국토보유세를 부과하는 것이 논리적이라고 한다.[108]

한편, 소득의 원천에 대하여 토지와 같이 인공적이지 않고 천연적으로 존재하는 것은 공급이 고정되어 있으므로 여기에서 발생하는 소득을 지대소득이라고 부른다. 인공물은 생산 수단이 자본에 의하면 자본소득이라고 하며, 노동에 의한 소득은 근로소득이다. 토지의 소유자가 얻는 이득은 매입 자금의 이자를 초과하는 지대소득[109]과 처분할 때 발생한 매매 차익으로 둘 다 불로소득이다. 그런데 양도소득세는 토지 소유자가 토지를 소유하면서 누리는 지대소득에 대해 과세하지 못하기 때문에 불완전한 반면, 고율의 토지 보유세를 부과할 경우 매매 차익 자체를 0원으로 만들 수 있어 불로소득을 환수하거나 부동산 투기를 차단하는 데 효과적이라고 한다. 그러나 해당 연구 보고서도 결국은 고율의 토지(보유)세가 현실성이 없으므로 낮은 세율의 누진세를 도입하는 것이 합리적[110]이라고 밝히고 있다. 부동산의 불로소득을 양도소득세나 상속세와 같은 보완 수단 없이 단지 보유세만으로 환수하는 것은 불가능하다는 것을 스스로 인정한 것이다.

---

107 Adam Smith, *An Inquiry into the nature and causes of the Wealth of Nations*, MetaLibri, 2007, p. 655.

108 박상수, "국토보유세 도입 쟁점 검토", 「정책과세」 2019-06호, 한국지방세연구원, 2019, 4면; 그러나 주택 가격이 인상되는 요인을 보면 단지 주택 부수 토지의 가격 인상만으로는 설명할 수 없다. 국내 메이저 건설사가 지은 공동주택은 해당 지역의 토지 가격이 비슷한 이후에 지어진 비 메이저 건설사의 주택보다 감가상각액이 많이 번영됨에도 불구하고 실거래 가격이 높은 사례가 많기 때문이다. 따라서 단순히 건물은 감가상각 자산이므로 가치가 상승하지 않는다고 단언하기는 어렵다.

109 여기서 말하는 지대소득이란 지주가 본인이 직접 해당 토지를 사용했을 때 얻을 수 있는 수익을 초과하는 부분을 포함한다. 우리나라에서 임대소득은 타인에게 임대한 경우만을 의미하지만, 자가 소유 부동산도 임대소득에 포함하여야 한다고 한다(남기업 외, 앞의 논문. 111면).

110 유영성 외, 앞의 보고서, 90, 98, 228면.

소득은 경제학적 · 회계학적 · 법적으로 다른 개념을 가진다. 먼저 개인이 소비를 통해 느끼는 효용 또는 만족을 금전 가치로 환산하는 경제학적 소득에 따르면 미실현된 자본 손익도 포함한다. 하지만 회계학적 소득은 총매출에서 비용을 공제한 수익을 의미하며 미실현이익은 제외한다. 반면, 법적 소득은 법률에서 정의한 것에 한정되므로[111] 개별 세법에서 구체적으로 정의되어야 소득이 될 수 있다. 세법은 소득을 측정하는 방법에 있어 기업 회계 기준을 원칙적으로 준용하지만, 현재 가치 평가 등을 인정하지 아니하므로[112] 기업 회계 기준보다 실현이익의 과세에 더 중점을 둔다고 볼 수 있다. 예를 들어, 개인이 부동산의 보유와 관련하여 얻는 지대소득^{불로소득}에 대한 실현이익은 부동산 임대소득^{사업소득}으로 과세할 수 있다. 양도^{유상}나 상속 및 증여^{무상}가 발생하면 각각 양도소득세, 상속세 및 증여세가 부과^{법인의 경우 모두 법인세 부과 대상임}되어 역시 실현이익에 과세한다. 반면, 현재 논의 중인 기본소득형 국토보유세의 경우 미실현이익에 대한 과세도 포함하므로 경제적 소득에 가깝다. 따라서 현행 조세 제도 내에서 국토보유세를 통해 보유 단계에서 미실현된 지대소득을 과세하기 위해서는 적절한 과세 표준을 제시하는 것이 필수적이다.

나. 과세 표준의 적절성

1980년대 후반부터 우리나라는 토지 공개념에 근거한 새로운 세목들이

---

111 임승순, 『조세법』, 박영사, 2020, 404~405면.
112 「소득세법 시행령」 제48조 제10의2호.

도입되기 시작했다. 「토지초과이득세법」[113] 「택지 소유 상한에 관한 법률」[114] 「개발 이익 환수에 관한 법률」[115]이 그것이다. 현재 운용 중인 「종합부동산세법」도 이에 해당한다고 볼 수 있다. 토지 공개념은 미국 경제학자인 헨리 조지가 그의 저서 『진보와 빈곤』에서 주장한 토지가치세^{또는 단일토지세}의 영향을 받은 것으로 알려져 있다. 헨리 조지는 개인의 토지에 대한 소유권은 인정하되, 토지의 가치 증가에 대하여 전액 환수할 수 있는 토지가치세를 입법할 것을 주장^{1879년}했다.[116] 현재 국내에서 논의 중인 국토보유세도 헨리 조지의 토지가치세를 배경으로 토지의 가치 증가는 개별 토지 소유자가 아닌 사회가 창출한 것이라는 데 그 논리적 배경[117]을 두고 있다.

하지만 현재 국토보유세 법안들을 살펴보면, 토지보유로 인해 발생하는 불로소득을 환수^{토지 공개념}하기 위한 세제를 표방함에도 토지에 대한 개별 공시지가를 과세 표준으로 한다.[118] 토지의 개별 공시지가는 국

---

113 유휴지의 가격 상승분에 대하여 최대 50%의 세금을 부과하는 법으로 1994년 헌법재판소로부터 헌법 불합치 결정을 받아 개정했으나 경제 활성화를 이유로 1998년 폐지되었다.

114 특별시 및 광역시에 소재하는 개인 택지 중 200평을 초과하는 토지에 부담금을 부과하는 법으로 1998년 위헌 결정에 의해 폐지되었다.

115 개발 사업 시행자로부터 개발 이익의 50%를 환수하는 것을 골자로 하는 법으로 1998년 일부 조항 위헌 결정을 받았으며, 2004년 수도권 부과 중지 이후 유명무실해졌다. 그러나 2020년 6월 재정(再訂)되어 2021년 1월 1일부터 새로 「개발 이익 환수에 관한 법률」이 시행되었다.

116 Henry George, *Progress and Poverty*, Random House, 1879, pp. 413, 418; 헨리 조지는 근본적 해결 방법이 토지의 개인화를 막고 공동 재산 제도를 시행하는 것이라고 보았지만, 그렇다고 해서 토지 소유자들의 소유권을 빼앗은 것(dispossession)은 아니라고 했다(Preface to forth edition XVI). 다만 토지 가치 증가에 대해서 모두 세금을 부과해 그 이익(all rent)을 국가가 전액 환수하는 것으로 한다. 다소 황당하지만, 다른 세금은 모두 폐지하고 토지만 과세하는 토지단일세로도 국가 세수에 문제점이 없다고 보았다. 이렇게 하면 노동의 임금이나 자본의 보상에는 전혀 영향이 없다고 주장했다.

117 남기업, 『기본소득 실현을 위한 기본소득토지세법 토론회 자료집』, 국회기본소득연구포럼, 2021, 53면.

118 유영성 외, 앞의 보고서, 199~200면, '국토보유세법'(소병훈 의원 입법안) 제7조, '지방세법 일부개정 법률안'(기본소득토지세, 소병훈 의원입법안) 제160조, '토지세 및 토지 배당

토교통부 장관이 발표하는 표준지 공시지가와 비교한 토지 가격 비준표의 가격 배율을 적용하여 매년 지방 자치 단체장이 결정·고시하는 것이다.[119] 국토보유세의 과세 표준을 단지 해당 연도의 개별 공시지가로 한다면 토지를 보유하면서 발생하는 가치 상승 지대소득/불로소득 과는 상관없이 부과된다. 수도권을 중심으로 한 주택 가격 급등 지역에 비해 사실상 매년 가격 상승 이득 이 거의 없는 농지, 임야 등도 같은 세율로 국토보유세를 납부해야 하는 것이다. 따라서 국토보유세는 과거 토지초과이득세 「헌법」 불합치 결정의 쟁점이 되었던 원본 잠식의 문제[120]에서 자유로울 수 없다.

또한 주택의 부수 토지를 과세하기에 앞서 주택 개별+공동주택 공시가격에서 토지분과 건물분을 합리적으로 배분해야 하지만, 개별 공시지가를 과세 표준으로 함으로써 납세자들이 분리된 토지 가격에 대해 부정확하다고 인식할 우려[121]가 있다. 예를 들어, 우리나라에서 가장 높은 실거래가를 보이는 용산 한남더힐아파트의 경우 전용면적 59.68m^2의 최근 2021년 12월 실거래가가 27억 원인데 반해, 단위 면적당 주택 부수 토지의 개별 공시지가는 943만 원 2021년 기준 이다. 이는 호가 13억 5천만 원 최근 실거래가 2020년 7월 10억 원 에 매물로 나온 전용면적 60.19m^2의 타워팰리스 2차 오피스텔의 부수

에 관한 법률안(용혜인 의원 입법안) 제8조(국회기본소득연구포럼,『기본소득 실현을 위한 기본소득토지세법 토론회 자료집』, 2021, 65, 76, 99면).

119 「부동산 가격공시에 관한 법률」 제10조, 같은 법 시행령 제15조, 제17조, 제21조.

120 헌법재판소 1994. 7. 29. 선고, 92헌바49 결정; 헌법재판소는 토지초과이득세는 토지 재산, 즉 원본에 대한 과세가 아니라 원본으로부터 파생된 이득에 대하여 과세하는 수득세의 일종이라고 보았다. 그러므로 만약 유휴 토지 등의 소유자가 가공 이득에 대한 토지초과이득세를 부담하는 경우가 생긴다면, 이는 원본인 토지 자체를 무상으로 몰수당하는 셈이 되어 수득세의 본질에도 반하는 결과가 될 뿐만 아니라 결과적으로 「헌법」상의 재산권 보장 원칙에 배치되고 조세 원리상의 실질 과세, 공평 과세의 이념에도 반한다고 결정했다.

121 박상수,『국토보유세 도입 쟁점 검토』, 한국지방세연구원, 2019, 77면.

토지 개별 공시지가 4,058만 원^{2021년 기준}의 1/4에 불과하다. 시가는 두 배 이상 되는데, 이들 부동산의 부수 토지 면적에 각각 개별 공시지가를 곱한 금액^{과세 표준}은 더 적다. 부수 토지의 개별 공시지가는 총 주택 가격에서 토지분을 합리적으로 산출·배분한 것이 아니기 때문이다. 결국 응능 과세가 되지 않아 종합부동산세를 대체한다는 국토보유세에서도 이른바 '똑똑한 한 채 효과'가 나타나는 것이다.

용산 한남더힐아파트가 2016년 거래 가격이 10억 원 안팎이었던 것을 고려하면 불과 5년 사이에 17억 원 이상의 시세 상승이 있었다. 매년 3.4억 원 꼴로 시가가 상승했지만, 용혜인 의원 토지세 법안에 의하면, 국토보유세로 부과되는 산출 세액이 연간 445만 원, 소병훈 의원의 지방세법 개정안에 의할 경우[122] 136만 원 정도에 불과하다. 그런데 이 아파트의 2021년 재산세와 종합부동산세의 합계액이 1세대 1주택의 경우 850만 원[123]이 넘으므로 1세대 1주택 특례가 적용되지 않는다면 오히려 국토보유세의 도입 전보다 세 부담이 감소하게 되는 것이다. 따라서 현재 발표된 국토보유세는 불로소득에 대한 합리적인 환수가 현실적으로 불가능하며, 주택의 가격 상승을 막는 것 또한 무리라는 것이 산술적으로 입증된 셈이다. 국토보유세의 성공적인 효과를 달성하기 위해서는 불로소득의 환수 목적에 맞는 과세 표준의 개발이 절실하다. 사실 지대 이익에 대한 과세는 임대소득에 대한 중과세가 효율적일 수 있으므로 양도소득세 중과세와 별도로 논의될 필요가 있다.

---

122 소병훈 의원의 국토보유세 법안은 세율과 누진 구간의 숫자가 빠진 채로 공개되었으므로 국세가 아닌 지방세 기준으로 계산한 것이다.
123 재산세(도시 지역분 및 지방교육세 등 포함) 5,248,080원이지만, 종합부동산세는 1세대 1주택일 때 11억 원의 공제를 받아 재산세를 공제 후 실제 납부 세액이 3,289,150원이 된다.

부동산 가격의 안정 기능

가. 종합부동산세와 비교

우리나라에서 부동산의 미실현이익에 대한 대표적인 보유세는 재산세와 종합부동산세가 있다.[124] 그런데 국토보유세는 부동산 과다 보유자에게만 과세하는 현행 종합부동산세를 폐지하고 전체 토지 보유자에게 단일 보유세를 부과하는 것을 기본 과세 체계로 한다.[125] 종합부동산세와 국토보유세의 과세 요건을 비교하면 다음과 같은 차이가 있다. 우선 납세 의무자를 살펴보면, 종합부동산세는 과세 기준 금액을 초과하는 주택 및 토지의 소유자에게 부과하는 반면, 국토보유세는 주택의 부수 토지를 포함한 전국의 모든 토지 소유자에게 부과된다. 따라서 과세 대상도 종합부동산세가 일정 요건을 갖춘 주택과 토지를 대상으로 하지만, 국토보유세는 주택의 부수 토지를 포함하여 토지만을 그 대상으로 한다. 종합부동산세의 과세 표준은 공시가격 합산 금액에서 기본 공제액을 차감한 후 공정가액 비율^{2021년에는 95%, 2022년부터는 100%} 을 곱하여 산정하는 반면, 국토보유세는 토지의 개별 공시지가 합계액 자체를 과세 표준으로 한다. 또한 종합부동산세는 토지의 용도를 구분하여 인별人別로 합산하여 과세하지만, 국토보유세는 토지의 용도를 불문하고 모든 토지를 인별로 합산하여 같은 세율로 과세한다. 이 방식이 "같은 것은 같게, 다른 것은 다르게"라는 공평 과세의 원칙에 부합

---

124 한편, 부동산의 보유를 통한 실현이익 즉, 지대소득(불로소득)은 단지 재산세, 종합부동산세뿐만 아니라 현행 과세 체계에서 부동산 임대소득에 대한 과세를 통해서도 매년 징수하고 있다.

125 남기업 외, "부동산과 불평등 그리고 국토보유세",「사회경제평론」제30권 제3호, 한국사회경제학회, 2017, 127~128면; 용혜인 의원실,『토지 불로소득 실태보고 & 해결방안 토론회 자료집』, 기본소득당, 2020. 3. 22., 12면.

한다[126]고 믿고 있다. 용도별 차등 과세를 하게 되면 보유세 절감을 위해 종합 합산 토지에서 별도 합산 또는 분리 과세 토지로 전환하려는 유인誘因이 생기게 되는데, 차등 과세를 폐지하면 과다한 토지 소유 억제와 토지의 효율적 이용을 장려하는 효과가 있기 때문이라는 논리[127]다. 따라서 종합부동산세가 비과세 또는 감면 제도를 두고 있지만, 국토보유세는 비과세와 감면을 원칙적으로 고려하지 않는다.

하지만, 이러한 효과를 달성하기 위한 기본 전제는 국토보유세가 토지의 가치 상승 금액을 포착하여 과세할 수 있어야 한다. 그런데 현재 국토보유세의 과세 표준이 단지 매년 고시되는 개별 공시지가라면, 전년 대비 증가된 토지가액에 대한 가치 상승분 만큼 과세되는 것이 아니다. 예를 들어, 서울의 고가 주택의 부수 토지에 대한 토지의 개별 공시지가는 상승하는 데 반해, 개발 호재가 전혀 없는 지방의 농지나 임야의 개별 공시지가는 상승이 없어도 같은 세율이 적용되므로 불공평하고, 대도시의 부동산 소유 집중 현상을 오히려 가속화시킨다. 따라서 과도한 (일반) 토지 소유 억제보다 주택을 중심으로 부동산 가격이 상승을 억제하기 위해서도 용도별 차등 과세 폐기는 신중해야 한다.

나. 주택 가격 안정 효과

국민의 주된 관심사는 사실 토지 가격보다 주택 가격 인상의 억제에 있다. 종합부동산세는 다주택자 및 비사업용 토지에 대한 과세 강화를

---

126 유영성 외, 앞의 보고서, 227면.
127 박상수, 『기본소득 실현을 위한 기본소득토지세법 토론회 자료집』, 국회기본소득포럼, 2021. 5. 12., 44~45면.

통해 주택에 대한 투기 수요와 비사업용 토지의 보유를 억제하는 긍정적인 효과가 있다. 그럼에도 종합부동산세는 일부 부동산 과다 보유자에게만 부과되어 보유세로서 보편성이 부족하므로 이를 전면 폐지[128]하고 국토보유세로 일원화하는 것이 타당하다고 한다. 토지와 달리 인공적으로 생산되는 건물에 과세하면 건축 활동이 위축되지만, 모든 토지에 조세를 부과하면 투기 소유를 억제하고 효율적 사용에 더 도움이 된다는 판단 때문이다.[129] 그렇다면 현재 발표된 국토보유세가 주택 가격도 효과적으로 안정시킬 수 있을까? 상식적으로 국토보유세는 토지에만 부과되는 세금이므로 주택 전체를 과세 대상으로 하는 종합부동산세와 비교할 때 주택 가격 상승분에 대한 과세 효과는 떨어진다. 정부가 2020년 11월 3일에 발표한 주택 공시가격 현실화 계획을 보면, 현재 시세의 69퍼센트인 공동주택 가격과 53퍼센트인 개별주택 가격을 시세의 90퍼센트 수준으로 점진적으로 상향 조정할 예정이다.[130] 그런데 현재 주택 공시가격에서 부수 토지가 차지하는 개별 공시가액은 상대적으로 적다. 따라서 주택 공시가격이 가격상승분을 반영하여 점점 시세에 근접할수록 주택 부수 토지와 주택 실거래 가격에 대한 격차는 더 벌어지며, 부수 토지에 대한 과세만으로 주택을 중심으로 한 부동산 가격안정을 달성하기 어렵다. 종전에 발표된 경기연구원의 보고서에서도 토지에 대한 불로소득 환수에 초점을 맞춘 국토보유세를 중심으로 종합부동산세를 통합폐지 한다면 최근 부동산 투기의 핵심이 되는 주택 및 아파트에 대한 투기 억제 문제

---

128 유영성 외, 앞의 보고서, 77~78면; 종합부동산세는 세수 확충보다는 다주택 보유 억제에 초점을 맞춘 토빈(Tobin)세의 특징을 가진다. 따라서 세 부담이 적은 이른바 '똘똘한 한 채'의 수요는 지속될 것이므로 종합부동산세는 응능 과세의 한계가 있다고 주장한다.
129 남기업 외, 앞의 논문, 128면 각주 12 하단.
130 국토교통부 보도자료, "부동산 공시가격 현실화 계획", 2020. 11. 3, 2, 7면.

를 해결할 수 없다는 점을 밝힌 바 있다.[131]

한편, 국토보유세는 전국의 토지에 대하여 과세하면서 그 용도와 상관없이 임야이든 농지든 동일한 세율을 적용하므로 수도권의 주택 부수 토지와 비교하여 지가 상승은 거의 없더라도 매년 같은 세율로 세금을 납부해야 한다는 문제가 발생한다. 여기서 발생하는 형평성 문제를 고려하여 낮은 세율의 누진세를 적용하다 보니 주택의 부수 토지에 대한 과세도 결국 하향 평준화되어 주택 가격 상승을 제대로 억제할 수 없고 불로소득의 환수도 불가능하다. 그러나 이러한 국토보유세가 가진 한계의 지적[132]에도 불구하고 종합부동산세를 폐지하고 국토보유세로 토지에만 세금을 부과하더라도 주택 가격이 안정될 것이라고 주장[133]하고 있다.[134] 이렇게 확보한 재원으로 토지 배당을 하면, 누진형 국토보유세 시산액試算額과 기본소득 지급액을 비교할 때 95.7퍼센트가 순수혜純受惠 가구가 된다고 추정하고 있다. 예를 들어, 시가 기준 25억 원 이하의 주택을 가진 세대 4인 가족 까지는 모든 주택에 납부하는 세금보다 기본소득 수령액이 높아서 순수혜 가구가 된다고 한다. 시가 50억

---

131 송상훈, "기본소득형 국토보유세 설계 방향", 「GRI 정책브리프」 2018-19, 경기연구원, 2018, 8면.

132 박상수 한국지방세연구원 부원장도 종합부동산세가 폐지되면 주택 가격 안정에 대한 조세 정책을 펼치기 어렵다는 점을 지적했다. 다만 국토보유세는 비주거용 부속 토지 등 모든 토지에 영향을 주므로 주택 시장 안정을 위한 세율 조정이 곤란하고, 주택 가격 안정보다는 기본소득의 재원 조달 기능에 초점을 맞춘 세율 조정이 될 것이기 때문에 효과적인 대처가 힘들다고 보았다(박상수, 『기본소득 실현을 위한 기본소득토지세법 토론회』, 국회 기본소득연구포럼, 2021, 48면).

133 "소병훈·용혜인 의원, 기본소득토지세법 검토…부동산 투기 차단 및 양극화 해결", 이로운넷, 2021. 5. 13. 기사(eroun.net/news/articleView.html?idxno=24691, 검색일: 2021. 5. 20).

134 남기업, 『기본소득 실현을 위한 기본소득토지세법 토론회 자료집』, 국회기본소득연구포럼, 2021, 56~57면: 종합부동산세와 재산세는 조세 저항으로 인해 보유세의 부동산 투기 차단 기능을 기대할 수 없는 반면, 국토보유세(기본소득토지세)는 혜택을 통해 투기를 차단할 수 있다고 주장한다.

원이 되어도 현재 납부하는 종합부동산세보다 적은 국토보유세를 납부할 것으로 예상했다.[135] 국토보유세는 다주택자에 대하여 별도로 중과하지 않으므로, 다주택자가 가진 주택을 기준으로 하면 현재 부담하는 조세에 비해 투기 세력이 보다 많은 혜택을 받게 된다. 그러므로 앞에서 설명한 보유세 강화 필요성에서 역설한 실효세율 인상이 결국 토지 배당으로 완전 상쇄될 뿐만 아니라 종합부동산세 폐지로 인한 다주택자의 투기 억제 효과도 상실한다. 실효세율을 인상해 봐야 다주택자의 조세 부담은 증가하지 않아 주택 투기로 인해 발생하는 주택 가격 상승을 더욱 부채질하게 되는 것이다. 결국 조세 저항에 대한 대응 논리로 제시된 순수혜 가구 비율에 대한 입증 결과는 불로소득을 과세하기 위해 높은 보유세율이 필요하다는 국토보유세의 도입 논리에 대한 방패가 되는 모순矛盾이 발생한다.

국민의 조세 저항

가. 국민 대다수의 혜택 vs 재산권

국토보유세의 도입 논거를 보면 95퍼센트 이상의 가구가 혜택을 받게 되므로 조세 저항 없이 국민 대다수가 찬성할 것이며[136], 부동산 투기 차단과 불평등의 해소가 상당 부분 가능할 것이라고 한다.[137] 증세

---

135 유영성 외, 앞의 보고서, 108~110면.
136 남기업 외, 앞의 논문, 136면; 토지 배당과 결합한다면 95%의 가구가 순혜택만을 받게 되므로 합리적인 투표를 한다면 95%가 지지할 것이라고 밝히고 있다.
137 남기업,『기본소득 실현을 위한 기본소득토지세법 토론회 자료집』, 국회기본소득연구포럼, 2021, 56면.

에 대한 국민적 합의를 이끌어내기 위해 국토보유세로 징수한 모든 세금이 전 국민에게 기본소득으로 환원된다는 점을 부각[138]하고 국민에게 돌아갈 혜택을 강조하는 것이다. 그러나 국민 절대다수가 찬성한다고 하더라도 바로 새로운 세목을 창설할 수 있는 것은 아니다. 현재 국토보유세는 토지를 많이 가진 5퍼센트로부터 징수하여 95퍼센트에게 골고루 나누어 주자는 것이므로 5퍼센트의 재산권이 과도하게 침해될 수밖에 없는 구조이다. 재산권은 기본권의 일종으로서 단 1인이라도 불법한 권리 침해를 받는다면 보호받아야 하므로 신중한 법적 접근이 필요하다. 앞에서 살펴본 바와 같이 과거 토지 공개념 3법과 「구종합부동산세법」 모두 국민 중 소수에 해당하는 토지 소유자들이 제기한 위헌 논란에서 자유로울 수 없었고, 결과적으로 이들의 승리로 돌아간 점을 상기해야 한다.

특히, 국토보유세는 불로소득을 환수하는 것을 목적으로 하는 조세이므로 소득 발생을 정확히 측정할 수 있는 장치를 만들어야 한다. 과거 헌법재판소는 「토지초과이득세법」이 이득이 있는 모든 곳에 반드시 과세한다는 조세법상의 공평 이념을 실현하기 위한 것이며, 토지 소유자 개인의 노력과는 상관없는 개발 이익 등 불로소득을 조세로 환수하는 목적을 가진 수득세收得稅의 일종이라고 판단했다. 또한 불로소득을 수득세의 형태로 환수할 때는 과세 대상 이득의 공정하고도 정확한 계측 문제, 조세법상 응능부담의 원칙과 모순되지 않도록 납세자의 현실 담세력을 고려하는 문제, 지가 변동 순환기를 고려한 적정한 과세 기간

---

138 류영아, 『기본소득 실현을 위한 기본소득토지세법 토론회 자료집』, 국회기본소득연구포럼, 2021, 122면.

을 설정하는 문제, 지가 하락에 대비한 적절한 보충 규정의 설정 등 반드시 선결되어야 할 여러 가지 과제가 있다고 했다. 그런데 국토보유세의 과세 표준을 매년 공시되는 토지의 개별 공시지가로 한다면 수득세로서 헌법재판소가 제기한 여러 과제를 해결하기에는 턱없이 미흡하다. 헌법재판소도 세계 각국에서 오래 전부터 불로소득의 환수와 지가 안정을 이유로 부동산의 미실현이익에 대한 과세의 정당성과 필요성이 제기되어 왔음에도 불구하고, 이러한 과세 제도가 성공석으로 정착되고 있는 입법례立法例는 찾기 어렵다고 지적했다.[139] 따라서 위헌 시비를 면하기 위해서라도 미실현이익을 측정할 만한 과세 표준을 마련해야 한다.

나. 전가 가능성

보유세 인상은 결국 임대료 상승으로 세입자에게 전가될 수 있으므로 이로 인한 국민 부담 증가에 대한 대책 마련이 필요하다. 그런데 국토보유세는 세입자에게 전가될 가능성이 전혀 없다고 주장한다. 그 근거를 살펴보면, 완전 비탄력적 공급은 조세의 전가가 발생할 수 없다[140]는 것인데, 다음 〈그림 2〉를 인용하여 설명하고 있다.

---

139 헌법재판소 1994. 7. 29. 선고, 92헌바49 결정.
140 Henry George, *op cit*, pp. 422, 427-428; 헨리 조지는 토지가치세가 다른 사람에게 책임 (burden)을 전가(distribute)시키지 않은 유일한 세금으로서 토지 소유자에게만 부과된다고 보았다.

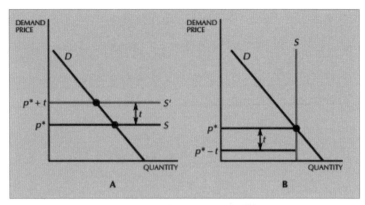

〈그림 2〉 조세의 전가 효과[141]

공급자에게 과세하면 공급 곡선(S)이 조세만큼 상향 이동하는데, 공급 곡선이 〈그림 2〉에서 B와 같이 수직선^{완전 비탄력적}이면 상향 이동하더라도 균형가격 P*가 유지되므로 전가가 불가능하다는 것[142]이다. 이 논리는 임대료의 상승 요인이 단지 토지만을 임대하는 경우에는 맞을 수도 있으나 우리나라에서 임차인 대다수는 도시의 상가 또는 주택을 임차하며, 토지만을 임대하는 경우는 많지 않다. 게다가 토지의 공급이 완전 비탄력적이지만 그 토지 위에 상가나 건물은 증축이나 신축을 통해 얼마든지 공급을 늘릴 수 있기 ^{탄력적임} 때문에 공급 곡선은 수직일 수 없다. 같은 논리에서 탄력적인 상가 건물 또는 주택의 부수 토지에 대한 토지세 부과는 상가 및 주택임대료에 전가될 수 있다 ^{위 〈그림 2〉에서 A는 완전 탄력적일 때를 의미한다}. 현실적으로도 부수 토지만이 아닌 상가와 주택 전체를 임차하는 것이

141 Hal R. Varian, *Intermediate Microeconomics* (9th Edition), W. W. Northon & Company, 2014, p. 303. <Figure 16.5>.
142 유영성 외, 앞의 보고서, 114~115면; Hal R. Varian, *op cit*, p. 303을 인용한 것이다. 이 책은 시장에서 수요자가 지불하는 가격과 공급자가 받는 가격에 대한 조세 효과를 분석한 자료인데 이 논리를 경기연구원 보고서는 토지의 공급과 연결해서 설명했다.

일반적이며, 임대인에게 부과된 토지세가 건물과 부수 토지의 구분 없이 임대료에 가산되어 임차인들에게 전가될 수밖에 없다는 것은 누구나 예측할 수 있다. 소유자가 임차인에게 보유세를 전가하는 비율이 경우에 따라서 100퍼센트를 넘는 경우도 있다. 그 이유는 수요 공급에 대한 탄력성 이론과 반대로 부동산 공급이 부족한 상태에서는 임대인이 행사하는 지배력에 따라 불완전한 경쟁이 존재하기 때문이다.[143] 상가 임차인은 권리금 및 각종 시설비 등의 회수나 원상 복구 비용까지 감안할 때 토지세만큼 임대료가 인상된다고 해서 즉시 사업장을 옮기기가 곤란하다. 주택도 전월세 물량이 부족한 상황에서 세입자의 임대료가 상승하는 것은 늘 사회 문제가 되었다. 세입자의 권리를 보호하기 위해 2020년 6월 「주택임대차보호법」을 개정한 것을 보더라도 임대인에게 부과된 토지세가 전혀 전가되지 않는다는 주장은 납득하기 어렵다.

3. 법안 내용 검토

현재 더불어민주당 소병훈 의원은 국세로서 국토보유세 또는 지방세로서 기본소득토지세 발의 여부를 검토 중이며, 기본소득당 용혜인 의원은 국세로서 토지세 및 토지 배당에 관한 법률안을 2021년 11월 발의했다. 법안의 명칭은 서로 다르지만, 앞에서 논의한 국토보유세의 과세 논리를 근거로 만들어진 것이다.

---

143 Mustafa Oktem, *Property tax shifting under imperfect competition: Theory and application*, University of New Hampshire Doctoral Dissertations, 2001, pp. 6-7; 실증 모델 분석을 통해 종전에 경제학 이론에 근거한 연구 결과가 유효하지 않다는 결론에 도달하고 있다.

용혜인 의원 입법안

용혜인 의원이 발의한 토지세 및 토지 배당에 관한 법률안은 종합부동산세를 대체하고, 토지 배당 규정을 법안 4장에 별도로 두고 있다는 것이 큰 특징이다. 종합부동산세를 폐지하더라도 토지세만으로 부동산 가격 안정이 실현 가능하다는 국토보유세 기본 이념이 그대로 반영된 것이다. 그러나 앞에서 언급한 것처럼 토지에 대한 조세 부과만^{건물 부분은 비과세}됨으로 주택 전체에 대한 과세 효과를 기대할 수 없고, 과세 표준이 주택 공시가격보다 낮은 개별 공시지가이므로 현실적으로 집값 상승을 억제할 수 있는 효과는 종합부동산세보다 떨어진다. 특히 현행 종합부동산세가 다주택자에 대한 중과세를 통해 주택 투기 수요를 억제하는 순기능이 있음에도 불구하고 이를 대체할 만한 다른 대안을 마련하지도 않고 종합부동산세를 폐지하는 것은 문제가 있다. 한편, 용혜인 의원이 발의한 기본소득법안에 기본소득 재원을 목적으로 징수된 조세의 배당규정을 두지 않고 개별 세법마다 배당 규정을 두는 것도 법률의 정합성이나 효율성을 떨어뜨릴 수 있다.

법안 제9조에서 세율은 자연인이 0.8퍼센트에서 1.5퍼센트, 법인은 0.5퍼센트에서 1.3퍼센트의 3단계 초과 누진세율을 적용한다.[144] 토지를 용도별로 차등 과세하지 않고, 단지 토지가액에 따라 초과누진세율을 적용하되 개인과 법인을 차별 과세하는 것이다. 차별 과세의 이유는 법인이 대규모로 소유한 공장 등 사업 목적 부지에 대한 보유세가 증가하면 국

---

144 법안 초안은 개인 1.5%에서 2.5%, 법인 1에서 2%의 3단계 초과누진세율 구조였는데, 실제 발의 단계에서 보다 하향 조정되었다.

내 기업의 경제 활동이 위축되고 점차 해외로 이전할 수 있다는 우려[145]를 반영한 것으로 추정된다. 그러나 기업 활동에서 개인과 법인 형태에 따른 차별의 합리성을 찾기 어렵고[146], 기업 활동이 아니더라도 법인보다 개인이 더 많은 보유세를 부담해야 할 명분도 없다. 「헌법」이 보호하고 있는 재산권은 개인이든 법인이든 평등하게 적용되어야 되기 때문이다. 오히려 현행 「종합부동산세법」에서 부동산 전문법인이 주택 등의 투기에 악용되는 것을 방지하기 위해 6억 원의 기본 공제를 인정하지 않는 것[147]과 상반된 조치여서 법인 명의로 구입하는 토지에 대한 투기 행위를 제대로 대처하기 어렵다는 문제점이 있다.

기본소득형 국토보유세는 원칙적으로 비과세와 감면을 폐지한다. 왜냐하면 감면 제도가 토지 소유자의 방만한 토지 소유를 조장하고, 법인이든 개인이든 상관없이 투기를 통한 불로소득을 추구할 가능성이 높다는 이유에서다. 게다가 감면 제도는 일종의 차별 제도로서 토지 소유자 간 보유세의 공평성을 훼손시킨다는 이유로, 감면을 허용하면 감면 대상에 포함되기 위한 이른바 입법 전쟁이 일어나 과세 기반을 줄어드는 문제가 발생한다는 것이다.[148] 하지만 용혜인 의원과 소병훈 의원의 법안은

---

145 박상수, 이슬이, "국토보유세 도입 쟁점 검토", 「한국지방세 연구원 연차보고서」, 한국지방세연구원, 2020, 60면; 토지의 용도별 차등 과세를 폐지하게 되면 사업의 특성상 대규모 토지를 사용해야 하는 공장, 물류창고, 농업법인 등의 부담이 증가할 것이다. 이에 따라 경영성과 악화와 더불어 고용 및 투자 등에 부정적 영향도 발생하고 점차 세 부담을 낮추기 위해 공장을 해외로 이전할 수밖에 없다. 따라서 재산세와 종합부동산세를 통합하여 종합합산, 별도 합산, 분리 과세를 존속하되, 비과세와 감면을 배제하면 현행 체제 내에서도 국토보유세 도입으로 인한 세수 확충 효과와 비슷할 것이라고 예측하고 있다.

146 오동석, 『기본소득 실현을 위한 기본소득토지세법 토론회 자료집』, 국회기본소득포럼, 2021. 5. 12, 24면.

147 「종합부동산세법」 제8조 제1항.

148 유영성 외, 앞의 보고서, 122~123면.

모두 비과세와 감면을 현행 「지방세특례제한법」과 「조세특례제한법」의 재산세의 비과세^{과세 면제} 또는 경감에 관한 규정을 준용하도록 하고 있다. 국토보유세의 철학이 실제 입법 단계에서는 실현되지 않은 것인데, 법안의 제안 이유에서도 정확한 설명을 하지 않고 있다. 한편, 용혜인 의원의 법안은 원칙적인 국토보유세의 이론대로 재산세와 종합부동산세를 폐지하는 것인데, 비과세와 감면을 폐지시킬 재산세의 「지방세특례제한법」과 「조세특례제한법」의 비과세 및 면제 규정을 준용하도록 하고 있어 비교 가능성과 법적 안정성도 떨어진다.

소병훈 의원 입법안—경기도 안

소병훈 의원의 입법안은 용혜인 의원 안[※]과는 반대로 국세와 지방세 모두 현행 종합부동산세를 존속시킨다.[149] 따라서 이중과세를 피하기 위해 산출 세액에서 재산세뿐만 아니라 종합부동산세를 각각 공제한다. 그런데 소병훈 의원의 국세^{국토보유세} 입법안은 제1조 ^{목적 [150]}, 제3조 ^{과세 대상 [151]}, 제4조 ^{납세 의무자 [152]}, 제9조 ^{세액 공제 [153]}의 내용을 제외하고는 현행 「종합부동산세법」과 거의 동일하다. 심지어 납세 의무자별로 해당 토지의 공시지

---

149 소병훈 의원의 국토보유세 입법안은 경기도(유영성 외, 앞의 보고서, 2020)에서 제시한 의견에 따라 종합부동산세를 존치시킨다. 현실적으로 종합부동산세가 가진 다주택자의 주택 소유 억제와 주택 가격 안정 기능이 국토보유세 하나만 유지하는 것보다 탁월하다는 점을 인정한 것으로 볼 수 있다.

150 종합부동산세가 보통세인 데 반해, 국토보유세는 기본소득의 재원으로 사용하도록 「종합부동산세법」과는 달리 그 사용 용도를 별도로 규정(목적세)해야 할 필요가 있기 때문이다.

151 종합부동산세는 주택에도 과세되지만, 국토보유세는 토지에만 부과되므로 차이가 있다.

152 「재산세법」의 납세 의무자 규정을 차용하여 사용하고 있다.

153 국토보유세를 입법하더라도 종합부동산세를 존치하므로 이를 공제해 주기 위해 제2호(종합부동산세액 공제)를 추가했다.

가 합산 금액에서 일정액을 공제한 후 공정가액 비율을 적용하는 과세 표준 산출 방식이나^{제7조} 세율 구간까지도 동일하다.[154] 새로운 세법을 만들면서 현재 운영 중인 세법을 참고하는 것은 합리적이며 권장할 일이다. 그러나 「종합부동산세법」을 존치하면서 국토보유세가 같은 과세 대상인 토지에 대한 과세 요건과 방식까지 거의 동일하다면 종합부동산세와의 차별성을 부각시키기 어렵다. 국민들의 입장에서는 국토보유세의 도입 목적과는 상관없이 정부의 세수 증대 정책으로만 인식되기 쉽다. 또한 용혜인 의원 법안보다 과세 표준 산출 과정에서 기본 공제 등 공제하는 금액이 많다 보니 기본소득 재원의 필요조건인 충분한 세수 확보[155]에 상대적으로 어려움이 있다.

소병훈 의원의 지방세법 일부 개정안을 보면, 「지방세기본법」을 개정하여 지방세에서 지방교육세, 지역자원시설세 외에 기본소득토지세를 목적세로 추가하도록 하면서도 정작 「지방세법」 조문에서 재원을 어디에 사용할지를 정하는 목적 조항을 빠뜨리는 바람에 목적세가 아닌 보통세 형태로 법안이 만들어졌다. 또한 지방세에서 납세 의무자는 사실상의 소유자와 공부상^{公簿上}의 소유자에 대한 구체적인 명시가 필요함에도 토지 소유자로만 규정하고^{법안 제157조} 있어 과세 요건 명확주의를 위반할 소지가 있다. 한편, 기본소득토지세의 납부 기한^{법안 제164조}은 매년 11월 16일부터 11월 30일까지로 규정되어 있다. 소병훈 의원의 「지방세법」 일부 개정안^{기본소득토지세} 역시 종합부동산세를 존치시키므로 종합부동산세를

---

154 이 법안은 2020년 12월 경기연구원의 용역 보고서(유영성 외, 앞의 보고서, 2020.)에 제시된 법안을 바탕으로 법안의 자구 수정 등을 거친 뒤 발표된 것이다.

155 김갑순, 『기본소득재원 마련을 위한 세제개혁방안 세미나 자료집』, 한국조세정책학회, 2020. 12. 17., 58면.

납부 세액에서 공제하는 규정을 두고 있다. 그런데 고지에 의해 납세 의무가 확정되는 종합부동산세액의 고지서를 세무서가 송달하기 전 또는 납기 개시 ^{매년 12월 1일} 전에 지방 자치 단체가 종합부동산세액을 차감해서 납부서를 송달해야 하는 모순이 있다. 이렇듯 존치시킬 종합부동산세가 국세라는 점에서 굳이 기본소득토지세를 지방세로써 도입한다면 징수 기관이 불일치함으로써 발생하는 행정 공백, 징수 및 납세 협력 비용의 증가 문제도 고민해야 한다.

과거 종합부동산세를 도입할 때 쟁점이 된 것처럼 국토보유세도 국세가 좋을지 지방세가 좋을지에 대한 의견이 분분할 수 있다. 그렇지만 지금도 지방 자치 단체는 징수 인력의 전문성 면에서 교부금을 집행하는 조직 구조를 벗어나지 못하고 지방 자치 단체의 재정 자립을 위한 준비가 덜 되어 있다. 예를 들어, 현재 지방 자치 단체 중에서 주민 수가 가장 많은 경기도의 2021년 지방직 공무원 공개경쟁 임용 계획을 보면 7급 행정직이 49명인데 반해 세무직은 뽑지 않았다. 9급의 경우 총 충원 인원 4,550명 중 행정직 1,995명 ^{43%} 대비 세무직은 143명 ^{3%} 에 불과하다. 사회 복지 830명 ^{18%}, 시설 744명 ^{16%} [156]과 비교해도 무척 적은 숫자다. 서울시의 2021년 임용 계획[157]도 경기도와 별 차이가 없었다. 세무직 공무원의 임용 시험 과목도 2021년까지는 세법과 회계학이 필수가 아니라 선택 과목이므로 고득점 확보를 위해 과학과 사회 과목을 선택하는 경우가 많아서 세법 지식 없이도 세무 행정에 투입되는 어처구니없는 상황이 존재해 왔다. 국세 공무원들은 국세공무원교육원에서 매년 일정 기간 의무

---

156 경기도 인사위원회 공고 제2021-11호, 2021. 1. 18.
157 서울특별시 제1인사위원회 공고 제2021-76호, 2021. 2. 9.

적으로 교육을 받는 데 반해 지방 세무 공무원들을 위한 정부의 전문적인 교육 기관도 전무한 실정이다. 게다가 행정직 공무원과의 순환 보직에 따라 지속적인 세무 업무의 숙달도 여의치 않다. 따라서 지방세로서 국토보유세를 도입하려면 인적 자원의 확보와 전문성을 갖추는 것이 필요하다.

4. 결론

국토보유세는 토지 소유자에 대한 과세를 통해 확보한 재원을 기본소득의 명목으로 모든 국민에게 평등하게 배분하여 자산소득의 불평등을 완화하고 부동산 가격의 안정을 도모하는 데 그 목적이 있다. 사회가 다변화되고 경제가 발전함에 따라 이에 맞는 새로운 세법을 개발하고 과세 방법을 개선하는 것은 반드시 필요한 일이다. 그러한 측면에서 토지 소유자의 노력과 상관없는 불로소득을 조세로 환수하고자 하는 국토보유세 주창자들의 시도는 환영하고 칭찬할 만하다. 그러나 국토보유세는 2017년 이후 현재까지 오랜 기간 논의되었음에도 개별 공시지가를 과세 표준으로 하고 토지 활용의 불공평을 제거하기 위해 전국의 모든 토지를 차등 없이 과세해야 한다는 논리에서 한 걸음의 진전도 없었다는 점이 매우 아쉽다. 현재 논의되고 있는 국토보유세는 보유 단계에서 발생하는 (미실현) 불로소득을 환수하는 것을 목적으로 하는 조세다. 그런데 매년 공시되는 개별 공시지가가 국토보유세의 과세 표준이라면 전년 대비 증가된 토지의 불로소득을 환수하기에는 무리가 있다. 과거 토지초과이득세법 위헌 소송에서 헌법재판소가 언급한 바와 같이 증대된 소득의 실현 여부 즉,

증대된 소득을 토지 자본과 분리하여 현금화 여부와는 상관없이 미실현 이익에 대한 과세 역시 실현이득에 대한 과세와 마찬가지로 원본과는 구별되는 소득에 대한 과세가 되어야 한다. 그러나 제시된 국토보유세는 이를 측정하고자 하는 장치가 부족하다. 게다가 주택의 부속 토지를 포함한 전국의 토지에 대하여 그 용도와 상관없이 동일한 세율을 부과하는 것 또한 반드시 공평한 결과를 초래하지 않는다. 보유세 절감을 위해 별도 합산 또는 분리 과세 대상 토지로 용도를 변경하는 시도를 차단함으로써 과다한 토지 소유의 편중을 억제할 수 있다는 가정도 토지의 전년 대비 가치 상승분^{불로소득}에 대한 과세를 전제로 했을 때 가능한 것이기 때문이다.

국토보유세를 도입하여 기본소득으로 지급하면 국민 다수가 혜택을 받을 것이므로 국민들의 조세 저항이 없을 것이라는 낙관적인 전망이나 건물 부분을 제외한 토지의 공급이 완전 비탄력적이어서 임차인에게 조세의 전가가 불가능하다는 논리도 재검토되어야 한다. 이는 주택의 가격 안정 효과 판정에도 영향을 줄 수 있으므로 신중한 접근이 필요하다. 헨리 조지가 의도한 대로 가치 증가분에 대하여 100퍼센트 환수할 수 없다면 사실상 토지만 과세하는 국토보유세만으로 완전한 부동산 가격 안정은 어렵다. 재산세나 종합부동산세 이외에도 부동산의 보유로 발생하는 지대소득 중에서 실현소득은 현행「소득세법」상 부동산 임대소득^{사업소득}으로 과세되고 있다. 다만 그동안 주택 임대 사업자에 대한 각종 세제 감면 혜택이 오히려 주택 시장에 악영향을 주는 외부 효과로 작용했다는 점에서 이를 보완하는 시책도 함께 시행되어야 주택을 중심으로 한 부동산 가격 안정이 가능할 것으로 판단된다. 보유세 강화 방법 이외에도 현재 양도소득세나 상속세 및 증여세가 이익의 실현 시점에 불로소득에 대한 과세를 보완하는 기능을 충분히 갖추고 있다는 데는 의심의 여지가 없다. 앞에서 언급한 이러한 반박 논리에 대하여 합리적인 대응 논리의 개발과 더불어 국토보유세의 과세 논리를 좀더 개선 발전시켜 불로소득의 미실현이익에 대한 과세 방법 또한 보완되기를 희망한다.

우리나라와 세계 각국은 2050년까지 온실가스 배출량을 제로로 만드는 이른바 탄소 중립을 실현하기 위해 노력하고 있다. 이미 우리나라를 비롯해 여러 국가가 시행하고 있는 탄소배출권거래제도 Emissions Trading System, ETS 와 더불어 최근 유럽과 미국을 중심으로 도입이 논의되는 관세의 일종인 탄소국경세 carbon border tax 그리고 직접 국민에게 부과하는 탄소세에 이르기까지 여러 가지 방안들이 검토되고 있다. 이러한 대책 중에서 특히 탄소세는 국민 개개인을 대상으로 화석 연료 사용 감소를 유도할 수 있는 규제 성격의 조세로서 그 중요성이 부각되고 있다. 하지만 소비세가 가지는 역진성 문제와 유류 등에 이미 부과되고 있는 기존 조세와의 연관 관계, 유류세 인상으로 국내 산업 전반에 미치는 영향, 그리고 새로운 세목이 창설될 경우 징수 절차의 타당성과 효율성 등에 대하여 입법 단계에서부터 반드시 심도 있는 논의가 필요하다.

그동안 국내에서는 기본소득 연구자들을 중심으로 기본소득의 재원으로서 탄소세에 대한 논의가 있었고 더불어민주당 대선 후보인 이재명 후보도 여러 차례 기본소득 지급 목적의 탄소세 도입을 주장한 바 있다. 2021년 3월 12일에는 기본소득당 용혜인 의원이 21대 국회 최초로 탄소세법을 발의했다. 국내 기본소득 탄소세^{탄소 배당}의 과세 근거가 입법 형태로 실현된 것이다. 2021년 7월 12일 정의당 장혜영 의원도 현재의 「교통·에너지·환경세법」을 전면 개정하는 탄소세법을 발의했다. 장혜영 의원의 법안은 100퍼센트 탄소 배당을 하는 용혜인 의원의 기본소득 탄소세와는 다르지만, 취약 계층에 대한 지원을 위해 세수의 일부를 지출하는 것을 예정하고 있다.

이하에서는 기본소득(형) 탄소세의 과세 논리를 용혜인 의원의 법안을 중심으로 논의하되, 필요한 경우 비교 목적으로 장혜영 의원의 법안과 함께 탄소 배출 감소라는 입법 목적이 충실하게 반영되었는지를 검토할 것이다. 이를 위해 탄소 배출의 감소 효과와 그 실행에 따른 조세 저항, 물가에 미치는 영향, 역진성과 더불어 국내 관련 산업의 대외 경쟁력에 미치는 영향을 살펴보고자 한다. 마지막으로 현재 제출된 기본소득 탄소세 법안이 조세법 이론과 징수 체계상 발생하는 문제점을 서술하고자 한다.

1. 탄소세 법안

장혜영 의원의 법안

장혜영 의원의 법안을 먼저 검토하는 이유는 용혜인 의원의 탄소세 법안에서는 법률상 과세 물품의 이산화탄소 배출량에 따른 리터당 또는 킬로그램당 세액을 알 수 없기 때문이다. 이에 대한 문제점은 이 장 3절 135~136쪽에서 서술하기로 하고, 국내 탄소세가 이산화탄소 배출량을 기준으로 과세할 경우 장혜영 의원의 법안을 통해 유종별로 과세되는 세액을 먼저 예측하기로 한다. 장혜영 의원의 탄소세 법안[의안번호 211470]은 2021년 일몰日沒 예정[158]인 기존의 「교통·에너지·환경세법」의 과세 대상을 확장하고 탄소세로 이름을 변경하는 전부 개정 법률안이다. 과세 대상은 현행 「교통·에너지·환경세법」이 휘발유와 경유에 한정하여 과세하던 것을 유연탄, 무연탄, 액화천연가스, 중유 등 온실가스를 다량 배출하는 모든 화석 연료에 확대하여 적용한다. 이산화탄소 배출량을 톤당 55,000원을 리터, 킬로그램 단위로 환산하여 과세를 시작하고 2030년까지 이산화탄소 배출량 톤당^{tCO_2eq} 110,000원이 되도록 세율을 조정한다. 법안의 세율은 110,000원에 해당할 경우 유종별로 환산한 세액을 규정했는데, 리터당 등유는 278원, 중유는 350원, 킬로그램당 석유가스는 332원, 천연가스는 241원, 유연탄 250원, 무연탄 238원의 탄소세가 부과된다. 다만 휘발유와 경유 및 이와 유사한 대체 유류에 대한 세율은 이러한 환산 방식을 적용하지 않고 각각 리터당 475원과 340원으로 현행 「교통·에너지·환경세법」에서 정한 세율을 그대로 유지한다.[159] 등유, 중유 등 과세 물품에 부과되던 개별소비세는 탄소세가 부과됨에 따라 해당 개

---

158 「교통·에너지·환경세」의 일몰 시한은 국회 기획재정위원장이 제안한 일부 개정 법률안(의안번호 2113620)에 의해 2024년 12월 31일까지 3년 연장되었다.

159 이를 톤당 12만 원의 탄소세 부과 시 이산화탄소 배출량을 기준으로 환산하면 휘발유는 리터당 260원, 경유는 330원에 해당한다(최기원, 『탄소중립 2050, 세제상 대응은?』, 한국조세정책학회 세미나 자료집, 2021. 12., 42면. 각주 2). 휘발유와 경유에 대해서는 이산화탄소 배출량 기준으로 환산하여 세율을 적용하면 도입 시기부터 큰 세수 감소가 예상되므로 그대로 유지한 것으로 보인다.

별소비세법의 과세 대상에서 삭제한다.

이 개정안이 입법되면 재정 수입의 변화는 향후 5년간 97조 2,367억 원, 연평균 19조 4,473억 원의 세수가 증가할 것으로 예측했다.[160] 그런데 세수 전망은 현재의 에너지 소비 행태와 산업에서 화석 연료를 사용하는 비율이 변동이 없다는 가정을 전제한 것이므로, 탄소세가 의도한 대로 탄소 배출량이 감소할 경우 예측했던 세수도 감소할 것이다. 장혜영 의원은 탄소세로 징수하는 세수의 분배는 정의로운 전환 기금으로서 탈탄소 사회 실현을 위한 산업 구조 전환 및 일자리 창출에 사용하고, 일부는 사회 취약 계층에 대한 탄소세 환급에도 사용할 것임을 밝히고 있다.[161]

용혜인 의원의 법안

용혜인 의원은 2021년 3월 12일 탄소세 법안을 발의하면서 기본소득의 재원으로서 이를 사용하기 위해 탄소세 배당에 관한 법률안도 함께 발의했다. 따라서 기본소득(형) 탄소세는 조세의 징수와 사용 ^{탄소 배당}까지 모두 포함한 조세 정책을 의미한다고 할 수 있다. 우선 탄소세 법안을 살펴보면 과세 대상을 휘발유 등의 유류와 석유가스 중 프로판과 부탄, 부산물과 나프타, 아스팔트, 항공유, 천연가스, 무연탄, 유연탄, 코크스 등의

---

160 국회예산정책처, 『교통·에너지·환경세법 전부개정 법률안 비용추계서』, 2021. 9. 14, 1면.
〈표 1〉 개정안에 따른 재정 수입 변화   단위: 억 원

귀속연도	2022	2023	2024	2025	2026	누적
+ 탄소세수	356,566	391,073	440,963	447,230	502,603	2,138,434
- 개별소비세수	△213,936	△235,612	△237,962	△238,965	△239,592	△1,166,067
합계	142,630	155,461	203,001	208,264	263,012	972,367

161 정의당 보도자료, "장혜영, 탄소중립과 정의로운 전환을 위한 '탄소세법' 발의", 2021. 7. 12.

과세 물품을 소비하는 경우로 정하고 있다. 아스팔트를 제외하면 모두 연료로 사용되는 것들이 과세 대상 물품이다. 특이한 점은 과세 대상을 사용 목적에 따라 열거하고 있는데, 두 가지 모두에 해당하면 중복해서 과세한다. ① 에너지원^{주로 발전용}으로 사용할 때, ② 제조업, 건설업^{주로 산업용}에서 원재료나 동력원 등으로 사용될 때, ③ 차량 등 수송 수단의 연료로 사용될 때, ④ 농업·임업·어업 등 사업 목적 또는 가정용 등으로 소비하는 경우가 이에 해당한다. 게다가 ⑤ 과세 물품^{주로 아스팔트가 이에 해당할 것으로 예측됨}을 폐기^{소각이나 매립}하거나 폐기를 위해 사용되는 경우에도 탄소세를 중복해서 부과한다. 과세 표준은 화석 연료의 온실가스 배출량으로 온실가스 1톤^{이산화탄소 상당량톤, tCO.eq}당 8만 원을 기본 세율로 과세하되, 탄력세율은 50퍼센트^{12만원}까지 부과할 수 있고 유상 할당받은 온실가스 배출권으로 탄소세 대납도 가능하다. 그리고 탄소세 세입은 탄소세 배당 특별회계^{탄소배당}로 관리하는 것을 주요 내용으로 한다.

같이 발의된 탄소세 배당에 관한 법률안에 따르면, 대한민국 국민, 결혼이민자, 영주 자격을 가진 외국인을 대상으로 앞의 탄소세 법안에 의해 징수된 탄소세 세입 전부^{100%}를 수급권자의 수로 나누어 기획재정부 장관이 연 2회 현금으로 지급한다^{법안 제1조, 제5조}. 우리나라 온실가스 총 배출량 약 7억 8백만 톤^{2019년}에 온실가스 1톤당 8만 원을 과세하면 약 57조 원의 세수가 확보되므로 전 국민에게 1인당 매달 10만 원을 지급할 수 있을 것으로 추정했다.[162] 한편, 국회예산정책처가 발표한 세수 추계를 보면 탄소세 수입액은 법안이 2022년부터 시행될 것을 가정하여 2022~2026년 5년간 총 229조 8,113억 원^{연평균 45조 9,623억 원}이 발생할 것으

---

162 기본소득당 보도자료, "용혜인 의원, '기본소득 탄소세법' 대표 발의", 2021. 3. 11.

로 예측되었다.[163] 장혜영 의원의 세수 추계와는 달리 용혜인 의원의 법률안 비용추계서는 동종 유류에 부과되는 교통 · 에너지 · 환경세와 개별소비세의 감소에 따른 세수 감소분은 검토되지 않았다.

2. 입법 목적의 타당성

탄소 배출 감소 효과

탄소세가 발의되기 전부터 이미 우리나라는 화석 연료의 소비에 대하여 교통 · 에너지 · 환경세와 개별소비세를 부과해 오고 있다. 유럽 국가들 대부분도 화석 연료에 부과하던 조세를 탄소배출권 거래제 도입 이전에 친환경 세제로 개편하면서 탄소세로 도입하거나 탄소배출권 거래제와 연계하여 탄소세를 도입했다.[164] 이들 국가의 탄소세 부과 기준을 보면 수송용 · 산업용 · 가정용으로 구분하며, 산업용은 탄소세 대신 탄소배출권 거래제를 통해서 에너지를 생산^{발전 분야}하거나 에너지를 이용한 제품을 생산하는 기업^{철강 등의 분야}을 통제하고 있다. 가정용^{난방용} 경유, 천연가스는 점진적으로 그 부담을 늘려서 국민 개개인이 소비를 절감하는 조세

---

163 국회예산정책처,『탄소세의 배당에 관한 법률안 비용추계서』, 2021. 3. 25.
  〈표 2〉 탄소세 수입과 그 배당 추계액   (단위: 억 원)

귀속 연도	2022	2023	2024	2025	2026	누적	연평균
탄소세 추계액	310,823	403,434	476,292	549,506	558,507	2,298,113	459,623

164 유럽연합 국가 대부분은 발전, 철강 등의 제조업에 대하여 탄소배출권 거래제를 적용하며, 배출권 거래제에 포함되어 있지 않은 비할당 부문(건물 및 수송)을 위주로 탄소세를 부과한다(유종민,『탄소권 부과대상 및 최적세율에 대한 정책 연구: 배출권 시장과의 연계를 중심으로』, 한국조세재정연구원, 2021, 38면, 요약 및 정책적 시사점(2면).

의 규제적 기능을 수행하고 있다.[165]

이처럼 탄소배출권 거래제도나 탄소국경세 이외에 별도로 탄소세를 도입하는 이유는 국민 개개인에게 온실가스 배출량 감축 동기를 부여할 수 있을 뿐만 아니라 기존 과세 체계를 활용하여 즉각 시행할 수 있다는 장점 때문이다.[166] 따라서 담세자의 납부 능력을 고려하는 재정적 조세와는 달리 탄소세와 같은 규제적 조세는 납세 의무자의 능력이 일차적인 부과 기준이 될 수 없다. 탄소세의 세율도 일차적으로 탄소 배출량 감축 목표에 연동하여야 하며, 담세자의 능력은 단지 이차적으로 고려할 사항이다. 기본소득 연구자들에 의하면, 탄소세가 전년도의 탄소 배출량 한도 목표를 달성하지 못한다면 단기적으로 강력한 탄력세율을 부과하는 것이 규제적 조세로서의 과세 목적에 더 부합한다고 한다. 이와 아울러 저소득층의 조세 저항이 없도록 탄소 배당을 통하여 탄소세의 세율을 안정적으로 인상할 수 있다고 밝히고 있다.[167] 그런데 기본소득은 저소득층뿐만 아니라 고소득층에게도 탄소 배출량과 상관없이 무조건 같은 금액을 지급 이른바 탄소 배당 한다. 따라서 소비자는 탄소세 증세로 올라간 유류비를 탄소 배당액으로 지불할 여유가 생기게 되어 탄소세로 인한 부담이 늘지 않으므로 적극적으로 탄소 배출을 줄이려는 노력을 하지 않을 수 있다. 탄소 배당은 마치 정부가 경유 가격의 상승으로 인하여 피해를 받는 화물 운송 사업자에게 유가 보조금을 지급하는 것과 같아서 사용량 감소에는 도움을 주지 않고 부담 없이 소비하게 만드는 현상만 나타날 수 있는

165 정재현, 『탄소세 도입에 관한 국내외 현황과 주요 쟁점 과제』, 국회기후변화포럼 2021. 11. 30. 국회토론회 발표자료, 9~10면.
166 조용래, 『탄소세 도입에 관한 국내외 현황과 주요 쟁점 과제』, 국회기후변화포럼 2021. 11. 30. 국회토론회 발표자료, 22면.
167 유영성 외, 『기본소득 재원으로서 탄소세 도입 검토』, 경기연구원, 2020, 4면.

것이다.

탄소 배당의 성공적인 사례로 기본소득 연구자들이 소개하는 스위스의 탄소세를 살펴보면, 2008년부터 난방용 연료에만 탄소세를 부과하되 연간 이산화탄소 감축 목표에 달성하지 못하면 매년 인상했다. 탄소세로 징수한 세수 중 2/3는 탄소 배당으로 납부자의 사용량과 상관없이 같은 금액을 지급한다. 그런데 징수를 시작한 2008년의 CO_2 1톤당 탄소세가 12프랑 franc 이었는데, 2018년 1월에는 1톤당 96프랑 약 115,000원 으로 8배나 증가했다. 하지만 1990년 이산화탄소 배출량을 100퍼센트로 볼 때 약 30년 후인 2018년에 71.9퍼센트까지 감소 28.1% 하는 데 그쳤다. 결국 스위스에서 난방유에 대한 탄소세 부과로 이산화탄소 배출을 효과적으로 절감하지 못했다는 것을 의미한다.[168] 그 이유로 겨울이 긴 스위스에서 난

---

168 조혜경, "탄소 배당 연계 탄소세 도입의 필요성 및 기본 방향", 「Alternative Issue Paper」 No. 22., 정치경제연구소 대안, 2020. 11. 10., 11, 13~14면; 저자는 그럼에도 탄소세가 부과되지 않은 수송 부문에서 이산화탄소 배출량이 2018년에 103%인 것을 볼 때 난방 연료가 71.9%로 낮아진 것은 탄소 배당을 했기 때문이라고 주장한다. 한발 더 나아가 수송 부문 이산화탄소 배출량을 줄이기 위해서는 자동차 연료에도 (탄소세 부과는 언급 없음) 탄소 배당을 확대 적용해야 한다는 어처구니없는 결론을 내리고 있다. 그 근거로 스위스의 환경단체들이 자동차 연료에도 탄소 배당 제도를 적용해야 한다고 요구했다는 사실을 제시한다. 그런데 참고한 각주 문헌 "Wie die Schweiz die Klimaziele erreichen könnte(스위스가 기후 목표를 달성할 수 있는 방법)" Neue Zürcher Zeitung, 2018. 11. 29. 기사의 URL이나 최종 검색일을 밝히고 있지 않다(2019년 8월 26일에 저자가 속한 정치경제연구소 대안이 발행한 「Alternative Issue Paper」 No. 14에서 먼저 "스위스 탄소세 생태배당 모델, 성공적 환경 정책의 모범 사례로 부상하다"라는 제목으로 게재되었는데, 같은 오류를 반복하고 있다). 구글 검색으로 확인한 결과, 스위스 언론사인 노이에 취르허 차이퉁(Neue Zürcher Zeitung)의 해당 일자 신문 기사(아래)를 인용한 것으로 보인다(nzz.ch/wirtschaft/co2-gesetz-wie-die-schweiz-die-klimaziele-erfuellen-koennte-ld.1438071?reduced=true, 검색일: 2021. 12. 15.) 그런데 해당 자료에서 위와 같은 스위스 환경 단체들의 주장을 찾아볼 수 없다. 오히려 유류세(fuel tax)에 대한 저항이 스위스에서 오랜 전통(tradition)이 되었다는 설명과 함께 2001년 사진에 나온 정당(Free Democratic Party, Christian Demorcatic Party)의 세 사람이 "'일 대신 에너지에 세금 부과(taxing energy instead of work)'라는 대중적인 이니셔티브와 싸웠다"는 내용이 나온다. 따라서 탄소 배당 덕분에 30년 동안 스위스에서 난방유에 대한 28.1%의 탄소 배출량이 감소했다

방유는 비탄력적이어서 소비를 감소시키는 데 한계가 있었거나 탄소세 증세로 인한 세수의 2/3를 다시 배당함으로 인해 소비자의 적극적인 탄소 배출 감소 동기를 약화시켰다고 볼 수 있다. 또한 스위스의 살인적인 물가에 비해 11년 동안 난방용 경유에 대해 8배나 증세된 탄소세가 리터당 아직 약 300원 이산화탄소 1톤당 96프랑)[169]에 불과하므로 스위스의 탄소세 증세에 대한 부담의 체감 효과가 더 낮았을 가능성이 높다.[170]

사실 스위스의 탄소 배출량이 28.1퍼센트 감소한 것도 탄소세 징수액 중에서 1/3을 건물과 주택의 에너지 절감 사업 단열, 고효율 난방 설비 등의 보급 과 신재생 에너지 사업 지원에 사용했기 때문이다. 따라서 기본소득 탄소세의 주장과 같이 탄소세 세수를 아무 조건 없이 100퍼센트 탄소 배당으로 지급할 경우 탄소세가 목표한 만큼 탄소 배출 감소 효과는 기대할 수 없다. 피구세 Pigouvian tax 로 대표되는 에너지 · 환경세 이론에 의하더라도 오염자 부담의 원칙에 부합하여 연료를 많이 소비하는 소비자에게 더 많은 불이익을 주어야 한다.[171] 그럼에도 연료 소모와 상관없이 같은 금액으로 탄소 배당을 하는 것은 국민에게 소비 감소를 독려하는 규제적 기능의 탄소세 도입 취지와 맞지 않다.

한편, 용혜인 의원이 발의한 법안의 탄소세 증세 계획을 보면 국내 탄소 배출량이 2023년 70,000톤일 때 톤당 6만 원을 부과해서 연간 세수를

는 주장과 스위스 환경 단체가 했다는 탄소배당 확장 주장은 객관성도 없고 합리적 근거도 부족해 보인다.

169 조혜경, 앞의 글(2020), 11면.

170 2019년 기준 1인당 GDP 세계 2위(83,716달러)를 차지한 스위스의 높은 물가 수준에서 볼 때 탄소세가 차지하는 부담이 상대적으로 적어 소비자가 체감하는 효과 낮은 것도 한몫 했을 것이다.

171 이동규, 김승래, "에너지세제의 분배 효과 분석: 수송용 및 가정용 연료를 중심으로", 「재정학연구」 제11권 제2호, 한국재정학회, 2018, 130면.

42조 원으로 예상하지만, 탄소 배출이 감소되어 2026년에 59,500톤으로 떨어지면 세율을 톤당 9만 원을 인상^{연간 53.6조 원} 하고, 2030년에 42,000톤으로 감소하면 세율을 톤당 12만 원까지 인상^{연간 50.4조 원} 하도록 계획하고 있다. 스위스 사례에서 더 나아가 탄소 배출량이 감소하는 데도 세율은 계속 인상하겠다는 것이다. 이재명 더불어민주당 대통령 후보도 탄소세를 신설해 톤당 5~8만 원을 부과하여 확보한 30~64조 원을 재원으로 기본소득을 추진할 수 있다고 밝히고 있다.[172] 탄소를 감소시킨다기보다 탄소세를 걷어 기본소득의 재원으로 쓰겠다는 잿밥에 더 관심이 많다는 비판[173]이 나오는 이유다.

이재명 후보가 경기도지사로 있던 2020년에 발표된 경기도 산하 경기연구원의 연구 보고서도 탄소세는 탄소 배당의 재원 마련이 아니라 기후위기에 대응하기 위해 걷는 세금이라는 점[174]을 명확히 밝히고 있다. 유럽연합도 깨끗하고 재생 가능한 에너지의 개발이 코로나19 여파로 침체된 세계 경제를 회복시킬 수 있는 주요 수단으로 작용할 수 있다는 점을 명확히 하고 핵심 청정 기술 및 가치 사슬에 대한 투자를 활성화하기 위한 노력[175]을 하고 있다. 따라서 탄소세 재원은 탄소 배출을 감소시킨다는 기본 목적을 달성하기 위해서는 재생에너지 확대, 이산화탄소 감소 및 활용 기술(CCUS[176]) 개발 공급 등에 사용하는 것이 더욱 효과적이다. 정부

---

172 "[이재명 인터뷰] 기업서 탄소세 걷어 국민에 기본소득", 동아일보, 2021. 11. 26. 기사 (donga.com/news/article/all/20211126/110465824/1, 검색일: 2021. 12. 14).

173 권세호, "탄소세 걷어 기본소득 재원으로 쓰겠다는 이재명, '잿밥'에 관심 더 많아", 매일신문, 2021. 11. 30. 기사(news.imaeil.com/page/view/2021113008240412377, 검색일: 2021. 12. 14).

174 유영성 외, 앞의 보고서, 4면.

175 European Commission, *Renewable Energy Progress Report*, COM(2020) 952 final, 2020, p. 2.

176 'Carbon Capture Utilization and Storage'의 약자로 이산화탄소를 포집·활용·저장하는 기

가 2050 탄소 중립 전략에서 밝힌 P2G Power-to-Gas 및 P2L Power-to-Liquid 기술[177] 등의 통합형·융합형 기술 개발[178]과 상용화를 위해서도 탄소세로 확보한 재원을 충분히 사용할 수 있어야 한다.

물가에 미치는 영향과 역진성 문제

가. 유류 등 화석 연료에 대한 현행 과세 체계

우리나라는 1977년 「부가가치세법」을 처음 시행하면서 물품세 등 4가지 소비세를 통합하여 「개별소비세법」당시「특별소비세법」을 제정하고 휘발유, 경유, 등유 등의 석유 화학 제품에 대하여 리터당 또는 킬로그램당 정액 세율종량세을 부과해 왔다. 그러던 중 1993년 「교통세법」을 제정하면서 도로 및 도시철도 건설에 사용되고 있는 휘발유와 경유에 대한 개별소비세당시 특별소비세를 한시적으로 목적세로 전환하여 이를 교통 시설 투자에 전액 사용하도록 했다. 도로와 지하철 등 사회 간접 자본의 투자 재원 조달은 수송 부문과 관련된 석유류 제품을 세원으로 하는 것이 수익자 부담 및 원인자 부담 차원에서 바람직하다는 취지였다. 2006년에는

술을 말한다. 단순히 탄소 배출량을 줄이는 것으로 그치는 것이 아니라 배출된 탄소를 수집하여 장기간 저장하면서 활용하기 위한 것이다. 박기영 산업통상자원부 차관은 2021년 9월 29일 '에너지 얼라이언스' 참여 기업 대표들과의 탄소 중립 간담회를 개최하고 수소, CCUS 등 에너지 신산업 분야를 육성하기 위해 최대 4조 원 이상 기술 개발(R&D) 예타를 추진한다고 밝힌 바 있다(산업통상자원부 보도자료, "산업부 2차관-에너지 얼라이언스 CEO 탄소 중립 간담회 개최", 2021. 9. 28).

177 재생에너지를 전기에너지의 형태만이 아닌 수소, 천연가스, 액체 연료 등의 화학 에너지 형태로 전환하는 기술을 의미함.
178 대한민국정부, 『지속가능한 녹색사회 실현을 위한 대한민국 2050 탄소중립 전략』, 2020, 112면.

대중교통의 편의성 증진과 에너지 · 환경 관련 투자 재원으로도 사용할 수 있도록 명칭을 「교통 · 에너지 · 환경세법」으로 변경하여 오늘에 이르고 있다. 이 법률의 일몰 시한은 제정 후 10년 후인 2003년이었지만, 정부가 2003년부터 3년씩 과세 기한을 계속 연장해 왔고, 2021년 12월에도 2024년 12월 31일까지 연장하는 법률 개정안이 국회를 통과했다.

교통 · 에너지 · 환경세액의 15퍼센트가 부가되는 교육세[179]와 지방주행세로 통칭되는 자동차 주행에 대한 자동차세가 위 세액에 36퍼센트^{현재는 탄력세율을 적용하여 26%만 적용한다 [180]} 부가된다. 2020년 세수 실적을 보면 교통 · 에너지 · 환경세는 약 15.6조 원으로 소득세, 부가가치세, 법인세에 이어 우리나라 4위의 세수 실적을 보이며[181], 교통 · 에너지 · 환경세에 부가되는 교육세는 약 2.3조 원, 지방주행세도 약 4조 원에 이르고 있다. 부가가치세도 휘발유와 경유를 정제하기 위한 원유의 매입 원가, 관세, 정제 비용^{중유, LPG 등 원료 포함}과 마진, 교통 · 에너지 · 환경세와 교육세, 지방주행세까지 모두 포함한 금액^{공급가액}에 10퍼센트를 부과한다. 따라서 2020년 평균 ^{보통} 휘발유 가격을 리터당 1,487.35원, 경유를 1,277.77원으로 가정했을 경우 휘발유에는 총 세금이 911.61원^{61.3%}, 경유에는 674.85원^{52.8%}이 부과되었다.[182]

그런데 장혜영 의원의 법안을 살펴보면, 휘발유와 경유뿐만 아니라 정유 공정에서 사용되는 원료로서 개별소비세가 부과되는 중유와 LPG에도

---

179 「교육세법」 제5조 제1항.
180 「지방세법」 제136조.
181 국세통계포털> 테마통계> 차트로 보는 국세통계> 소비제세 신고 현황(납부할 세액) (tasis. nts.go.kr/websquare/websquare.html?w2xPath=/cm/index.xml, 검색일: 2021. 12. 14).
182 행정안전부, 『2021 지방세 통계연감』, 2021, 30면(wetax.go.kr/ebook/2021/book.html, 검색일: 2021. 12. 15).

2030년까지 각각 리터당 350원, 킬로그램당 332원까지 탄소세율을 적용하는 것으로 되어 있다. 위 세액은 이산화탄소 배출량으로 할 때 톤당 100달러^{11만 원으로 함}에 해당하는 금액이므로 톤당 12만 원인 용혜인 의원 법안의 세율도 비슷할 것으로 전망된다. 현행 법령상 중유는 리터당 17원, LPG는 킬로그램당 20원의 개별소비세가 부과되며, 정제 비용으로 정유사의 경비로서 제품 가격에 반영된다. 만약 위 두 법안과 같이 정유회사의 가공비^{연료비}에 해당하는 중유에 최소 333원^{LPG는 312원}만큼의 추가 부담이 생긴다면 정제된 제품인 휘발유 등 해당 제품에 직접 부과되는 탄소세와 더불어 석유 화학 제품의 판매가격이 동반 상승한다. 인상된 가격^{공급가액}에 10%가 부과되는 부가가치세는 덤이다. 따라서 정유 공정에 사용되는 원료^{중유, LPG}에 대하여 별도의 감면 규정을 고려하지 않는 두 의원의 법안에 의하면 석유 화학 제품과 운송비, 난방비 등 전반적으로 급격한 물가 상승이 예상된다. 탄소세를 도입한 유럽 국가들이 탄소 배출권 거래제가 적용되는 발전이나 산업 부분에 탄소세를 부과하지 않고 있는 사례[183]와 비교해서 전반적인 물가 상승 요인에 대한 고민과 대책이 부족하다고 평가할 수 있다.

기본소득 탄소세는 연간 지급되는 탄소 배당^{기본소득}의 세수를 확보하기 위해 현재 「교통 · 에너지 · 환경세법」과 「개별소비세법」에서 적용하는 농어업용 유류에 대한 감면을 허용하고 있지 않다. 따라서 늘어난 연료비만큼 농수산물의 가격을 상승시키는 방법으로 소비자에게 전가될 것이다. 비닐하우스 농사용 연료^{주로 개별소비세가 부과되지 않던 무연탄} 가격 상승으로 인해 계

---

183 정재현, 『탄소세 도입에 관한 국내외 현황과 주요 쟁점 과제』, 국회토론회 발표자료, 2021. 11. 30. 국회기후변화포럼, 10면.

절의 영향을 받는 채소와 과일 등 농작물 가격이 상승하여 엥겔지수가 상대적으로 높은 저소득층의 부담이 더욱 가중될 것이다. 만약 농부가 판매가격 인상을 통해 연료비를 전가할 수 없다면 생산을 포기하게 되고 생산량 감소로 인한 공급 부족 현상은 소비자 물가를 더욱 상승시킬 것이다. 기본소득 연구자들이 우수 사례로 손꼽는 스위스도 농수산업에 사용되는 유류에 대해서는 탄소세를 부과하지 않는 점[184]을 볼 때 물가 상승에 대한 비교 가능한 경제 지표를 제시하여야 한다. 그러나 탄소세 부과로 인해 발생할 수 있는 소비자 물가 상승에 대한 전망이나 탄소 배당이 얼마나 이를 상쇄할 수 있을 것인지에 대한 연구는 전혀 없다.

나. 역진성 문제

부가가치세와 개별소비세 같은 소비세는 현행 세법 중에서 대표적으로 역진적인 조세이다. 석유 화학 제품의 생산 과정에서 투입된 원료에 대한 탄소세로 인한 증세와 더불어 부가가치세 증가로 인한 물품 가격의 상승은 저소득층의 부담으로 이어질 수밖에 없다. 특히 비탄력적인 난방과 발전용 연료에 대한 급격한 세율 증가[185]에 따른 저소득층의 역진적인 세 부담이 우려된다. 이에 대한 대책으로 장혜영 의원은 탄소세 세수 중 일부를 사회 취약 계층 등에 대한 탄소세 환급에 사용할 것이라고 밝히고 있다.[186] 이에 반해, 용혜인 의원은 탄소세 세수 전체를 탄소 배당으로

---

184 정재현, 앞의 글, 10면.
185 등유(90→278원), 중유(17→350원), 석유가스(20→332원), 천연가스(60, 발전용은 12→모두 241원), 유연탄(46→250원), 무연탄(0→238원); 장혜영 의원(톤당 11만 원으로 환산)보다 용혜인 의원(12만 원)의 최종 탄소세율은 조금 높다.
186 정의당, 앞의 보도자료, 4, 6면; 장혜영 의원은 탄소세 전환 과정에서 피해를 입게 되는 취

전 국민에게 지급하는 방법으로 역진성을 충분히 완화할 수 있다고 주장한다. 그런데 기본소득이란 개인의 소득이나 소비의 과다에 상관없이 무조건 계속 반복적으로 현금성 자산을 지급하는 것을 의미한다. 소득이 높은 사람이나 낮은 사람이나 모두 같은 금액을 지급[187]하게 되는데, 올라간 유류비만큼 고소득자의 유류비도 보전되니 물가가 오르면 결국 저소득층의 역진성은 완화될 수 없다. 고소득자나 저소득자나 같은 유류지원금을 받게 되므로 물가 상승 대비 저소득자의 전체 소득에서 차지하는 상대적 가처분소득의 비율이 사실상 낮아지기 때문이다. 게다가 탄소세는 유류비뿐만 아니라 전체 소비자 물가에 영향을 주게 되므로 전반적인 물가 상승으로 결국 저소득층의 역진성은 더욱 악화될 것이다. 그럼에도 용혜인 의원의 탄소세는 탄소 배출량 감소에 맞춰 해마다 배출량 톤당 세액은 6만 원에서 12만 원까지 올라가지만, 탄소세의 세수로 개개인에게 지급하는 탄소 배당액은 그대로 10만 원 이므로 늘어난 물가만큼 저소득층의 생활고 문제는 더욱 확연해진다.

국회예산정책처의 보고서에 따르면, 탄소세의 세 부담은 전반적으로 소득과 소비가 낮을수록 높고, 역으로 소득과 소비가 높을수록 세 부담이 적을 것으로 예측했다.[188] 2021년 11월에 열린 한국조세재정연구원의

약 계층을 보호하는 데 탄소세 일부를 사용한다고 밝히고 있다. 그렇지만 취약 계층이 누구인지, 얼마나 혜택을 입게 될 것인지, 또한 어떠한 방식으로 이를 지원할 것인지에 대한 구체적인 계획은 밝히지 않고 있다. 오히려 탄소세 도입하기 전에 해당 연구 용역부터 하자는 정부를 비판하고 있다.

187 용혜인 의원에 따르면 전 국민에게 10만 원을 지급할 수 있을 것으로 보고 있다.

188 국회예산정책처, 『에너지세제 현황과 쟁점별 효과 분석』, 2019. 11, 132면; 소득 기준은 전 분위에 걸쳐서 역진적이며, 소비 기준으로는 4분위까지 누진적, 5분위부터 역진적으로 나타난다. 소득 분위는 소득 수준에 따라 통계청이 전체 가구를 분기 소득별로 10%씩 10단계로 나눈 지표로서 1분위가 소득 수준이 가장 낮고 숫자가 올라갈수록 높아진다.

학술대회에서 발표된 연구에도 같은 결과가 보고되었는데, 지출 분위별 가계의 후생 손실厚生損失 을 추정한 결과, 탄소세 부과로 인해 저소득층에 대한 타격이 더 클 것으로 예측되었다. 특히 탄소세 세수를 전 국민에게 전액 균등하게 배분하더라도 역진성이 소비가 적은 저소득층에서 일부 해소되는 듯 보이지만 완전히 해소되지 않았다. 오히려 탄소세가 부과될 경우 저소득층에게 민감한 난방 부분이나 전기 요금에 영향을 미치는 발전 부문에서는 역진성이 더욱 뚜렷하게 나타났다. 이 연구는 에너지 이외의 다른 재화는 물가 상승이 없다는 전제로 한 것[189]이다. 그러나 유류 가격 상승이 다른 물가의 동반 상승으로 이어질 경우 역진성은 더욱 현저히 나타난다. 이를 뒷받침하듯 탄소세 부과로 인한 50개 업종별로 가격 상승과 산출량에 대한 연구 결과에 따르면, 중간재 및 최종 제품의 직간접적인 가격 상승이 업종별로 생산량의 감소와 소득 계층별 소비자의 구매력이 감소하는 것으로 나타났다. 이에 따라 소득 계층[1~10분위] 별 부담과 경제 전반에 미치는 총 부담이 결국에는 소득 역진적인 결과로 나타남을 입증[190]하고 있다.

한편, 기본소득 연구자들은 탄소세로 징수한 재원으로 전 국민에게 지급하는 탄소 배당은 재분배 효과가 있다고까지 주장한다. 즉, 탄소 배당이 되면 탄소세가 저소득층에게 유리하게 작용하는 것처럼 말하고 있다. 정부가 시행하는 소득 재분배는 일반적으로 소득이 많은 사람에게서 누진세율로 더 많이 징수한 조세를 근로장려금과 같이 저소득층의 생활 안정 등을

---

189 이재원, 김우현, "우리나라 탄소세 부과가 가계에 미치는 분배효과", 『2021년 재정패널 학술대회 자료집』, 한국조세재정연구원, 2021. 11. 12., 165, 185~186면.
190 김승래, "탄소세 도입방안의 파급효과 및 성과 분석: 과세 대상 범위의 비교를 중심으로", 「재정정책논집」 제23집 제3호, 한국재정정책학회, 2021, 73면.

위해 직접 지출하거나 영세사업자나 저소득자의 세금 감면을 확대하는 방법으로 혜택을 주는 것을 의미한다. 그런데 고소득자와 저소득자에게 10만 원씩 나눠주고 인상된 유류비에 사용하게 하면서 소득 재분배가 어떻게 가능한지 바로 이해하기 어렵다. 이 주장의 근원을 찾아가면 비록 동일한 금액으로 탄소 배당을 하더라도 난방을 많이 사용하는 소비자는 탄소 배당보다 더 많은 연료비를 지불하지만, 적게 소모하는 소비자는 상대적으로 탄소 배당보다 연료비를 적게 내므로 재분배 효과가 있다[191]는 주장이다. 즉, 난방을 많이 사용하는 고소득자보다 적게 사용하는 저소득층에게 유리하다는 것으로 해석할 수 있다. 실제로 이재명 후보의 경제 멘토[192]라고 하는 강남훈 위원장^{이재명 대선 후보 직속 기본사회위원회} 도 국회에서 기본소득 탄소세 도입 필요성을 설명할 때 서민에겐 물가 상승보다 복지 효과가 더 많아지는 소득 재분배 효과가 있다고 강조한 바 있다.[193]

그러나 소득 수준과 주택 특성에 따른 난방 에너지 소비의 역진적 인과 구조에 대한 실증 분석實證分析 연구에 따르면 반대의 결과가 나타남을 알 수 있다. 왜냐하면 저소득층이 거주하는 작은 크기의 주택은 고소득층의 큰 주택과 비교하여 단위 면적당 에너지 효율이 떨어지기 때문이다. 일반적으로 노후 불량 주택에 거주하는 저소득층은 투자 여력이 부족하므로 에너지 효율을 높이기 곤란하여 에너지 요금을 할인하거나 연료비를 지원하더라도 주택의 에너지 손실로 인해 지원 대비 효과를 거둘 수 없다. 게다가 실증 분석에 따르면 주택 면적이 증가하면 평당 난방비

---

191 조혜경, 앞의 글, 2020, 13면.

192 "'이재명 멘토' 기본소득론자 강남훈·최배근 교수, 與 선대위 합류", 헤럴드 경제, 2021. 11. 16. 기사(news.heraldcorp.com/view.php?ud=20211116000691, 검색일: 2021. 12. 19).

193 민중의 소리, "탄소중립과 탄소세. 환경은 물론 소득 재분배 효과까지", 민중의소리 유튜브 채널, 2020. 11. 4. 방송(youtube.com/watch?v=N935RySUTGw, 검색일: 2021. 12. 17).

가 의미 있을 정도로 감소하며, 주택 유형은 아파트가 빌라나 다가구 주택보다 평당 난방비가 감소하는 것으로 나타난다. 상대적으로 경제적 여력이 있는 고소득층이 거주하는 주택은 난방 에너지 소비가 많음에도 불구하고 난방비를 절감할 수 있으나 저소득층은 난방비를 줄이려고 해도 주택의 에너지 효율이 낮아 추가 비용을 부담할 수밖에 없는 것이다. 이는 저소득층과 고소득층에게 같은 금액을 배당하게 되면 주택의 에너지 소비 차이로 인해 오히려 역진적이라는 것을 실증적으로 보여주는 것[194]으로서 탄소 배당으로 소득 재분배가 불가능하다는 것을 입증한다. 무상으로 받은 탄소 배당^{기본소득}으로 유류 등을 구입하지 않고 다른 곳에 사용하는 것을 기대할 수도 있겠으나, 필수재에 해당하는 난방 등을 얼마나 절약할 수 있고 또 그것이 가능한지 타당한 근거를 기본소득 탄소세 주창자들이 제시한 적이 없다. 개인적으로 역진성 완화를 위해서는 탄소세의 재원 모두를 고소득층과 저소득층 구분 없이 100퍼센트 현금 지급하는 것보다 일정 부분은 저소득층의 에너지 절감 사업^{주택 단열 공사 지원, 고효율 보일러 교체 등}에 우선 사용하는 것이 효율적이라고 본다.

다. 조세 저항

기본소득 탄소세에서 주장하는 바에 따르면 탄소세는 소득 역진성으

---

194 최막중, 정이레, "소득 수준과 주택특성에 따른 난방 에너지 소비의 역진적 인과구조", 「국토계획」 제53권 제6호, 대한국토·토지학회, 2018, 101, 102, 105, 108, 112면; 해당 논문은 가구 소득과 가구원 수, 연령, 교육 수준, 자가·임차 등 점유 형태 등과 같은 가구의 인구 및 사회 경제적 특성, 아파트, 단독·다세대·연립 등 주택 유형, 주택 면적, 건축 연도, 균열 상태, 난방 방식(중앙난방, 지역난방)과 그 연료의 종류와 같은 물리적 특성과 더불어 수도권·광역시·읍면동에 이르는 지역 특성까지 광범위하게 포괄하여 실증 분석을 위한 변수를 산정했다.

로 인해 조세 저항이 크다는 단점이 있지만, 징수한 세수를 탄소 배당으로 지급하면 조세 저항을 없앨 수 있다고 한다. 그 근거도 앞서 살펴본 스위스의 탄소 배당 사례다. 스위스에서는 탄소세를 11년간 8배를 증세했음에도 탄소 배당 덕분에 프랑스의 노란 조끼 gilets jaunes 운동과 같은 조세 저항이 없었다는 것이다. 그러나 프랑스에서 반발한 탄소세는 수송용인 휘발유와 경유에 대한 유류소비세를 인상했기 때문인데, 스위스는 수송용 유류에 대해 탄소세를 부과하지 않고 있어 대등한 비교가 될 수 없다. EU 대부분 회원국에서 탄소 배출이 가장 높은 분야는 발전 부문인데, 프랑스는 탄소 배출이 없는 원자력 발전의 비중이 높다. 프랑스의 산업 분야별 이산화탄소 배출량을 보면 1990년 100퍼센트 대비 2018년에 발전은 27퍼센트, 다른 산업 분야는 38퍼센트, 건물은 19퍼센트가 감소한 것과 비교해서 수송^{도로 운송} 부문만 8퍼센트 증가했다.[195] 따라서 프랑스 정부는 탄소 배출이 가장 높은 도로 운송의 탄소 배출을 감소시키기 위해 2018년에 휘발유와 경유에 대한 유류세를 다시 인상하게 된 것이다.[196] 사실 노란 조끼 시위는 오랜 경제 침체로 인해 임금의 실질적 하락과 구매력 저하로 불만이 고조된 중산층의 반란으로 압축된다. 유류세 인상으로 촉발된 경제적 부담에 대한 불만이 폭력 시위 형태로 나타난 것이다. 노란 조끼 시위대의 요구는 유류세 인상 철회로 시작해서 여러

---

195 European Commission, *Fossil CO₂ and GHG emissions of all world countries*, 2019, p. 106.
196 한희진, 안상욱, "기후변화 정책과 이해충돌 : 프랑스 사례를 중심으로", 「유럽연구」 제39권 제1호, 한국유럽학회, 2021, 2, 6~7면; 프랑스는 도로 운송에서 탄소 배출을 감축하기 위한 노력을 지속했고, 2008년부터 전기차와 같이 탄소 배출량이 적은 차량에 보조금을 주고 반대로 배출량이 많으면 부담금을 부과하는 보너스-말러스(Bonus-Malus) 제도를 시행하기도 했다. 그럼에도 탄소 배출량은 오히려 증가했고, 2018년 9월 유류소비세를 2019년 1월 1일부터 11.5%[휘발유는 리터당 2.9유로센트, 경유는 6.5유로센트(€0.01)] 인상할 것이라고 발표했다. 우리나라 탄소세 법안에서 예정하고 있는 탄소세율에 비해 적은 수치였다.

가지가 추가되었는데, 눈에 띄는 것은 직접 민주주의의 도입이다. 스위스식 국민투표를 통해 국민에게 크게 영향을 미치는 사안은 미리 국민의 동의를 받게 하자는 것이다.[197] 스위스에서 폭동 형태의 조세 저항이 없었던 이유가 탄소 배당이 아니라 사전에 다각적인 검토와 토론을 통해 합의점^{국민투표}에 이르렀기 때문임을 짐작할 수 있는 대목이다. 그런데 우리나라는 국민 가운데 기본소득이나 전 국민에게 지급하는 재난지원금 자체에도 반감이 많다는 점[198]을 보면 사회적 합의 없이 단지 탄소 배당만으로 국민의 조세 저항을 잠재울 수 있다는 안일한 사고는 경계해야 할 것이다. 우리나라도 경유에 부과하던 교통 · 에너지 · 환경세의 기본 세율이 1996년 1월 1일 현재 리터당 48원에서 2006년 12월 30일 개정 당시 454원으로 11년간 9.46배가 증가한 적 있다.[199] 국내에서 탄소 배당이 없었음에도 프랑스와 같은 극심한 조세 저항이 없었던 것을 기본소득 연구자들은 어떻게 설명할 수 있을지 의문이다.

또한 스위스의 탄소세는 난방유에만 부과되었으므로 다른 산업 전반에 미치는 부정적인 영향이 적었던 것도 조세 저항이 적은 이유였다. 지난 2021년 6월 스위스 정부가 오염자 부담 원칙에 따라 이산화탄소 배출량이 많은 자동차, 항공, 화석 연료 기업들에게도 확대하여 과세하려던 탄소세법이 국민투표에서 부결^{반대 51.6%}되었다. 2050년 탄소 중립을 위

---

197 심성은, "노란 조끼 시위의 동인과 특징에 대한 고찰", 「의정연구」 제25권 제1호, 한국의회발전연구회, 2019, 117~118, 122면.

198 "[여론조사] '이재명 기본소득' 반대 57.2% vs 찬성 36.6%…30대 반대 '최다'", 뉴스핌, 2021. 12.. 8. 기사(newspim.com/news/view/20211207000863, 검색일: 2021. 12. 14). "'이재명 전 국민 재난지원금 반대' 60.1%, '찬성' 32.8%… '퍼주기' 안 통한다", 뉴데일리, 2021. 11. 8. 기사(newdaily.co.kr/site/data/html/2021/11/08/2021110800153.html, 검색일: 2021.12.14).

199 1998년 1월 8일 85원에서 같은 해 9월 16일에 160원, 2000년 12월 29일 개정 시 276원, 2003년 12월 30일 개정 시 404원으로 각각 인상되었다.

해 2030년까지 온실가스 배출량을 1990년 수준의 절반까지 줄이려는 기후 목표 정책에 제동이 걸린 것이다.[200] 스위스가 금융, 관광 등이 주요 산업인 것과 달리 우리나라는 제조업 중심의 산업 구조를 가진다는 점에서 고민해야 할 점이다. 현재 우리나라의 탄소세가 예정하는 과세 대상은 수송용 연료와 발전용^{에너지원} 까지 넓으므로 물가에 미치는 영향은 난방유에만 과세하던 스위스보다 훨씬 광범위하다. 스위스의 2020년 기준 1인당 국민소득이 86,601달러로 세계 2위였음을 볼 때 국민의 가처분소득에서 차지하는 난방비 부담도 국민소득 35,000달러 안팎에 머물러 있는 우리나라와는 차이가 있을 것이다. 따라서 탄소세 증세로 인한 고용 여건 악화, 산업에 미치는 불리한 영향 등 조세 저항이 발생할 만한 사회 구성원 전체의 손실이 단지 매월 10만 원의 탄소 배당과 같은 정부지원금만으로 해결될 수 없다.

게다가 스위스는 탄소 배당의 지급 범위를 개인뿐만 아니라 기업까지 확대하고 있다. 기업은 연금보험 중 고용주 부담금을 차감하거나 연금보험 계좌에 현금으로 이체하는 방식으로 보전[201]하므로 비용 증가로 인한 수익성 악화를 상쇄할 수 있다. 따라서 소상공인의 업무용 난방비의 부담도 절감되므로 조세 저항이 적었을 수 있다. 반면, 우리나라의 탄소 배당은 주로 기업에게서 탄소세를 걷어[202] 개인 약 5천만 명에게만 나눠 주는 것이지만, 기업의 손실을 보전하기 위해서는 사용되지 않는다. 이처럼 우리나라의 탄소 배당 정책이 스위스의 경우와는 객관적으로 비교할 수

200 "Swiss CO$_2$ law defeated at the ballot box", Swissinfo, 2021. 6. 13. 기사(swissinfo.ch/eng/switzerland-votes-on-controversial-co2-law-/46695016, 검색일: 2021. 12. 20).
201 조혜경, 앞의 글, 2020, 12면.
202 "[이재명 인터뷰] 기업서 탄소세 걷어 국민에 기본소득", 동아일보, 2021. 11. 26. 기사(n.news.naver.com/article/020/0003395982?cds=news_edit, 검색일: 2021. 12. 20).

없고, 탄소 배당만 하면 조세 저항이 없을 것이라고 단언할 수도 없다.

기존 유류세와의 관계

우리나라는 1977년부터 휘발유, 경유 등 화석 연료에 대하여 일반 소비세로서 개별소비세를 부과하고 있었다. 그런데 1993년 교통·에너지·환경세가 목적세로 신설되면서 개별소비세 부과 대상인 휘발유와 경유에 대해서는 교통·에너지·환경세만 부과되고 있다. 기본소득 탄소세를 주장하는 사람들은 탄소세 재원이 모두 탄소 배당에 사용되어야 하므로 교통 시설 확충에 대부분 사용되는 교통·에너지·환경세를 유지하되, 에너지 전환 기금[203]으로 보전한다는 계획이다.[204] 그러나 후술하는 이중과세 문제로 같은 과세 물건에 대하여 탄소세를 부과하고 다시 교통·에너지·환경세를 부과할 수는 없을 것이다. 만약 그렇다면 소득세, 부가가치세, 법인세에 이어 단일 세목으로는 4번째 규모의 메이저 세원稅源인 교통·에너지·환경세의 세수 손실을 어떻게 할 것인지에 대한 대책은 존재하지 않는다. 아울러 교통·에너지·환경세의 부가세인 교육세, 자동차세주행세도 자연히 소멸되어 지방 재정 등의 부족분을 중앙정부가 교부금으로 충당해야 할 상황이 올 수도 있다. 결국 탄소 배당을 위해 무상급식교육세을 감축하거나 지방정부가 대중교통에 지원하는 보조금주행세이 줄어 교통비 인상으로 이어질 수 있는 것이다. 도로 등 교통망 확충에 사용하던 예산교통·에너지·환경세을 사용하지 못하게 되면 교통 체증으로 인한 물류비 상승 등 다른 물가에 영향을 미치게 되고 국민 생활

---

203 2021년 8월 제정된 「기후위기 대응을 위한 탄소중립·녹색성장 기본법」에 따라 2022년부터 교통·에너지·환경세의 세수 7%가 기후대응기금으로 편입하게 되어 있다.

204 최기원, 앞의 글, 42면. 유영성 외, 앞의 보고서, 14면.

이 더욱 불편해질 것이다. 물론 탄소 배출 감소를 위해서 정부가 재생에 너지 연구 개발 및 시설 투자 지원 등 인센티브에 쓸 예산도 축소되므로 탄소를 적게 배출하는 대체재를 찾거나 친환경 발전 기술 등을 개발하는 시간도 단축할 수 없을 것이다. 또한 기본소득 탄소세를 주장하는 이들 은 탄소세 신설로 인한 다른 세수의 감소에 대하여 전혀 인식하지 못하 고 있다. 즉 탄소세 증세로 인해 원료비 등의 원가가 상승하면 수익이 감 소하므로 법인세와 소득세의 세수까지 감소하여 다른 분야에서 사용될 국가 재정에도 영향을 미칠 수 있으므로 이를 보완할 대책도 함께 제시 되어야 한다.

산업 전반에 미치는 영향

탄소세법은 탄소를 과다 배출함에도 지금까지 충분하게 과세하지 않 았던 중유, LNG, 유연탄, 무연탄 등 화석 연료에 이산화탄소 톤당 50달 러^{2022년}부터 최대 100달러^{2030년}에 해당하는 탄소 가격을 단계적으로 부 과하도록 했다. 그리고 이를 통해 2022년 25조 원에서 2030년 50조 원까 지 탄소세가 증가하도록 설계했다.[205] 그러나 기업은 생산 단계에서 부과 된 탄소세로 인해 원자재의 단가까지 높아지므로 수익률 감소로 이어진 다. 특히 원유의 정제 과정에서 원료로 사용되는 중유와 LPG 등에 대한 소비세의 증세는 소비자 가격에 즉시 반영되어 관련 소비재의 물가 상승 에 직접 영향을 줄 것이다. 자동차, 철강, 조선업 등 제조업 중심 경제 구

---

205 정의당, 앞의 보도자료, 2면; 용혜인 의원도 모든 유류에 대하여 2030년까지 1tCO2eq 기 준 12만 원의 탄소세율을 적용하므로 비슷한 규모다.

조를 가진 우리나라는 탄소세 도입에 따라 산업 전반에 미치는 경제적 파급 효과가 유럽 등 다른 나라들보다 더 크게 나타날 수 있다.[206] 항간에는 중화학 중심 대기업의 산업 구조 전환 없이 탄소 배출 감축이 실현 불가능하다고 비판[207]하지만, 정유 산업의 경우 규모와 기술적인 측면에서 중소기업이 진출할 수 있는 분야가 아니다. 현재 원유를 수입해서 정제한 후 판매하는 국내 3대 정유 회사의 석유 제품 수출 비중은 40퍼센트를 초과한다.[208] 산업통상자원부가 발표한 2021년 상반기 수출입 동향에 따르면, 석유화학이 260억 7,000달러를 달성, 15대 주력 품목 중 상반기 수출 실적 1위를 달성했다.[209] 반면 수입은 부탄, 나프타 등 일부 품목에서 소량에 그치고 있다. 만약 수익성 악화 때문에 국내 정유사들이 말레이시아 등 산유국이면서 정유 시설이 부족한 동남아시아 국가로 모두 이전하게 되어 원유가 아닌 석유를 수입해야 하는 현실이 된다면 소비자 가격은 더 높아질 것이다. 과거 1970년대 1·2차 석유파동 때처럼 원유 가격의 급격한 상승에 대한 완충 효과를 잃어버릴 가능성도 있다. 국가 기

---

206 기획재정위원회, 『교통·에너지·환경세법 전부개정법률안 검토보고』, 2021. 11, 22면.

207 "차기 정부, 이스라엘식 재벌정책 본받아야", 한겨레, 2021. 12. 8. 기사(hani.co.kr/arti/economy/economy_general/1022413.html#csidx500f21bb5af06049cd3ebb5941893df, 검색일: 2021. 12. 17).

208 대한석유협회 홈페이지 통계자료실, "국별·석유 제품별 수출(2020)"(petroleum.or.kr/ko/meterial/material1.php?ca_id=10107020&mode=read, 검색일: 2021. 12. 10)의 자료를 정리하면 아래와 같다.

〈표 3〉 우리나라 석유 화학 제품(유류) 수출 비중

귀속연도	2017	2018	2019	2020	단위
수출량	511,560	535,686	522,869	468,977	천 배럴
국내 소비	718,092	723,188	727,841	690,025	천 배럴
생산량	1,229,652	1,258,874	1,250,710	1,159,002	천 배럴
수출 비중	42%	43%	42%	40%	

209 "석유화학, 역대 상반기 수출액 1위…수출시장서 가장 빛났다", 에너지신문, 2021. 7. 1. 기사(energy-news.co.kr/news/articleView.html?idxno=77276, 검색일: 2021. 12. 19).

간산업의 하나인 정유 산업의 경쟁력 약화는 해외 자원 개발의 유인 효과 감소와 더불어 국내 산업 기반 전체에 영향을 주므로 신중한 검토가 필요하다. 그러므로 징수 편의나 세수 증대 목적으로 현재 탄소배출권 거래제 대상인 발전이나 정유 부문에도 생산 단계에서 탄소 배출량을 기준으로 탄소세를 일괄적으로 부과하는 것은 타당하지 않다.[210] 유럽 국가들이 발전 부문에는 탄소세를 부과하지 않는 것도 탄소배출권 거래 대상 배출원인 데다 생산 단계가 아닌 소비 단계에서 과세하는 것이 효율적이기 때문[211]이다.

3. 조세법 이론과 징수상 문제점

장혜영 의원의 탄소세 법안은 기존의 「교통·에너지·환경세법」에 과세 대상을 추가한 것에 불과하므로 현행 법률 체계에서 문제가 될 정도의 흠결은 발견되지 않는다. 반면, 용혜인 의원의 법안 역시 「교통·에너지·환경세법」을 기초로 하고 있음에도 기본소득 연구자들의 의견을 반영하면서 조세법적 기본 원리나 징수 절차에서 몇 가지 문제점이 보인

---

210 우리나라는 1997년 채택된 교토의정서 체제 하에서 의무감축국은 아니지만, 2008년에 저탄소 녹색 성장 목표를 설정한 이후 자발적인 설정에 의해 온실가스 감축 계획을 제시했다. 구체적으로 2015년에 온실가스 배출권거래제를 도입하여, 배출권거래제 제3차 계획 기간인 2021-2025년에 대한 할당 계획을 설정한 상태다. 이른바 탄소가격제(carbon pricing)는 기본적으로 탄소세나 배출권거래제 모두 온실가스 배출에 대한 기회비용을 징수하여 그 배출을 억제한다는 아이디어다(유종민, 앞의 책, 2, 36면). 그러나 탄소세는 탄소 배출권이 비할당된 부문(특히 건물과 수송)에 대한 보완적인 성격이 강하며, 현실적으로 대부분 국가의 탄소 감축 목표 달성 수단인 점에서 배출권거래제가 유지할 필요가 있으므로 탄소세의 과세 대상은 비할당 부문에 한정될 필요가 있다.
211 정재현, 앞의 글, 10면.

다. 따라서 이하에서는 용혜인 의원의 법안에서 발견되는 조세법적 문제를 서술하기로 한다.

이중과세

우리나라 「헌법」에 이중과세 금지를 직접 규율하는 명문 규정이 없는 상황에서 헌법재판소가 말하는 이중과세의 개념은 명확하지 않다는 지적이 있다.[212] 실제로 우리 헌법재판소는 이중과세금지 원칙에 반하므로 위헌이라는 논리를 전개하지 않고, 조세 법률주의 혹은 실질 과세 원칙의 위배[213], 재산권 침해 등으로 인해 위헌이라는 식으로 한 단계를 더 거쳐서 이중과세가 「헌법」상 원칙과 배치되어 위헌이라는 결론에 도달한다.[214] 그러나 「헌법」에 이중과세 금지라는 명문 조항이 없다고 해서 헌법재판소가 위헌 심사를 할 수 없는 것이 아니며, 헌법재판관들이 현행 세법이 「헌법」 원칙이나 기본권을 침해하는지 판단하는 근거로서 다른 「헌법」상 판단 기준을 사용하지 못할 일도 아니다.[215] 이중과세 개념이 법률

---

212 김현동, "이중과세금지 원칙의 의미와 한계", 「세무학연구」 제34권 제4호, 한국세무학회, 2017, 78면.

213 헌법재판소 2006. 3. 30. 선고, 2003헌가11 결정(소수의견)에 따르면, "같은 입법권자가 같은 담세력에 세목을 달리하여 중복으로 과세 요건을 정하는 것은 담세력이라는 경제적 실질에 상응하는 과세라고 볼 수 없다. 따라서 이중과세 금지 원칙은 조세 공평주의와 실질 과세 원칙의 구체적인 심사와 판단을 돕는 파생 원칙으로 봄이 상당하므로 그 헌법적 기초는 「헌법」 제11조 제1항에서 찾을 수 있다"고 했다.

214 박준욱, "이중과세금지원칙의 적용과 그 조정방안", 「조세와 법」 제4권, 서울시립대학교 법학연구소, 2011, 135면.

215 이창희 교수는 조세 법률주의라는 말 자체가 일본에서 만들어낸 것이고, 실제 독일에서도 법령에 구체적 근거 없이 행정 규칙이나 판례로 정하고 있으므로 명확성 원칙에 위반된다면 수많은 독일 세법이 위헌에 해당할 것이라고 주장한다. 그러나 토론이 불필요한 당연한 원리로서 조세 법률주의를 찾지 못했다는 의미일 뿐, 이 개념이 우리나라 「헌법」에 설 자리가 없다고는 말할 수 없다고 서술하고 있다(이창희, 『세법강의』, 박영사, 2020, 19~21

로 직접 정의되지 않았더라도 얼마든지 귀납적으로 도출할 수 있기 때문이다.[216] 따라서 헌법재판소가 현재까지 이중과세로 결론지은 사안들을 숙지하여 입법 과정에서 이중과세가 되지 않게 주의할 필요가 있다.

가. 교통·에너지·환경세 존치

그런데 용혜인 의원이 발의한 탄소세 법안에서 세수 추계 근거와 더불어 탄소세를 도입하더라도 기존 교통·에너지·환경세를 존치하는 근거를 보면, 헌법재판소의 이중과세 판단 자체를 부정하겠다는 것이 아니다. 단지 탄소세는 '탄소 중립이라는 명확하고 구체적인' 목적에 할당된 조세이고 에너지에 대한 개별소비세는 '환경 오염 방지라는 느슨하고 포괄적인' 목적으로 규정하고 있어서 (과세 목적이 다르므로) 위헌 가능성이 낮다고 주장한다.[217] 하지만 과거 헌법재판소는 종합부동산세와 재산세와의 관계에서 과세 목적이 달라도 과세 대상은 같은 부동산이며, 이미 납부한 재산세를 종합부동산세를 산출할 때 세액 공제를 해 준다는 이유 때문에 이중과세가 아니라고 보았다.[218] 교통·에너지·환경세와 개별소비세의 과세 목적이 다르다 해도 과세 관청이 교통·에너지·환경세

면). 같은 논리로 형식적인 「헌법」상의 조문이 부재하다는 이유로 여태까지 헌법재판소가 이중과세에 대한 위헌성을 판단해 온 전례를 무시할 수 있는 것은 아니다.

216 오문성, "귀납적 접근방법에 의한 이중과세 개념에 관한 소고", 「회계연구」 제22권 제1호, 2017, 103, 113~115면; 헌법재판소가 이중과세로 결정한 사례들을 귀납적으로 분석한 결과 과세 물건의 성격이 같고 납세 의무자가 같은 경우, 납세 의무자가 다르더라도 과세 물건이 같아서 조세 정책적 고려로 이중과세가 된 경우, 실질 과세 원칙에 의하여 중간에 삽입된 거래가 다시 과세되는 경우 등 크게 3가지로 분류할 수 있다.

217 최기원, 앞의 글, 42면.

218 헌법재판소 2008. 11. 13. 선고, 2006헌바112 결정; 만약 세액 공제를 하지 않았다면 과세 목적이 달라도 과세 대상이 같으므로 이중과세라는 뜻이다.

가 부과되는 휘발유와 경유에 개별소비세를 부과하지 않는 것[219]과 같은 이치이다. 기본소득 탄소세의 도입과 함께 기존 교통·에너지·환경세를 존치할 수 있는 근거가 과세 목적이 다르다[220]는 이유만으로는 이중과세로부터 자유로울 수 없는 것이다. 만약 이중과세가 된다면 기존의 교통·에너지·환경세의 세수 부족분을 무시하고, 여전히 전 국민에게 매월 10만 원씩 탄소 배당을 계속할 것인지도 고민해야 한다. 역으로 탄소 배당을 줄이게 되면 기존에 주장한 대로 조세 저항 방지를 비롯하여 탄소 배당 효과가 줄어드는 영향에 대해서도 구체적인 대응 논리를 제시해야 할 것이다.

나. 소비 행위에 따른 이중과세

법안 제2조 제2항에 의하면, 과세 물품이 발전과 같은 에너지원이나 제조업, 건설업에서 원재료 또는 동력원으로 사용되거나 과세 물품을 폐기하거나 폐기하는 데 원료로 사용되는 경우 등에 해당되면 중복으로 과

---

219 현재 교통·에너지·환경세의 과세 대상(「교통·에너지·환경세법」 제2조)인 휘발유와 경유 및 이와 유사한 대체 유류는 「개별소비세법」에서도 열거한 과세 대상(「개별소비세법」 제 1조 제2항 제4호)이기도 하다. 기본 세율도 리터당 휘발유 475원, 경유 340원으로 동일하다. 하지만 휘발유와 경유에 대하여 과세 관청은 교통·에너지·환경세만 부과할 뿐 개별소비세를 부과하지 않고 있다. 「조세특례제한법」 제111조에서 정한 석유류에 대한 개별소비세 면제 대상도 아닌데, 과세 관청이 개별소비세를 징수하지 않는 것은 같은 과세 물품에 대하여 이중과세하는 것을 피하기 위해서다. 다만 다른 법령에 같은 과세 대상이 동시에 존재하는 이유는 한시적으로 제정된 「교통·에너지·환경세법」의 일몰 기한이 계속해서 연장되었기 때문이다. 실제 연간 세수 징수액은 국세통계포털>국세통계조회>11-2. "개별소비세 신고현황" 참조(tasis.nts.go.kr/websquare/websquare.html?w2xPath=/cm/index.xml, 검색일: 2021. 12. 17).
220 두 세목 모두 탄소 배출로 인한 오염을 줄이기 위한 목적으로 과세하는 것이므로 어느 것이 구체적이고 어느 것이 느슨한지에 대한 판단은 주관적일 뿐, 입법 목적이 다르다고 할 수 있는지 의문이다.

세한다. 이 법안은 「교통·에너지·환경세법」을 기반으로 작성되었음에도 같은 법이나 「개별소비세법」과 같이 유류에 대하여 과세하는 세목에서는 볼 수 없는 특이한 조문이다. 이렇게 법안 조문이 작성된 것은 과세대상 중에 아스팔트가 있어서, 그리고 후술하는 과세 시기에 대한 이해 부족에서 기인한 것으로 보인다. 아스팔트는 정유 공장에서 정제하면서 나온 부산물로 만든 석유 화학 제품의 일종이며, 사용 후 재처리할 때는 온실가스를 배출하는 산업 폐기물로 분류된다. 플라스틱과 같은 석유 화학 제품도 폐기하는 시점에 온실가스를 배출함에도 아스팔트만 과세 대상에 넣은 것도 특이하지만, 제품의 반출 시점에 폐기까지 고려하여 세율을 정하지 않고 사용하는 시점에 다시 중복해서 과세함으로써 불안정한 과세 체계가 되었다. 위 법안이 만약 탄소 라벨링 carbon labeling 과세 방식[221]을 염두에 둔 것이라면 해당 처리 과정에서 추가로 발생하는 이산화탄소 발생량을 예측하여 과세하는 것이어야 한다. 즉, 부가가치세와 같이 각 처리 과정에 각각 납세 의무자를 설정하고 신고와 납부를 하는 다단계 과세 방식을 채택하는 것이 아니라면 생산에서 폐기까지 발생 가능한 탄소 배출량을 미리 산정[222]하여 반출 시점에 일괄적으로 탄소세를 부과하여야 한다.

---

221 탄소 발자국(carbon footprint)을 제품에 표시하여 원료의 채취에서부터 소재, 부품 및 제품의 생산과 판매를 위한 수송 및 유통의 전 과정에서 발생하는 탄소 배출량을 정량화하고 나아가 사용 및 추후 폐기물 처리에서 발생하는 탄소 배출량까지 계산하여 과세하는 방식을 말한다(유영성 외, 앞의 보고서, 4면).

222 유영성 외, 앞의 보고서, 4면(각주 3).

과세 대상과 과세 시기

가. 과세를 위한 필요 행위와 온실가스 배출 조건

게다가 위 법안 제2조는 과세 대상을 정하면서 "어느 하나에 사용되는 경우 온실가스를 배출하는 물품에 부과한다"고 하여 법안 제4조에서 과세 시기를 반출하는 시점으로 정한 것과 상충된다. 법안의 과세 시기^{법안 제4조}나 납세 의무자^{법안 제3조}의 조항을 살펴보면, 현행 「개별소비세법」이나 「교통·에너지·환경세법」이 과세 시기와 납세 의무자를 제조장에 반입하거나 가공·반출하는 시기에 각각 그 행위를 하는 자로 정한 것과 같다.[223] 그런데 법안 제2조는 해당 과세 물품이 제조장에 반입되거나 반출되는 시점에 과세^{법안 제4조}한다고 하면서도 소비 행위를 과세 대상으로 정하고 있어 반출되는 시점에 반출하는 자에게 납세 의무^{법안 제3조}를 부과하는 조문과도 충돌하고 과세 시점의 차이를 발생시킬 수 있는 것이다. 설령 반출 전 생산 시점에서 소비되어 온실가스를 배출하더라도 법안 제5조^{제조 등으로 보는 경우}에서 명시한 바와 같이 제조장에서 반출한 것으로 간주하여 과세할 수 있다. 예를 들어, 정유 회사나 발전소는 제품 또는 전력 생산을 위해 연료를 투입하는 단계에 개별소비세를 부과하므로 별도로 '사용하는 경우'라고 과세 대상으로 정할 필요가 없다. 정유 공장에서 제품을 수출할 때도 생산된 휘발유 등 제조장에서 반출되는 유류에 대해서만 영세율이 적용될 뿐 생산 공정에 투입된 연료^{경유나 LPG}에 대해서는 세액 공제하지 않아 세수 일실^{逸失}이 발생하지 않기 때문이다. 따

---

[223] 「개별소비세법」 제3조, 제4조, 「교통·에너지·환경세법」 제3조, 제4조.

라서 용혜인 의원의 탄소세 법안이 반출 시점에 과세하는 소비세 체계를 유지하려면 현행 「개별소비세법」이나 「교통 · 에너지 · 환경세법」의 형식대로 과세 대상에 대한 문구를 수정하여야 한다.

나. 위임 입법

법안 제2조[224] 제14호에는 과세 대상을 "그 밖에 대통령령으로 정하는 물품"이라고 규정한다. 제1호부터 제13호까지는 휘발유 등 구체적인 석유 제품 등에 대하여 명시하고 있지만, 그 밖에 대통령령으로 정하게 되면 앞에서 규정한 것과 유사한 것으로 한정하지 않는다. 법안에서 정의하는 바와 같이 「저탄소 녹색성장 기본법」이 정한 온실가스란 이산화탄소^{CO_2}, 메탄^{CH_4}, 아산화질소^{N_2O}, 과불화탄소^{PFCs}, 수소불화탄소^{HFCs}, 육불화황^{SF_6} 등을 의미한다. 온실가스를 배출하는 물품이라면 플라스틱에서부터 축산 농가에서 발생하는 가축의 분뇨에 이르기까지 대통령령으로 정하여 과세할 수도 있는 것이다. 따라서 과세 요건 중 하나인 과세 대상을 대통령령에 포괄적으로 위임한 것이 되어 위헌 소지가 있다. 세법을 신설하면서 기본적인 검증조차 되지 않은 모습이다. 위 법안의 조문은 「개별소비세법」처럼 '앞의 각호와 유사한 것으로서'라고 분명히 언

---

224 제2조(과세 대상) ① 탄소세는 다음 각호의 어느 하나에 해당하는 물품이 제2항 각호의 어느 하나에 사용되는 경우 온실가스(「저탄소 녹색성장 기본법」 제2조 제9호에 따른 온실가스를 말한다. 이하 같다)를 배출하는 물품(이하 "과세 물품"이라 한다)에 대하여 부과한다.
1. 휘발유 및 이와 유사한 대체 유류
2. 경유 및 이와 유사한 대체 유류
      (중략)
14. 그 밖에 대통령령으로 정하는 물품

급할 필요가 있다.[225]

과세 표준과 세율

과세 표준의 산정은 해당 과세 물품의 대통령령으로 정하는 단위당 온실가스 배출량과 해당 수량을 곱한 금액으로 하고, 각 유종별로 배출되는 양을 대통령령으로 위임하고 있다.[226] 세율은 1이산화탄소상당량톤^{tCO_2eq}당 8만 원을 기본 세율로 한다. 쉽게 풀이하면 탄소세의 과세 표준(β)=사용할 때 발생하는 과세 물품당 $1tCO_2eq$×반출되는 과세 물품 총량이며, 세액=β×8만 원이라고 할 수 있다. 같은 유종이라고 하더라도 법안 제2조 제2항의 각 해당 제품이 화력 발전과 같은 에너지원으로 사용될 때와 제조 공정 또는 가정용, 폐기될 때마다 온실가스가 발생하는 시점에 대통령령으로 정하는 배출량을 일일이 확인해서 과세한다는 것이다. 이는 앞에서 본 것과 같이 과세 대상이 연료별로 소비되는 시점[227]에 이산화탄소 배출량이 다르게 발생할 수 있다는 점을 고려한 것으로

---

225 「개별소비세법」 제1조 제2항 제6호(담배)의 경우 다목에서 "가목(「담배사업법」 제2조 제1호에 따른 담배를 말함)과 유사한 것으로서 대통령령으로 정하는 것"이라고 규정하고 있다.
226 제6조(과세 표준) ① 탄소세의 과세 표준은 다음 표에 따른 물품이 제2조 제2항의 각 해당 목별에 따라 사용되는 경우 해당 물품의 대통령령으로 정하는 1단위당 온실가스 배출량(제7조 제1항의 1이산화탄소상당량톤으로 환산한 것을 말한다. 이하 같다)과 해당 수량을 곱한 것으로 한다.

물품	수량
제3조 제1호의 납세 의무자가 제조하여 반출하는 물품	제조장에서 반출하는 때의 수량
제3조 제2호의 납세 의무자가 보세 구역에서 반출하는 물품	수입 신고할 때의 수량
제3조 제3호의 물품	해당 관세를 징수할 때의 수량

227 연료의 소각 기술, 탄소 저감 장치의 설치 여부에 따라 이산화탄소 배출량에 차이가 발생할 수 있다.

보인다.[228] 이러한 과세 표준 산정 방식은 먼저 장혜영 의원의 탄소세 법안처럼 과세 물품별 이산화탄소 배출량을 법률에서 규정하지 않고 대통령령으로 위임하게 되어 위임 입법 문제가 발생한다. 다음으로 소비 방식에 따라 각각 다른 이산화탄소 배출량이 산출될 수 있어 예측 가능성을 저해하고, 조세 회피의 수단으로 악용될 여지가 있다. 또한 실무적으로 징수 절차가 복잡해지는 것은 물론이고 납세 협력 비용의 증가도 우려된다.[229] 이렇듯 법률에 과세 물품의 생산에서 폐기까지 이르는 과정의 탄소 배출량을 미리 산정하여 구체적인 과세 표준을 정하지 않고 대통령령으로 위임하는 것은 기본소득 탄소세 법안이 조세법의 기본 이론뿐만 아니라 입법 기술적으로도 더 보완할 필요가 있다는 것을 보여준다.

4. 결론

탄소세는 지구 온난화의 주범이 된 탄소 배출을 획기적으로 줄이는 데 그 목적이 있다. 탄소배출권 거래 제도와 탄소국경세라는 제도에 추가하여 탄소세까지 도입하는 이유는 화석 연료를 최종 소비하는 국민 개개인에게 직접 부담을 주어 그 사용을 줄일 수 있다는 유인 효과 때문이다.

---

228 유영성 외, 앞의 보고서, 17면; 온실가스 프로토콜이 탄소 배출원을 분류하는데, 관리 주체에 따라 연료 연소나 공정 중 배출량, 냉매 방출량 등을 합산하는 직접 배출원, 전기나 스팀 사용량을 합산하는 간접 배출원, 원료 및 보조 연료 생산, 수송 및 유통, 폐기물 데이터를 합산하는 기타 간접 배출로 구분한다.
229 경유를 소비할 때 자동차 배기가스 저감 장치를 달지 않았을 경우와 비교해서 정확한 측정이 되는 것인지, 그리고 자동차 등 수송용과 단독주택이나 공동주택의 구분에 따른 전력 및 난방 설비 등의 차이에서 오는 배출량의 차이에 대하여 측정할 수 있을 것인지 분명하지 않다.

우리나라는 화석 연료로 대표되는 유류 등의 소비에 대하여 오래전부터 일반 소비세인 개별소비세와 목적세인 교통 · 에너지 · 환경세 체제를 유지하고 있다. 이들 세목에 부가되어 징수하는 목적세인 교육세와 지방주행세까지 유류라는 단일 품목의 소비로 인해 징수되는 세수는 소득세와 부가가치세, 법인세의 다음을 차지할 정도로 큰 세원이다. 기름 한 방울 나지 않는 국가에서 유류의 소비로 인해 주요한 국가 재정의 조달이 가능하다는 것은 물론이고, 장기적인 국가 발전을 위해 이에 대한 소비도 계속 줄여야만 하는 아이러니한 상황에 직면해 있다. 따라서 유류에 대한 소비세 과세 체계는 현재 세계적으로 직면한 탈탄소 전략이라는 시대 흐름에 대응하기 위해 면밀하게 장기적 운용 방향을 수립해야만 한다. 교통 시설 인프라 구축을 위해 1994년에 시행되어 2003년 이후 7차례나 일몰 시한이 연장된 교통 · 에너지 · 환경세와 유류에 대한 개별소비세를 탄소세로 통합 징수하여 적절하게 사용되어야 한다는 주장이 설득력을 얻고 있다.

그러나 기본소득 연구자들이 주장하는 바와 같이 탄소 배당의 재원으로서 사용되는 기본소득 탄소세의 논리는 여러 가지 모순을 가지고 있다. 우선 탄소세는 국민에게 부담을 주는 방법으로 탄소 배출을 줄이는 규제적 성격을 가진 조세다. 그러나 무차별적으로 지급되는 탄소 배당은 탄소 배출의 감소 노력에 역효과를 발생시킬 수 있다. 탄소 배당액이 탄소세만큼 늘어난 유류 구입 비용으로 사용된다면 단지 유가보조금처럼 되어 그 소비의 감소를 기대하기 힘들 것이다. 국민의 조세 저항을 막기 위해 탄소 배당을 할 것이 아니라 국민들이 일정 기간 참고 견뎌낼 때 기대되는 미래의 청사진을 제시하면서 설득하는 것이 타당하다. 즉, 2050년 이전에 저렴한 대체에너지 또는 저감 기술^{CCUS, 탄소 포집}이 개발되어 탄소세의 부담으로부터 충분히 자유로워질 수 있다는 기대를 할 수 있어야 한다. 따라서 탄소세 세수의 지출은 시간과 비용이 많이 소요되는 재생에너지원 확대와 수소 및 전기 충전소 확충, 에너지 효율 향상을 위한 기술 개발과 인프라 구축에 우선 사용되어야 한다. 탄소 배출의 감소 효과와 아울러 국내 관련 산업의 대외 경쟁력 제고를 위해서는 당근과 채찍 전략으로 대응해야 할 것이다. 탄소세 부과에 앞서 산업 분야에서 탄소배출권거래제의 실효성 확보가 필요한 것도 이러한 이유다.

탄소세가 규제적 성격을 유지하기 위해서는 필연적으로 탄소 배출 제품의 소비에 부과할 수밖에 없으므로 소비세가 가지는 역진성 문제와 물가 상승으로 사회 전반에 미치는 영향을 충분히 심사숙고해야 한다. 그러나 기본소득 연구자들은 탄소 배당이 발생시키는 물가 상승 등 경제적 영향에 대해 세부적이고 객관적인 연구에 힘쓰지 않고, 정치적인 수단으로 탄소세 도입을 추진한다는 인상을 지을 수 없다. 이들이 우수 사례로 꼽는 스위스의 탄소 배당이 탄소 배출을 감소시켰다는 합리적 근거가 제시되지 않았고, 스위스의 탄소세가 유럽 내에서도 객관적인 비교 대상이 될 수 없다는 사실도 확인되었다. 또한 스위스 국민들도 탄소세 과세 대상을 확대하려는 정부의 시도를 국민투표로 부결시켰다는 점을 주목해야 한다. 탄소세가 탄소 배출량 감소라는 목적에서 벗어나 단지 기본소득 재원 마련에 더 관심이 있다는 의심에서 벗어나려면 탄소 배당이 가져오는 탄소 감소 및 소득 재분배 효과에 대한 객관적이고 합리적인 데이터들을 신뢰성 있는 전문 학술지를 통해 충분히 입증해야 할 것이다.

새로운 세목이 창설될 경우 징수 절차의 타당성과 효율성 등에 대해서도 입법 단계에서부터 반드시 심도 있는 논의가 필요하다. 용혜인 의원의 법안은 조세법 이론에서 이중과세나 위임 입법 문제를 가지고 있을 뿐만 아니라 과세 대상과 과세 시기에서 징수 절차상 조문 간의 충돌이 발생한다. 탄소 배출을 줄이기 위한 다양한 방법 중에서 그동안 기본소득 연구자들이 제시한 획기적인 방법은 조세법 영역에서도 일정 부분 검토할 필요가 있다는 점에는 의심의 여지가 없다. 그런 의미에서 기본소득 탄소세가 앞으로 본문에서 언급한 반박 근거들에 대하여 합리적인 대응 논리를 개발하고 납득할 수 있는 검증 가능한 객관적 연구 결과를 제시하기를 희망한다.

5장 데이터세

1. 데이터세의 개요

데이터세의 정의

국내에서 데이터세 Digital Data Tax, 이하 DDT 는 IT 기업에게 데이터 사용의 대가로 조세를 부과하자는 것으로서 기본소득을 주장하는 경제학자들에 의해 처음 필요성이 제기된 이후 2020년부터 조세법 분야에서도 구체적으로 연구되기 시작했다. 최근에는 더불어민주당 소병훈 의원을 중심으로 기본소득의 재원으로 데이터세법을 발의하려는 움직임도 가시화되었다.[230] 다국적 IT 기업들의 업종은 소비자 등으로부터 필요한 원시 데이터 raw data 를 수집하고 이를 핵심 기술인 인공지능을 통해 가공하여 필요

---

230 "데이터 사용대가 조세 형태로 징수, 자원의 효율적 분배 위한 타당한 조치", 세정일보, 2021. 4. 23. 기사(sejungilbo.com/news/articleView.html?idxno=32208, 검색일: 2021. 6. 27).

한 사업에 활용한다는 점에서 제조업과 비슷하다. 그런데 단지 가공비만 부담할 뿐 원시 데이터를 소비자로부터 거의 무상으로 수집하기 때문에 원재료비 $^{raw\ material}$를 지불하지 않는 것과 같아 일반 기업보다 초과이익이 발생한다.[231] 이때 초과이익의 원천인 무상 수집한 데이터^{원재료}의 사용 대가를 국가가 사용료 형태로 징수하는 것이 데이터세의 핵심 논리다. 데이터세는 IT 기업의 수익에 대하여 과세하는 법인세$^{개인의\ 경우\ 소득세}$가 아니라 기업에게 데이터의 사용량에 대하여 과세하는 일종의 물품세^{232}$^{소비\ 과세}$ 성격을 갖는다. 따라서 데이터세란 국민 개개인의 인적 정보를 포함하여 일상에서 각종 경제 활동 등을 통해 생산된 데이터를 사용한 기업들에 대해 데이터의 사용 대가를 국가가 조세로 징수하는 것이라고 정의할 수 있다.[233] 데이터세는 최근 141개국이 참여한 OECD/G20 포괄적 이행체계^{IF}에서 합의된 디지털세[234] 또는 폐지하기로 동의한 디지털서비스세 $^{Digital\ Service\ Tax,\ 이하\ DST}$와는 엄연히 다른 세금이다. 디지털세와 DST는 일정 규모 이상의 다국적기업의 조세 회피를 방지하기 위해 법인의 소득에 대하여 과세하는 소득 과세이지만, 데이터세는 국내외 기업을 모

---

231 김신언, "기본소득 재원으로서 데이터세 도입방안", 「세무와 회계연구」 제9권 제4호, 한국조세연구소, 2020, 11면.

232 우리나라에서 가장 보편적인 물품세는 개별소비세다. 개별소비세는 유류의 경우 리터당 일정 금액, 유흥장소 입장 행위는 입장 인원당 일정 금액을 부과하는 종량세 체제를 가지고 있다.

233 김신언, "디지털 경제의 세원(稅源), 데이터", 「세무와 회계 저널」 제22권 제2호, 한국세무학회, 2021, 221면; 구체적 과세 요건(과세 대상, 납세 의무자, 과세 표준, 세율)에 대해서는 해당 논문 230~245면에 자세히 서술되어 있다.

234 기획재정부 보도참고자료, "디지털세 필라2 모델규정 공개: 글로벌 최저한세 도입을 위한 입법 지침 합의", 2021. 12. 20, 3~4면; 연결 매출액 1조 원 이상이 다국적기업 그룹은 업종과 상관없이 글로벌 최저한세(最低限稅) 15%를 부과하는 것으로 2022년 중 국내 입법 등 필요한 제도화 절차를 진행할 예정이다. 필라1(과세권 재배분) 합의 후 시행을 위한 기술적 세부 쟁점 논의도 현재 OECD를 중심으로 진행 중이며, 2022년 상반기 중 필라1 모델 규정 및 다자 협정 문안이 발표될 예정이라고 밝히고 있다.

두 납세 의무자로 하며, 데이터 소비에 대하여 과세하는 소비 과세다.[235]

한편, 현재 기본소득 연구자들은 데이터세의 도입 근거로 공유부 common wealth 란 개념을 내세우고 있다. 인터넷이라는 공유지 共有地 에서 발생한 자원인 데이터가 모여 만든 것이 빅데이터이므로 이 빅데이터가 공유부에 해당한다는 것이다. 심지어 데이터를 활용해서 만들어진 인공지능까지도 공유 자산으로 보고 있다.[236] 따라서 공유부에 해당하는 빅데이터를 만들고 사용하는 기업들이 창출한 수익의 일부를 빅데이터 형성에 기여한 사회 구성원에게 분배하자고 한다. 이들의 주장에 따르면, 보편적으로 원시 데이터 자체보다는 빅데이터가 더 큰 가치를 가지기 때문에 빅데이터에 과세해야 하고, 공유부인 빅데이터에 대한 과세이므로 데이터세가 아닌 빅데이터세라고 불러야 한다는 논리를 가지고 있다. 하지만 만약 빅데이터가 IT 기업의 수고에 의해 만들어졌다면 그 빅데이터를 구성하는 원시 데이터들이 공유부가 될 수 있을지언정 하나의 묶음으로 구별이 가능한 빅데이터 자체를 공유부라고 볼 순 없다.[237] 즉, 빅데이터를 만든 IT 기업에게 지적재산권이 있음[238]에도 불구하고 공유부라고 하

---

235 데이터세를 디지털세의 일부로 혼동하는 것은 개별소비세와 법인세를 구분하지 못하는 것과 같다. 또한 디지털세는 OECD와 G20을 중심으로 다국적기업의 세원 잠식과 소득 이전(Base Erosion and Profit Shifting, 이하 BEPS) 행위에 대한 대책 중에서 법인(소득)에 대한 과세 방법으로 개발된 것이다. 데이터세도 구글세의 기능을 하지만 소득 과세 중심의 기존 국제 조세 체계에서 벗어나 소비세 중심으로 패러다임 전환을 의미한다.

236 강남훈, "인공지능과 기본소득의 권리: 마르크스의 지대이론과 섀플리 가치 관점에서", 「마르크스주의 연구」 제13권 제4호, 경상대학교 사회과학연구원, 2016. 12, 13, 31면.

237 예를 들어 강남역 모든 출구에 조사 요원을 배치시켜 놓고 약 6개월간 시간대별·연령대별 유동인구를 측정했다고 치자. 그 기간 동안 강남역 출구를 이용한 행인들은 원시 데이터를 제공했지만, 조사요원을 고용하여 유동인구 데이터를 만든 기업에게만 그 빅데이터에 대한 지적재산권이 있다. 따라서 법적 소유권이 존재하는 해당 빅데이터를 공유부라고 볼 수 없다.

238 유럽 연합 지침(Directive 96/9/EC, 11 March 1996) 제3조에 따르면, 데이터베이스에 대한 저작권 보호 대상은 작성자 자신의 지적 창조에 의해 콘텐츠의 선택이나 배열을 만들었을 때다. 유럽사법재판소(ECJ)도 *British Horseracing Board v. William Hill Organization Ltd* 사건

여 그 기업의 소유권을 인정하지 않는 것은 법적으로 문제가 있다. 인공지능의 경우도 마찬가지다. 또 명칭을 빅데이터세라고 한다면 원시 데이터 사용에 대한 대가^{소비세}가 아닌 빅데이터의 소유에 대한 과세^{재산세}로 생각할 수 있고, 어느 정도의 용량부터 빅데이터라고 할 수 있는지 합리적으로 정의할 수 없어 세법 해석상 법률의 명확성 원칙을 해칠 우려가 있다. 빅데이터의 관점에서는 개인이 자신의 데이터를 직접 관리하는 마이데이터^{My Data, 또는 본인 데이터}도 이해할 수 없다.[239] 데이터에 대한 데이터 주체의 소유권 문제에서 데이터베이스가 만들어진 후 빅데이터에 대해서는 정보 주체가 그 권리를 행사하는 데 제한이 생길 수밖에 없기 때문이다.[240] 그리고 정보 주체의 데이터 사용에 대한 대가를 정부가 과세한다는 근본 원리와 접합시키기도 곤란하다. 따라서 데이터에 대한 권리와 관련하여 여러 법적 논란을 일으킬 수 있는 빅데이터세보다 데이터세라고 칭하는 것이 적합하다.

(9 November 2004 Case C-203/02)에서 저작권을 인정받을 수 있는 데이터베이스란 콘텐츠를 획득하고, 데이터베이스에서 그 정보의 신뢰도를 검증하고 관리하기 위해 투자한 정도(scale of investment)를 실질적이고 정성적으로 평가하여 결정하는 것이라고 했다. 따라서 데이터베이스를 구축하느라 사용된 자원이 있는 경우에만 저작권이 인정되고, 단지 데이터베이스에 수집되는 데이터 자체의 저작권은 인정되지 않는다고 했다(I-1045). 따라서 원시 데이터를 수집하여 이를 적정하게 가공하여 빅데이터화하여 보관하는 경우에는 알고리즘을 이용해 빅데이터를 만든 회사에 대한 저작권을 인정해야 되므로 과세 관청이 원시 데이터를 발생시킨 각 개인의 소유권 인정을 과세 근거로 과세하기 곤란하다. *The British Horseracing Board Ltd and Others v William Hill Organization Ltd*, JUDGMENT OF 9. 11. 2004—CASE C-203/02; curia.europa.eu/juris/showPdf.jsf?text=&docid=49633&pageIndex=0&doclang=en&mode=lst&dir=&occ=first&part=1&cid=17325235, 검색일: 2020. 12. 6.

239 한국데이터산업진흥원, 『2019 데이터산업 백서』, 2019, 29면.
240 빅데이터세는 후술하는 바와 같이 사후적 이익 참여권 논란과 빅데이터의 경제적 가치를 창출하기 위한 기업과 개인의 기여도의 차이 문제가 발생한다. 따라서 빅데이터세라고 할 경우 배타적인 소유권을 의미하는 법적 권리를 바탕으로 합리적인 과세 근거를 찾기 곤란한 문제점이 있다.

데이터세 과세 환경

과거 아날로그 산업혁명에서는 핵심 자산이 자본, 노동력, 원료 등이라고 한다면 디지털혁명으로 대변되는 4차 산업혁명의 핵심 자원은 데이터다. 데이터가 자원으로서 재산적 가치를 인정받는 이유는 모든 영역에 걸쳐 모든 활동이 기록되고 이 데이터를 매개로 한 경제가 급속하게 성장하고 있기 때문이다.[241] 인터넷의 발전과 더불어 소셜 미디어 social media 의 사용이 보편화되면서 소비자와 기업을 연결하는 매체로서 트리플 미디어 triple media [242]를 활용한 소비자와 기업의 의사 결정 및 마케팅 커뮤니케이션의 변화가 이루어지고 있다. 최근에는 코로나19로 인한 감염병 최고 단계인 팬데믹 pandemic 상황이 지속되고 있는 상황에서 언택트 un-tact 뿐만 아니라 온라인 개념이 더해진 온택트 on-tact 를 통해 비대면 연결 서비스가 더욱 활발해지고 있다. 이로 인해 보다 많은 사람이 온라인 쇼핑을 이용하게 되었고 온라인 커머스 등이 확보한 개인 정보가 기업의 수익 증대를 위한 여러 가지 정보로 활용되고 있다.

한편 소비자가 인터넷을 통하여 물품을 구매하거나 무료로 정보를 이용하기 위해서는 일반적으로 애플리케이션을 설치하거나 회원 가입을 해야 하는데, 이 과정에서 반드시 「개인 정보보호법」에 의한 개인 정보 이용 동의를 해야 한다. 만약 소비자가 개인 정보 이용 및 활용에 동의하

---

241 박주석, "빅데이터, 오픈데이터, 마이데이터의 비교 연구", 「한국빅데이터학회지」 제3권 제1호, 한국빅데이터학회, 2018, 41면.
242 2009년부터 등장한 신조어로서 기업이 상품·서비스를 알릴 때 이용하는 세 가지 매체를 의미하는데, 신문 광고와 같이 비용을 지급하는 페이드 미디어(paid media), 매장이나 홈페이지처럼 기업이 자체적으로 보유한 오운드 미디어(owned media), 트위터, 페이스북과 같이 소비자의 신뢰와 평판을 얻을 수 있어 마케팅에서 중요하게 주목받는 언드 미디어(earned media)를 총칭하는 것이다.

지 않으면 주문이나 정보 이용이 원천적으로 불가능하다. 그런데 이렇게 수집된 개인 정보는 매년 사용 내역을 이메일로 통지받을 뿐, 회사가 소유한 정보 owned media 는 회사의 영리 목적을 위해 재사용을 위한 연장 동의를 받지도 않고 이용을 위한 어떠한 대가도 지급하지 않았다. 수집 정보는 이용자 식별 및 본인 확인 등 회원 관리와 서비스 외에도 유료 상품 구매/판매와 결제 처리, 비용과 정산 대금의 확인 및 지급, 제휴 서비스 제공, 상품 배송, 광고성 정보 제공 등 마케팅 및 프로모션에 활용하고, 서비스 이용 분석과 통계에 따른 맞춤 서비스 제공 및 광고 게재 등에 다시 활용된다. 더 나아가 개인^{법인 포함} 정보를 제3자에게도 제공하는데, 콘텐츠 등 기존 서비스 제공^{광고 포함}에 더하여 인구통계학적 분석, 서비스 방문 및 이용 기록의 분석, 개인 정보 및 관심에 기반한 이용자 간 관계의 형성, 지인 및 관심사 등에 기반한 맞춤형 서비스 제공, 서비스 이용 기록과 접속 빈도 분석, 서비스 이용에 대한 통계, 서비스 분석 및 통계에 따른 맞춤 서비스 제공 및 광고 게재 등을 목적으로 사용한다. 단순한 상품의 구입과 결제 및 배송을 위한 것에서 끝나지 않고 기업의 수익 모델을 개발하기 위해서도 활용되고 있는 것이다.

이러한 환경에서 최근 데이터 3법[243]이 개정되면서 개인이 데이터에 대한 권리를 갖는 마이데이터 개념[244]이 자리 잡게 되었다. 마이데이터 산업이 활성화되면 정보 주체는 자신이 지정한 서비스 제공자를 통해 자신

---

243 데이터 3법이란 데이터 산업 육성을 위해 데이터 이용에 따른 규제를 푸는 법으로서 「개인정보보호법」「신용정보의 이용 및 보호에 관한 법률(이하 신용정보보호법)」「정보통신망 이용촉진 및 정보보호 등에 관한 법률(이하 정보통신망법)」을 의미한다.
244 개인 정보 보호는 기업의 관점에서 기업이 소유한 개인 정보 데이터에 대한 기업의 권한과 책임을 부각하지만, 마이데이터는 개인의 관점에서 기업이 소유한 개인 정보 데이터에 대한 개인의 권한과 책임을 다룬다는 점에서 차이가 있다.

의 개인 정보 데이터를 관리하게 하고 이 서비스 제공자가 개인 정보 데이터를 필요로 하는 수요자에게 대신 데이터를 팔도록 위임할 수 있다. 정보 주체가 데이터의 발생부터 사용까지 계약 관계에 있는 전문 서비스 업체를 통해 자신의 권리(「민법」상 채권적 기능[245])를 행사할 수 있는 것이다. 나아가서 정보 주체 스스로 데이터를 만들고 자신이 만든 데이터를 기반으로 하는 비즈니스 모델을 구상할 수도 있다. 즉, 마이데이터 개념은 데이터의 정보 주체인 개인에게 자신의 데이터를 통제·관리할 수 있는 권한 ownership 을 돌려 주는 개념이다. 실제로 많은 개인 정보 데이터를 정보 주체보다 IT 기업이나 공공기관들이 보관·통제하고 있는데, 마이데이터 정책의 핵심은 이런 기업 중심의 생태계를 다시 개인에게 환원하고자 하는 것이다.[246] 따라서 데이터세의 과세 대상은 개인이 자신의 소유권을 행사할 수 있는 마이데이터 산업에 영향을 미치지 않는 범위에서 선정되어야 할 것이다.

데이터 소유권[247]

개인이 가진 데이터 소유권 Data Ownership 에서 논의의 핵심은 데이터의 재화적 측면에서 디지털 서비스를 제공할 때 데이터가 교환 수단으로서 발생한 경제적 이익인 재산권과 개인 정보 보호 목적 등으로 더이상 개

---

245 데이터를 합법적으로 통제할 수 있는 사실상의 지위 또는 계약에 따른 데이터의 이용 권한을 결정한다면, 계약법적인 접근 방식에 의해 계 약당사자가 「민법」상 채권적 지위를 가진 것으로 볼 수 있다(최경진, "데이터와 사법상의 권리, 그리고 데이터 소유권", 「정보법학」 제23권 제1호, 한국정보법학회, 2019, 237~238면).

246 박주석, 앞의 논문, 45면.

247 김신언, 구성권, "데이터 소유권과 현지화에 관한 연구", 「서울법학」 제29권 제2호, 서울시립대학교 법학연구소, 2021, 213~232면 발췌.

인 정보를 사용하지 못하도록 할 수 있는 프라이버시권 또는 인격권 ^{Opt-in, Opt-out 권리} 이라고 할 수 있다.[248] 디지털 데이터 중에서 개인 정보는 프라이버시와 연결되어 다루어져 왔기 때문에 우리의 법제에서 재산권으로서 경제적인 가치에 대한 인식이 부족했던 것은 사실이다. 그러므로 데이터 주체 ^{개인, 법인} 에게 데이터의 소유권이 인정되는지도 법적 정리가 필요하다.

가. 개인 정보에 대한 정보 주체의 법적 지위

법학에서 전통적인 소유권이란 물건을 배타적으로 사용하거나 수익 및 그 처분에 대한 절대적인 권리가 있는 것을 말한다. 따라서 민법상 데이터에 대하여 소유권이 인정되기 위해서는 데이터에 대하여 배타적인 지배권을 인정할 수 있어야 한다.[249] 만약 데이터에 배타적인 재산권이 인정된다면 데이터의 무단 이용 중지를 요구할 수 있고, 무단 이용으로 인한 이득의 반환[250]도 청구할 수 있다.[251] 프라이버시권에서 다루는 개인 정보의 사용 정지가 아닌 데이터 주체의 부당 이득 반환 청구가 가능한 경제적 가치를 인정한다는 의미이다. 하지만 데이터 주체가 데이터의 소유 대상^{소유권 객체}을 확정하는 것이 어렵고[252] 데이터를 특정인이 소유하기보

---

248 박상철, "데이터 소유권 개념을 통한 정보보호법제의 재구성", 「법경제학연구」 제15권 제2호, 한국법경제학회, 2018, 262면.
249 이상용, "데이터 거래의 법적 기초", 「법조」 제67권 제2호, 법조협회, 2018, 19면.
250 「민법」 제741조.
251 이동진, "데이터 소유권, 개념과 그 실익", 「정보법학」 제22권 제33호, 한국정보법학회, 2018, 234면.
252 「민법」상 소유권을 포함하고 있는 물권의 객체가 되기 위해서는 물건으로 인정되어야 한다. 통상 물건이 되기 위해서는 ①특정되어야 하며, ② 현존하는 것이어야 하며, ③ 독립적

다는 많은 사람이 공동으로 활용할 때 가치가 증가하는 특성 때문에 배
타적 소유 개념을 그대로 인정하기는 어렵다.[253] 또한 정보 주체가 일상생
활에서 하는 거의 모든 행위가 데이터를 교환[254]함으로써 이루어지므로
개인 정보를 정보 주체 본인만의 것이라고 보기는 힘들다는 견해[255]도 있
다. 이에 따라 데이터는 소유권, 점유권, 용익 물권用益物權 및 담보 물권의
대상이 될 수 없으므로 저작권 등의 지식재산권이 발생하는 경우를 제외
하면 현행법상 데이터 소유권을 인정할 수 있는 물권적 권리가 성립할
수 없다[256]는 것이 통설이다.

따라서 마이데이터 산업을 육성하려던 정부는 개인의 자기 정보 통제
권의 법적 권리에 대한 해결 방안을 찾아야만 했다. 마이데이터 개념은
정보 주체인 개인의 자기결정권을 강화하여 스스로 데이터를 관리하고
통제 가능한 권한 ownership 을 갖고 원하는 방식으로 활용하여 그 혜택을
누려야 한다는 패러다임의 전환이다. 그러므로 그동안 기업이나 기관이
보유하던 개인 데이터를 개인에게 돌려줄 수 있는지, 개인이 자기 정보
에 쉽게 접근하여 사용할 수 있는지가 주요 관심사다.[257] 그러나 앞서 살
펴본 바와 같이 현행법상 소유권 개념에 기초하여 정보 주체의 데이터에

일 것을 요구하고 있다(김용담, 『민법-물권법』, 한국사법행정학회, 2011, 40~42, 476면.).
그러나 데이터는 같은 법 제98조에서 물건으로 정의하고 있는 유체물이나 전기, 기타 관
리 가능한 자연력에 해당하지 않는다. 또한 데이터의 특성상 무한 복제가 가능하고 유통이
자유로워 독립성 확보가 상대적으로 어려우므로 소유권의 객체로 인정받기 곤란하다.

253 최경진, 앞의 논문, 224~225면.

254 예를 들어, 급여를 받기 위해 은행에서 계좌를 개설하는 행위와 직장에 계좌번호를 알려주
는 것, 국가로부터 복지혜택을 받기 위해 신청서를 작성하거나 인터넷으로 상품을 신청하
면서 기재된 개인 정보의 디지털 데이터화 등을 들 수 있다.

255 김송옥, "유럽연합 GDPR의 동의 제도 분석 및 우리 개인 정보 보호 법제에 주는 시사점",
「아주법학」 제13권 제3호, 아주대학교 법학연구소, 2019, 164면.

256 (사)한국지식재산학회, 『데이터 거래 가이드라인』, 한국데이터산업진흥원, 2019, 5~6면.

257 한국데이터산업진흥원, 『마이데이터 서비스 안내서(웹용)』, 2019, 18면.

관한 권리 유무를 정할 수 없으므로 계약에 따른 거래 관계를 통해 채권적 지위[258]를 행사할 방법을 고안했다. 합법적으로 데이터를 통제 가능한 사실상의 지위를 가지고 있거나 계약에 근거해서 데이터 이용 권한을 결정한다면 계약 당사자가 채권적 지위를 가지고 있는 것으로 볼 수 있다[259]고 한다. 마이데이터 거래를 위한 가이드라인에서 데이터 제공과 관련한 표준계약서를 데이터 제공형, 데이터 창출형, 오픈마켓형으로 구분하여 안내하고 있는 것[260]도 이러한 이유 때문이다. 이에 따라 정보 주체가 마이데이터 서비스 제공자를 선정해서 계약 관계에 의해 자신의 정보 발생부터 매각에 이르는 전 과정을 대리할 수 있게 되었고, 마이데이터 서비스제공자는 열람권에 근거하여 개인 데이터를 보유한 기업으로부터 정보 주체의 데이터를 열람하고 필요한 데이터를 제공받을 수 있게 된다.[261] 다만 빅데이터가 만들어진 경우라면 경제적 가치를 창출한 기여도 등의 차이[262]로 어느 한쪽 당사자가 우선적인 채권적 지위를 가진다고 보기 힘들다[263]는 문제가 있다. 또한 마이데이터 제도가 도입되기 이전에 IT 기업들이 수집한 개인 정보에 대해서는 정보 주체가 그 채권적 기능에 근거한 소유권 행사가 여전히 어렵다.

한편 데이터세의 도입 필요성을 기본소득과 연관해서 찾는 경우 기본 원리는 IT 기업들이 확보한 원시 데이터가 IT 기업의 소유물이 아니라 데

---

258 계약에 따른 데이터 이용 권한을 말한다.
259 최경진, 앞의 논문, 237~238면.
260 (사)한국지식재산학회, 앞의 책, 21~56면.
261 (사)한국지식재산학회, 앞의 책, 13~18면.
262 데이터세라고 할 경우에는 원시 데이터의 소유권에 대해서만 말하는 것이므로 빅데이터세에서 사후적 이익참여권과 같이 그 귀속에 대한 법적 문제가 상대적으로 적어질 수 있다.
263 (사)한국지식재산학회, 앞의 책, 7면.

이터 주체의 소유[264]라는 것에 착안한 것이다. 비록 비식별 조치가 되었고, 그 과정에서 기업들의 가공이 들어가서 사실상의 권리가 회사로 귀속된다 해도 원시 데이터를 사용한 대가를 개인이 청구할 수 있다는 논리다. 그러나 원시 데이터가 아닌 빅데이터의 소유권 관계에서 본다면 빅데이터를 만든 기업이 저작권을 포함한 재산상의 권리를 가지게 되며[265], 개인은 일종의 사후적 이익참여권[266]에 불과하다는 비판[267]에서 자유로울 수 없다.[268] 따라서 국가가 개인 대신 빅데이터 사용 대가를 조세로 징수하여 데이터 배당data dividends 방식으로 기본소득을 지급하자는 논리는 개인이 가진 데이터에 대해 소유권의 법적 지위에 대한 공격에 취약하다. 게다가 유럽의 스니펫세 snippet tax [269]에서 구글이 주장했던 것처럼 IT 기업들이 빅데이터의 공정 이용이라는 명목으로 개인의 원시 데이터

---

264 목광수, "빅데이터의 소유권과 분배 정의론: 기본소득을 중심으로", 「철학·사상·문화」, 동국대학교 동서사상연구소, 2020, 161면.

265 *British Horseracing Board v. William Hill Organization Ltd*, 9 November 2004 Case C-203/02; 빅데이터 개념 발생 전이었던 시기에 데이터베이스를 구축하기 위해 비용을 지출한 기업에만 저작권이 인정되고, 단지 데이터베이스를 만들기 위해 수집되는 개별 데이터 자체에는 저작권이 인정되지 않는다고 했다: *Feist Publications v. Rural Telephone Service*, 499 U.S. 340 (1991); 전화번호부에 들어간 개인의 데이터는 단지 사실에 불과할 뿐이어서 그 내용만으로 자신의 저작권을 주장할 수 없다고 보았다.

266 하나하나의 원시 데이터 자체는 경제적 가치를 찾을 수 없고 빅데이터가 되어서야 상대적으로 경제적 가치가 크다는 것이 일반적이다. 그렇다면 빅데이터를 만든 기업이 특허 발명과 같이 전체 소유권을 인정받아야 하는데, 사후적 이익참여권은 엄밀한 의미에서 배타적 소유권이라고 할 수 없고, 사회 경제적 분배 관점에서만 고려할 가치가 있다.

267 이동진, 앞의 논문, 235~236면.

268 예를 들어 강남역 출입구를 이용하는 사람들에 대한 시간대별·연령별 유동인구를 1년간 수집한다고 할 때 그 기간에 원시 데이터를 생산한 개인의 노력 때문에 빅데이터가 만들어졌지만, 원시 데이터를 생성시킨 개인들에게 그 저작권(소유권)을 인정하기 곤란하다.

269 스니펫세는 뉴스의 기사 일부(snippet)를 광고 등에 사용하여 수익을 발생시키는 구글을 중심으로 한 검색 엔진 기업들에게 뉴스 사용료 또는 저작권료를 징수를 강제하는 법률이다. 뉴스 링크를 접속할 수 있게 한다고 해서 스니펫세를 링크세(link tax)라고 부르기도 한다.

를 사용할 수 있다[270]고 주장할 경우[271] 데이터 사용 대가를 징수할 수 있는 법적 권리에 대한 논란을 불러일으킬 수 있다. 데이터 소유권을 정보 주체와 불가분의 관계로 인식하는 절대적 권리로 인정할 경우 데이터 유통에 제약이 따르게 되고, 향후 데이터 산업 전반에 악영향을 줄 우려[272]도 무시할 수 없다.

나. 산업 및 빅데이터에 대한 기업의 법적 지위

개인에게 데이터 배당을 지급한다는 기본소득의 관점은 기업이 발생시킨 산업 데이터의 수집·사용에 대한 과세 논리를 만들 수 없다는 점도 한계다.[273] 개인이 창출한 데이터를 개인 정보라고 한다면 기업[274]이 산업 현장에서 창출한 원시정보는 산업 데이터라고 할 수 있다. 다시 말해 산업 데이터란 산업, 광업, (신)에너지 및 재생에너지와 관련한 산업 활

---

270 우리나라도 한미 FTA 협상 이행을 위해 2011년 12월 2일 미국의 「저작권법」 제107조를 바탕으로 「저작권법」 제35조의3을 신설하여 저작물의 공정 이용에 대하여 규정하고 있다. 아직 우리 대법원이 이 조항과 관련된 판결을 선고한 적은 없지만, 미국 법원이 착안한 변형적 이용 이론(transformative use doctrine)에 의하면 디지털 환경에서 저작물의 공정 이용 범위를 확대하고 역으로 개인이 가진 권리가 축소된다(이흔재, "인터넷서비스 제공자와 공정이용: 구글의 사례를 중심으로", 「동북아법연구」 제10권 제2호, 전북대학교 동북아법연구소, 2016, 427~428면). 따라서 저작권 측면에서 데이터에 대한 소비자의 권리는 그 법적 근거로 사용하기가 더욱 어려워질 것이다.

271 김현경, "국내·외 플랫폼 사업자 공평규제를 위한 제언", 「성균관 법학」 제29권 제3호, 성균관대학교 법학연구원, 2017, 84면.

272 최경진, 앞의 논문, 219면.

273 데이터 배당(data dividends)으로 기본소득을 지급하자는 논리는 데이터의 법적 소유권 면에서도 논리적 흠결이 있지만, 데이터세 과세 대상을 개인 정보에만 한정시키게 되므로 과세 베이스를 산업 데이터로 확장하지 못하는 단점이 있다.

274 개인 기업과 법인 기업을 포괄한 개념이다. 재무제표 공시, 산업별 매출 추이 통계 등 프라이버시와 상관없이 영업 활동과 관련하여 기업도 각종 데이터를 발생시킨다.

동[275]에서 생성 또는 활용되는 것으로서 광^{光} 또는 전자적 방식으로 처리될 수 있는 모든 종류의 자료 또는 정보[276]를 말한다. 산업통상자원부는 가전·전자, 미래 자동차 등 6대 산업 분야의 협력과 연대를 통해 본격적으로 산업 디지털 전환을 시행할 예정이다. 이는 디지털 기반 산업의 혁신 성장 전략 후속 조치인데, 산업 활동 전 영역에서 발생하는 방대한 산업 데이터를 활용하여 새로운 제품 및 서비스 개발에 사용할 수 있으리라 예상된다.[277] 산업 데이터도 디지털 데이터에서 차지하는 비중이 작지 않고[278], 이를 발생시키는 기업은 「개인정보보호법」에서 말하는 정보 주체처럼 데이터 주체[279]에 해당한다. 하지만 산업 데이터에 대한 법적 권리는 개인 정보만큼 논의되지 못했다. 「신용정보법」에 법인 정보에 관한 규정이 있지만, 역시 재산권 보호와는 상관이 없었기 때문이다. 따라서 데이터의 활용 면에서 개인 정보뿐만 아니라 산업 데이터도 법적 보호 장치를 마련하는 것이 필요하다. 이러한 취지로 산업 데이터의 생성·활용을 활성화하고 지능 정보 기술의 산업 적용을 촉진하는 목적의 「산업 디지털 전환 촉진법」 제정안이 2021년 12월 9일 국회 본회의를 통과하고 12월 28일 국무회의에서 의결되었다.[280] 공포된 법안은 인적·물적으로

---

275 제품 또는 서비스의 개발·생산·유통·소비 등에 걸쳐 이루어지는 활동 과정을 말한다.
276 2020년 10월 14일 고민정 의원이 대표 발의한 '산업의 디지털 전환 및 지능화 촉진에 관한 법안' 제2조 제1호의 내용을 인용한 것이다.
277 산업통상자원부 보도자료, "미래차, 가전·전자 등 6대 산업 분야 '연대와 협력'으로 산업 디지털 전환(DX) 앞장서다", 2020. 10. 28.
278 한국데이터산업진흥원도 2019년 발행된 『마이데이터 서비스 안내서(웹용)』에서 전체 디지털 데이터 중에서 개인 데이터의 비중을 75%로 추산하고 있으므로 약 25%가 산업 데이터라고 볼 수 있다.
279 조승래 의원이 대표 발의한 '데이터기본법(안)'에서도 데이터 주체라고 사용하고 있다.
280 제정안은 조정식 의원이 발의한 '산업 디지털 전환 촉진법안'(2020년 9월), 고민정 의원이 발의한 '산업의 디지털 전환 및 지능화 촉진에 관한 법안'(2020년 10월), 양금희 의원이 발의한 '기업디지털전환 지원법안'(2020년 12월)을 병합한 것이다[(대한민국 정책브리핑

상당한 투자와 노력을 통하여 산업 데이터를 새롭게 생성한 자에게 이를 활용하여 사용·수익할 권리를 부여해 권리관계를 명확히 했다. 그러나 「개인정보보호법」의 저촉을 받지 않는 국내 산업 정보 데이터가 무상으로 해외 유출되어 사용될 여지가 있어 보완이 필요하다.

다. 소유권과 조세 부과와의 관계

개인 정보나 산업 정보가 인격권에 근거한 단순히 프라이버시 보호 대상으로서만 가치를 가진다면 조세법 측면에서 아무런 실익이 없다. 반면에 개인 정보 또는 산업 정보가 재산적 가치가 있다면 정부가 과세하지 못할 이유가 없다. 조세를 부과하기 위해서는 소유권의 귀속과 상관없이 과세 대상인 데이터가 재산적 가치가 있는 재화이어야 되는 것이며, 소유권은 단지 담세자와 납세 의무자[281]의 차이만 가져올 수 있기 때문이다. 조세 부과의 본질은 재산권의 본질적 내용을 침해하지 않는 범위 내에서 국가 재정 수요를 위한 자금을 조달하고, 경기 변동을 조절하기 위한 정책적 기능과 국민의 복지 증진을 위한 사회 정책적 기능을 수행하기 위한 법적 행위[282]이다. 따라서 국가가 재산적 가치가 있는 재화에 대하여 조세를 부과한다고 할 때 그 실질적인 소유권자가 누구냐는 조세 채권의 확보와 크게 상관이 없다. 특히 데이터의 역외 이동과 관련하여 국내에서 발생한 데이터를 자원이라고 본다면 재산권의 행사가 제한되는 비식별 데이터 등과 같이 아무런 대가 없이 유출되는 데이터에 대한 통제 권

(korea.kr/news/pressReleaseView.do?newsId=156488854, 검색일: 2021. 12. 28)].
281 담세자와 납세 의무자를 포함하여 납세자라고 한다.
282 임승순, 『조세법』, 박영사, 2020, 6~8면.

한을 국가가 행사할 필요가 있다.

2. 각국의 데이터세 도입 논의[283]

비트세

디지털 경제 발전에 따라 다국적 IT 기업을 과세하기 위해 디지털세와 같은 직접세 이외에도 간접세 모델도 국제적으로 제시되고 발전되어 왔다. 첫 사례가 비트세 bit tax 라고 할 수 있는데, 1994년 미국에서 아서 코델 Arthur J. Cordell 과 토머스 아이디 Thomas Ide 에 의해 처음 논의된 이후 유럽에서도 연구가 진행되었다. 과세 대상은 가치가 생성되는 디지털 거래 value added interactive digital transactions 만을 과세한다는 것인데, 부가가치가 생성되는 상호 작용 interactivity 이 필요하다. 따라서 당시 쌍방향 기술이 없었던 TV나 라디오 방송처럼 일방적으로 받을 수 있는 것은 제외되며, 자료 검색, ATM을 이용하는 것처럼 본인의 행위로 무엇인가를 얻는 것은 가치가 창출되는 상호 작용으로 보아 과세 대상이 된다. 그러나 ① 전자 상거래를 일반적인 상거래에 비해 차별 과세한다는 지적과 더불어, ② 기술적으로 데이터의 사용량을 측정할 만한 장치 bit measuring equipment 가 없었고, ③ 사용한 데이터 용량만으로 가치가 생성된 거래인지 여부를 확인할 수 없다는 문제점이 제기되었다. 결국 1997년 4월 EU에서 채택

---

283 김신언, "디지털세의 최근 입법동향과 우리나라 세제 개편 방안", 「조세법연구」 제27권 제2호, 2021, 402~409면 발췌.

된 전자상거래에 관한 정책European Initiative in Electronic Commerce 과 1998년 10월 오타와 전자상거래 결의를 준수하기 위해 비트세는 더 이상의 논의에서 배제되었다.[284] 미국도 1998년 「인터넷 세금 자유법Internet Tax Freedom Act」을 발의하여 인터넷에만 부과되는 차별적 세금과 전자상거래에 이중으로 과세하는 행위를 금지했다.[285] 그럼에도 비트세에 대한 논의는 계속되었으며, 2014년까지도 「BEPS 프로젝트 Action 1 최종보고서」를 위한 예비 보고서에서 다루어진 바 있다.[286] 실제로 헝가리는 2014년에 데이터 트래픽 기가바이트당 150포린트미화 0.60달러 를 부과하는 비트세를 입법했지만, 위에서 제기한 문제들을 해결되지 않고 국민들의 저항이 커지

---

284 Max Cash, Robert Schuman Scholar, *Electronic Commerce and Tax base erosion, Economic Affairs Series ECON 108 EN*, European Parliament, 1999, pp. 46, 47.

285 Internet Tax Freedom Act, 47 U.S.C. § 151(1998)은 입법 당시 2007년까지 한시적으로 존속할 예정이었으나, 2004년 연장되었고, 2020년에 「영구 인터넷 세금 자유법(Permanent Internet Tax Freedom Act, PITFA)」으로 개정되어 현재에 이르고 있다("Controversial Internet Tax Freedom Act becomes permanent July 1", Avalara 2020. 6. 12. 기사(avalara.com/us/en/blog/2020/06/controversial-internet-tax-freedom-act-becomes-permanent-july-1.html#:~:text=On%20July%201%2C%202020%2C%20the,billion%20in%20combined%20annual%20revenue, 검색일: 2021. 6. 22).

미국은 사실 개별 주에서 비트세 도입을 찬성했지만, 「미국 연방 헌법」상 통상 조항(Commerce Clause) 때문에 도입이 좌절되었다. 1787년 이후 「미국 연방 헌법」을 만들기 위한 이유 중 하나는 주(州)와 주 사이에서 발생하는 통상 문제를 중재하기 위한 것이었다. 「미국 연방 헌법」 제1항 제8조에 근거한 통상 조항(Commerce Clause)은 모든 거래에 대한 형사 및 민사상의 권리뿐만 아니라 환경권까지 폭넓게 규율할 수 있는 법 조항이다. 구체적으로 주 사이를 운행하는 열차의 운임은 수익의 정도와 상관없이 같은 금액을 적용하여야 하며(*Houston, East and West Texas Ry. co. v. United States*, 234 U.S.342, 1914), 캘리포니아 주 정부가 의료 목적의 마리화나를 소규모로 재배하는 것도 연방 차원의 통상에 영향을 줄 수 있다고 보아 제재 가능하다고 판결(*Gonzales v. Raich*, 545 U.S. 1, 2005)했다. 단, 반독점에 대해서는 통상 조항이 적용되지 않는다(Ewin Chemerinsky, *Constitutional law*, 4th Edition, Wolsters Kluwer, 2016, p. 247, 255, 276). 따라서 미연방 전체에 영향을 줄 인터넷을 이용한 거래에 조세를 개별 주에서 부과하는 것은 연방 차원에서 다룰 수밖에 없는 중요한 사건이었고, 미국 내 거대 IT 기업들의 로비로 결국 비트세 도입이 무산되었다.

286 OECD, *Addressing the Tax Challenges of the Digital Economy Action 1: 2014 Deliverable*, 2014, p. 148(8.2.1.5 "Introducing a bandwidth or Bit tax")

자 결국 폐지했다.[287] 최근에는 비트코인 등 암호 화폐에 대한 과세 crypto-currency tax 를 일컫는 말로 비트세가 혼용되기도 하지만, 데이터 용량 에 대하여 과세하려고 시도한 최초의 사례라고 할 수 있다. 그러나 비트세는 데이터세의 중간 단계에 해당하는 미완성 체계에 지나지 않아서 국외뿐만 아니라 국내에서도 그 실현 가능성이 희박하다.

중국의 데이터거래소

최근 중국에서도 플랫폼 기업들이 가치 있는 광물 광산처럼 사용자 데이터를 대량 보유하고 있다고 보고, 해당 기업 가치는 사용자들에 의해 창출되었기 때문에 그 수익을 공유하기 위해 데이터 자체를 과세하는 방안이 필요하다는 의견이 제시되었다.[288] 그동안 조세 분야에서 후진국 대열에 있는 중국이 DDT 도입에 중요한 역할을 할 가능성이 있는데, 그 배경으로 정부 주도의 데이터 산업 육성 방침과 데이터거래소를 꼽을 수 있다.

중국 정부는 경제 성장 모델 전환 모멘텀으로 빅데이터의 효율적인 개발과 활용을 통해 국가 경쟁력을 강화하고, 정부의 협치 능력도 향상시

---

287 Cristian Óliver Lucas-Mas and Raúl Félix Junquera-Varela, *Tax Theory Applied to the Digital Economy: A Proposal for a Digital Data Tax and a Global Internet Tax Agency*, World Bank Group, 2021, p. 91.

288 "Consider imposing digital data tax on tech firms: Chinese regulator", Business Today, 2020. 12. 17. 기사; 특히 소비자의 데이터 활용은 정부의 핵심 이슈가 되었고, 귀수칭(郭樹淸) 중국은행보험규제위원장은 데이터를 노동과 자본 등 경제 기여자로 보고 데이터 권리를 명확히 할 필요가 있다고 밝혔다(businesstoday.in/current/world/chinese-regulator-says-should-mull-imposing-digital-data-tax-on-tech-firms/story/425144.html, 검색일: 2021. 6. 6).

키고 있다. 중국 정부의 대대적인 지원 정책 및 산학연 공동 노력으로 중국의 빅데이터 산업의 규모는 급속한 성장세를 보였다. 2013년 1,000개가 되지 않던 빅데이터 기업 수가 2017년에는 8,949개로 성장했고, 사업 규모는 4,700억 위안을 달성했다.[289] 중국은 빅데이터 개발 및 활용 강화를 통한 데이터 강국 매진 목표를 천명하고, 2014년 12월 세계 최초로 귀저우성 도시인 귀양시貴陽市에 글로벌빅데이터거래소GBDEx를 설립했다. 귀저우에 이어 2016년에는 징진지京津冀, 주장珠江 삼각주, 상하이, 허난, 충칭, 선양 및 내멍구內蒙古 7개 도시를 실험구實驗區로 선정했다. 데이터 거래소는 공공 및 민간의 데이터를 수집, 가공, 변환, 가격 책정 등의 전 과정을 처리하고 회원사 사이의 데이터 거래를 중개하거나 외부로 판매하는 역할을 하고 있다. 거래소는 2018년 기준 알리바바, 텐센트, 하이얼, 마오타이, 화웨이 등 2천 개의 회원사를 유치하여 225개의 데이터 자원을 확보하고 4천여 개의 데이터 상품을 거래하고 있다.[290]

중국의 데이터거래소에서 가장 눈길을 끄는 부분은 데이터의 가격 책정이다. 실제로 데이터가 거래소를 통해 세계 시장으로 유통되고 있으므로 판매되는 빅데이터 이외에도 원시 데이터의 가격 산정과 관련한 글로벌 공정 가치의 산출도 장기적인 관점에서 가능할 것이다. 중국 정부의 데이터거래소 육성은 데이터의 수집, 가공 및 판매를 활성화할 수 있는 기반을 구축하고 그 노하우가 축적된다면 데이터의 가치를 체계적으로 산정[291]하여 추후 데이터세의 과세 기준종가세으로 활용할 수 있다는 점에

289 KOSTEC(한중과학기술협력센터), "중국의 빅데이터 지원 정책과 동향", 「Issue Report」 2018. vol 3, 한중과학기술협력센터, 2018. 1. 10, 14면.
290 배영임, 신혜리, "데이터3법, 데이터경제의 시작", 「이슈&진단」 No 405, 경기연구원, 2020, 16면.
291 국내에서는 이미 경기도가 지역화폐 데이터를 수집하고 창출한 수익을 주민에게 배당했

서 주목해야 할 점이다.

뉴욕주

2020년 한해 미국 주정부와 지방정부는 디지털 광고와 소셜미디어 플랫폼에 부과되는 세금을 포함하여 디지털 경제에 맞는 다양한 세제 개편을 제시했다. 가장 최근의 것은 뉴욕 소비자들로부터 데이터를 수집하는 회사들에게 소비세를 부과하자는 뉴욕주의 제안이다. 2021년 2월 19일 뉴욕주 상원 재무위원장인 리즈 크루거 Liz Krueger 의원은 상업용 데이터 수집 회사 commercial data collectors [292]에게 소비세를 부과하는 '뉴욕 상원 법안 4959 New York Senate Bill 4959 '를 발의했다. 이 세금은 앞의 비트세에서 언급한 미국의 「영구 인터넷 세금자유법 Permanent Internet Tax Freedom Act 」 위반으로 간주될 가능성이 있는 디지털광고세 digital advertising taxes 의 대안으로 개발된 것이다.[293] 이 법안에 따르면, 인터넷 서비스를 제공하는 회사가 100만 명이 넘는 고객 등의 정보를 수집하는 경우에만 과세하되, 100~200만 명 사이일 경우 매달 소비자 수에 5센트씩 소비세를 부과한다. 200~300만 명이면 5만 달러에 200만 명 초과하는 1인당 매달 10센트씩 부과한 금액을 합산하고, 300~400만 명이면 그 앞 단계의 누진세

고, 지속적으로 확대할 예정이다("경기도, 세계 첫 '데이터 배당' 시행...이재명 '데이터 주권 실행 신호탄'", 전자신문, 2020. 2. 20. 기사(etnews.com/20200220000337, 검색일: 2021. 12. 27).

292　"상업용 데이터 수집가"는 "사업 활동을 지원하기 위해 소비자 데이터를 수집, 유지, 사용, 처리, 판매 또는 공유하는" 영리 법인으로 정의된다.

293　"New Taxes on the Digital Economy: A Closer Look at the New York Data Tax Proposal", JD Supra 2021. 3. 15. 기사(jdsupra.com/legalnews/new-taxes-on-the-digital-economy-a-6954569, 검색일: 2021. 7. 9).

액에 300만 명 초과 1인당 매달 15센트씩 합산하는 식으로 100만 명 단위당 10단계의 누진세율로 부과한다. 뉴욕주 인구수를 감안하여 최종 단계는 1천만 명을 초과하는 경우 매월 225만 달러에 초과 1인당 50센트를 곱한 금액을 합산하여 부과한다.[294] 그러나 이 방법은 데이터 수집 회사의 재화와 용역을 사용하는 소비자˄ 수에 따라 과세하는 개념이므로 IT 기업이 수집 또는 사용하는 데이터 용량容量에 따라 과세하려는 비트세나 데이터세DDT 와는 차이가 있다. 뉴욕주의 제안은 구조가 단순하고 매년 일정한 세수를 확보할 수 있다는 장점이 있는 반면, 회원에게 직접 전가하기 쉽고 데이터 기업의 수익에 적절한 과세가 힘들다는 것이 단점이다. 또한 「미국 연방 헌법」상 통상 조항Commerce Clause 에 따라 위헌 논란을 불러일으킬 수 있는 만큼 뉴욕주가 다른 주에 비해 기업에 대한 차별적 과세가 아니라는 것을 어떻게 설득할 수 있을지 주목된다.

뉴욕주 사례 외에 미국에서 현재까지 연구된 데이터세는 대역폭bandwidth , 즉 전송량을 측정하여 과세하는 것이다. 대역폭은 네트워크 또는 인터넷 연결의 최대 데이터 전송 속도를 나타내는데, 지정된 시간 내에 특정 연결을 통해 전송할 수 있는 데이터량을 측정하는 것이다. 대역폭은 네트워크 속도를 설명하는 데 사용되지만, 데이터 비트가 한 위치에서 다른 위치로 이동하는 속도를 측정하지는 않는다. 데이터 패킷은 전자 또는 광섬유 케이블을 통해 이동하므로 전송되는 각 비트의 속도는 무시할 수 있기 때문이다. 대신 대역폭은 특정 연결을 통해 한 번에 얼마나 많은 데이터가 흐를 수 있는지를 측정한다. 데이터세는 두 가지 요소로 구성되는데, 하나는 통행세toll tax 역할을 하고, 다른 하나는 계약된 인

---

294 New York Senate Bill 4959 §186-h 3. Rate of tax.

터넷 대역폭^{글로벌 DDT}이나 중요한 경제적 실재^{국내 DDT}에 대한 서비스 요금^{service charge} 역할을 한다. 물리적 실재^{physical presence} 없이 비거주자에 대한 원천 국가에서의 소득 과세^{직접세}는 전통적인 조세 이론과 양립할 수 없다. 하지만 데이터세는 간접세로서 디지털 기업의 경비로 공제하는 디지털 라이센스 유형의 세금으로 운영함으로써 이러한 장애물을 극복할 수 있다. 마치 임차료 지급처럼 궁극적으로 이익 발생이 발생하지 않거나 실제로 물리적 시설을 사용하지 않았더라도 사업을 수행하려는 모든 기업이 지불해야만 하는 비용^{cost} 같은 것이다. 이런 의미에서 데이터세는 특정 국가에서 디지털 사업 모델을 운영하려는 모든 IT 기업에게 고정비가 될 수 있다.[295] 따라서 국내에서 논의된 것과 같이 데이터 사용에 대한 대가를 마치 (원)재료비처럼 원가에 산입하며, 다국적 IT 기업이 발생시킨 초과이익을 줄이는 역할을 한다. 한편 국내에서 제시된 데이터세는 대역폭을 측정하여 과세하는 동적 개념이 아니라 데이터의 용량^{byte}을 측정하므로 정적 개념이 강하다고 할 수 있다. 그러나 데이터의 수집, 가공, 반출 과정에서 측정되는 데이터의 흐름에 대하여 과세하는 것[296]이므로 대역폭에 대한 과세와 큰 차이점은 없다. 데이터세를 매월 징수한다고 할 때 한 달간 수집·사용한 데이터의 총량을 기업 서버 등에 기록된 데이터 출납 기록의 합계액을 측정하여 과세 표준으로 하면 납부 시기나 징수의 편의성을 도모할 수 있다.

---

295 Cristian Óliver Lucas-Mas and Raúl Félix Junquera-Varela, *op cit*, pp. 89-92.
296 김신언, "디지털 경제의 세원(稅源), 데이터", 「세무와 회계 저널」 제22권 제2호, 한국세무학회, 2021, 241~243면.

유럽의 데이터 현지화 정책

이미 2017년 독일에서도 앙겔라 메르켈 Angela Merkel 총리와 안드레아 날레스 Andrea Nahles 독일 사회민주당 대표는 빅데이터에 과세할 수 있는 조세개혁 방안을 언급했다. 이때 메르켈 총리의 발언은 통화세 monetary taxes 를 시사하는 것으로 보이지만, 날레스는 공유재 common goods 로서 사회의 이익을 위해 대량의 데이터를 가진 기업들에게 데이터세를 부과하는 방안[297]을 제시했다. 이를 통해 기업들이 데이터를 총체적으로 개방하도록 동기를 부여하는 동시에 기업의 정당한 이익과 개인 정보 보호 정책을 장려할 수 있는 유인이 될 것이라고 설명했다.[298] 그러나 그 이후 유럽에서는 아직 데이터세를 도입하려는 움직임이 보이지 않는다. 그 이유로 최근까지 디지털 서비스세 digital service tax 의 도입에 치중했고, 과세보다는 역외데이터 이동을 통제하여 데이터 주권을 확보하려 했기 때문이다.

유럽연합 이하 EU 은 2018년 5월부터 시행한 「개인정보보호규정 General Data Protection Regulation, 이하 GDPR 」을 통해 역내 단일 시장에서 개인 정보의 자유로운 이동은 보장하면서도 EU 역외 반출에 대해서는 엄격히 통제함으로써 데이터 주권을 확보하고자 했다. 개인의 데이터 소유권 외에도 국가의 데이터 주권 수호까지 모두 고려한 것으로, 미국이나 중국 등의 거대 플랫폼 기업으로부터 데이터 유통 시장을 탈환하기 위해 데이터를 현지화 localization [299]하는 방법을 선택한 것이다. EU집행위원회도 전 세

---

297 2015년 세계노동기구(IZA)의 구글 트렌드 데이터의 속성을 설명하는 제안과 매우 흡사하다.

298 "A data tax for a digital economy The globalized internet age calls for innovative approaches to taxation", IZA New room, 2018. 10. 23. 기사(newsroom.iza.org/en/archive/opinion/a-data-tax-for-a-digital-economy, 검색일: 2021. 6. 6).

299 데이터의 현지화란 서버와 같은 데이터의 보관 장소를 현지에 둔다는 의미가 아니라 정

계 데이터 대부분이 미국이나 중국 국적의 기업들에게 집중됨으로써 유럽의 데이터 산업 성장에 걸림돌이 되고 있다고 분석했다.[300] 이러한 역외 독점적 사업자들에 대한 견제와 더불어 유럽의 기술 주권 회복을 위한 역량 개발과 중소기업의 데이터 활용 기회 보장 의지[301]는 2020년 2월 19일 EU집행위원회가 발행한 정책 문서인 「유럽의 디지털 미래」와 「데이터 전략」에도 명확히 나타나 있다. 데이터 현지화는 개인 정보 보호뿐만 아니라 향후 디지털 경제에서 유럽연합 기업들의 대외 경쟁력과 밀접한 영향력이 있다고 본 것이다. 반면, 데이터 주권은 EU 역내에서 시장 지배력을 강화하고 있는 다국적기업에게는 마치 아킬레스건과 같다.[302]

데이터의 역외 이동 transfer of personal data to third countries 규칙을 규정한 GDPR에 따르면, EU 역외 기업이 EU 시민의 개인 정보를 국외로 전송하기 위해서는 데이터가 전송되는 제3국의 개인 정보 보호 수준이 제45조에서 정한 적정성 판단 adequacy decision 을 통과하거나[303] 제46조에서 정한 적절한 수준의 보호 조치 appropriate safeguards 를 하고 있다는 것을 보장해야만 한

보 열람을 통제하기 위해 데이터의 국외 반출을 엄격히 규제하는 것이다(우창완, 김규리, 『(EU 정책분석 보고서) 데이터 주권과 데이터 국경』, 한국정보화진흥원, 2020, 3면). 그런데 유럽은 미국과 중국 기업들에 의하여 데이터 유통 시장을 잠식당한 상태여서 표면상으로는 개인 정보 보호를 위한 데이터의 EU 역외 이동을 제한한다고 하면서도 내부적으로는 유럽 기업들의 기술 주권 확보와 데이터 활용을 위한 조치로서 데이터 현지화 정책을 추진하고 있다(European Commission, *Shaping Europe's Digital Future*, COM 67 final, Brussels, 2020, pp. 1~2).

300 European Commission, *A European Strategy for Data,* COM 66 final, 2020, pp. 3~4.
301 European Commission, *Shaping Europe's Digital Future*, COM 67 final, Brussels, 19. 2. 2020, pp. 1~2.
302 강형구, 전성민, "국내 전자상거래의 규제 및 글로벌 경쟁 이슈: 시장지배력, 데이터 주권, 아마존 효과를 중심으로", 「법경제학연구」 제15권 제3호, 한국법경제학회, 2018, 370면.
303 제45조 제3항에 규정한 바와 같이 집행위원회의 결정이 없을 경우 제46조 제1항에 근거하여 개인정보처리자나 수탁자가 적정한 안전 조치를 제공한 경우에 한하여 이전할 수 있도록 정하고 있다.

다. 만약 이를 어길 경우[304] 최대 2,000만 유로와 해당 기업의 전 세계 매출액의 4퍼센트 중 큰 금액이 과징금으로 부과된다.[305] GDPR 제45조 제3항에 의해 적정하다고 EU집행위원회의 승인을 받은 국가는 아르헨티나, 안도라, 캐나다「캐나다디지털개인정보보호법(PIPEDA)」이 적용되는 곳, 스위스, 페로제도, 게른시 Guernsey, 이스라엘, 맨섬 Isle of Man, 일본, 저지 Jersey, 우루과이 동부공화국, 뉴질랜드 등이다. 우리나라도 EU집행위원회로부터 적정성 판단을 받아 2021년 12월 17일 정식 승인되었다.[306] 적정성 판단은 적어도 매 4년마다 정기적 검토를 통해 이 목록에 추가되거나 목록에서 제외되는 국가를 공식 저널을 통해 발표한다.[307][308] 이전에 유럽연합과 미국 간에 체결된 정보 보호에 관한 세이프 하버 safe harbor, 회피 조항 규정은 2015년 10월 슈렘스 판결 Schrems decision[309]에 따라 더 이상 적용되지 않는다. 유럽사법재판소는 개

---

304 EU로부터 해당 국가나 기업의 안전 조치가 부적절하다는 결정을 받는 등 발생 가능한 위험이 있다면 정보 주체에게 사전에 고지해야만 하며, 그럼에도 정보 주체가 위험을 감수한다면 이전할 수 있다(손병희, 『데이터 3법 개정이 국내 산업에 미치는 영향』, Issue Report 2020. 4. Vol. 2, 중소기업기술정보진흥원, 2020, 22면.

305 GDPR 제83조 제5항, 제6항.

306 "Adequacy decisions: How the EU determines if a non-EU country has an adequate level of data protection", European Commission 홈페이지(ec.europa.eu/info/law/law-topic/data-protection/international-dimension-data-protection/adequacy-decisions_en, 검색일: 2021. 12. 27).

307 Ruth Boardman, Arian Mole, *Guide to the General Data Protection Regulation*, Bird&Bird, May 2020, p. 52.

308 우리나라도 GDPR을 참고하여 국외 이전 시 정보 주체 동의 요구가 기업의 부담 유발한다는 점을 보완하기 위해 적정한 개인 정보 보호 수준이 보장된다고 개인정보위원회가 인정하는 국가 또는 기업으로 전송하는 경우 별도의 동의 없이 국외 이전을 허용할 방침이다(개인정보보호위원회 보도자료, "국민이 신뢰하는 데이터 시대, 「개인정보보호법」 2차 개정으로 선도한다", 2020. 12. 24., 9면).

309 2013년 미국 CIA 직원이었던 에드워드 스노든(Edward Snowden)의 내부 고발에 의해 미국국가안보국(NSA) 등의 정부 기관이 페이스북 등 IT 기업들의 개인 정보를 감시한 사실이 발각된 사건을 계기로 오스트리아 대학생이던 막스 슈렘스(Max Schrems)가 아일랜드 데이터 보호 기관을 상대로 한 소송사건이다. 유럽사법재판소(EU Court of Justice)는 결국 EU집행위원회와 미국 사이에 체결된 세이프 하버 협정이 무효라고 판결했다.

인 정보에 대한 EU 회원국들의 감독 권한이 세이프 하버 협정보다 우선 적용되는데, EU집행위원회 단독으로 미국과 협정하여 데이터 이전을 허가했다는 점[310]과 EU집행위원회가 유효하다고 내린 결정 자체도 EU 지침의 적정성 요건을 충족시키지 않았다[311]고 판단했다. 이 판결의 영향으로 2016년 5월 24일 GDPR이 제정되었고, 2016년 7월 12일 EU와 미국 사이에 EU-미국 프라이버시 실드 EU-US Privacy Shield 협정이 새롭게 체결되었다.[312]

이후 2019년 8월 국제표준화기구 International Organization for Standardization, 이하 ISO 는 ISO/IEC 27701 인증을 발표했다. ISO/IEC 27701은 시스템, 보안 조직, 사고 대응 방안 등 보안 체제의 관리와 운영에 대한 필요 사항과 개인 정보 보호를 위한 요구 사항을 포괄하는 정보 보호 관리 체계의 국제 인증이다. ISO/IEC 27701 인증은 EU를 넘어 글로벌 비즈니스가 가능하도록 GDPR 준수를 염두하여 제정되었다. 그러므로 새로운 ISO 표준은 기업이 어떠한 국가에서 일하든 이러한 요구 사항을 충족시킬 수 있을 것으로 보고 있다.[313] GDPR 제42조 제5항에 의해 해당 기준이 유럽정

---

310 Court of Justice of the European Union, PRESS RELEASE No 117/15, Luxembourg, *The Court of Justice declares that the Commission's US Safe Harbour Decision is invalid*, 6 October, 2015; 재판소는 무엇보다도 어떤 명령의 규정도 유럽연합의 기본권 조항과 지침 하에서 제3국으로 개인 정보 데이터를 전송하는 것에 대한 회원국 당국의 감독을 방해하지 않는다고 했다(curia.europa.eu/jcms/upload/docs/application/pdf/2015-10/cp150117en. pdf, 검색일: 2020.12.4).

311 과거 EU 개인정보보호지침(Directive 95/46/EC) 제25조 제1항에서 제3국이 적정한 보호 수준을 보장하는 경우에만 개인 정보의 제3국에의 이전을 허용했고, 제2항에서 적정성 (adequacy)의 판단을 EU집행위원회(EC)가 실체적·절차적·집행적 측면에서의 준수 정도를 종합적으로 검토하여 결정할 수 있었다.

312 차상육, "세이프 하버 협정 무효 판결 이후 EU 일반 개인 정보 보호 규정의 내용과 우리 개인 정보 보호 법제상 시사점: 개인 정보의 국외 이전에 관한 비교법적 연구를 중심으로", 「법학논총」 제36권 제1호, 한양대학교 법학연구소, 2019, 214~215면.

313 Tacking Privacy information management head on: First International standard just published(iso.org/news/ref2419.html, 검색일: 2020. 12. 23).

보보호이사회에 의해 승인되면 EU 회원국과 감독기관, 유럽정보보호이사회, 집행위원회는 개인정보처리자가 시행하는 처리 작업이 GDPR을 준수하고 있음을 입증하기 위한 목적으로 사용할 수 있다.[314] 하지만 이러한 GDPR의 강도 높은 역외 이동 규정은 WTO가 추구하는 자유로운 무역에 대한 제재로 작용하여 GATS[315] 제19조[316]에서 규정하고 있는 점진적 자유화.progress liberalization 와 상충한다는 지적[317]도 있다.

3. 데이터세법의 과세 논리

초과이익의 배분 및 구글세로서의 기능

국내에서 데이터세 논의의 기본 개념은 IT 기업들이 무상으로 데이터를 수집하여 과도한 수익을 발생시키고 있다는 데 착안하여 그 초과이익에 대한 과세로 볼 수 있다. 이는 현재 디지털세에서 '필러 1.Pillar 1, 통합접근법'

---

314 GDPR 제42조 제1항.

315 WTO는 무역 자유화를 위한 다자간 규범들을 만들고 있는데, 상품 무역에 관한 규범인 GATT, 서비스 무역의 경우 GATS로 구분할 수 있다. 상품 무역에서는 상품만 국경을 이동하지만, 디지털 경제에서 서비스 무역은 서비스뿐만 아니라 이를 공급하는 자와 소비하는 자도 자유롭게 이동할 수 있다는 차이점이 있다. 1947년 GATT가 만들어진 이후 서비스의 교역이 활발해짐에 따라 1994년까지 진행되었던 UR 협상에서 서비스 교역에 대한 장벽을 제거하고, 서비스 교역의 자유화를 가속하기 위한 다자간의 규범으로서 서비스 무역에 관한 일반 협정(General Agreement on Trade in Services, 이하 GATS)이 제정되었다.

316 회원국들은 더 높은 수준의 자유화를 달성하기 위하여 점진적으로 시장 접근을 확대할 수 있는 적절한 융통성이 부여되며, 개발도상회원국도 외국의 서비스 공급자에게 자국 시장에 접근을 허용할 경우 개발도상국의 참여 증진을 이러한 시장 접근 허용 조건으로 할 때 적절한 융통성이 확보된다.

317 류병운, "개인 데이터의 보호 대(對) 자유로운 국제이동: 국제법의 현재와 미래", 「IT와 법연구」 제21집, 경북대학교 IT와 법연구소, 2020, 71면.

금액 A^Amount A의 초과이익과 비슷한 개념이다. 다만 통합접근법은 개인 정보나 산업 정보에 대한 데이터를 매출이 발생하는 소비국가로부터 수익을 확보하고 있어 매출과 데이터 수집량이 일정한 비례 관계를 가진다고 보아 연계성의 기준을 매출액으로 하는 점에서 다소 차이가 있다. 하지만 다국적기업 대부분이 플랫폼 비즈니스 모델을 채택하고, 고객의 데이터를 기반으로 초과수익을 발생시키고 있다는 점에서 매출액 기준이 아닌 원재료에 해당하는 데이터 자체에 대한 과세가 더 효과적이다.[318] 따라서 데이터세의 도입은 디지털세에서 여전히 과세 사각지대로 남는 외국 기업의 조세 회피를 보완할 수 있는 이른바 구글세의 기능을 담당할 수 있을 것으로 전망된다.

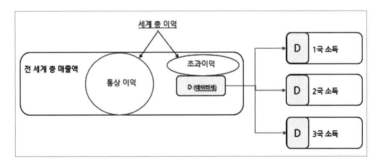

〈그림 1〉 데이터세 개념도

---

318 소비세로 과세하면 회사가 수익이 나지 않더라도 과세가 되므로 타당하지 않다는 지적이 있으나, 실제로 데이터 기업들은 초과이익을 발생시키는 사업 구조이므로 큰 문제가 되지 않는다. 오히려 기존의 소득 과세 중심의 구글세를 부과하면 외국 기업들이 전통적인 조세 회피 수단으로 해외로 소득을 이전하는 행위가 근절되지 않는다. 또한 수익에 대하여 과세하려면 데이터를 많이 사용하는 기업의 수익과 직접 연관 관계를 찾아야 하는데 쉽지 않다. 절차적으로 법인세 체계에서 데이터 기업과 그렇지 않은 기업과의 과세 방식의 차이로 인한 법 적용의 일관성이 없어지는 문제뿐만 아니라 데이터의 사용 대가를 징수한다는 데이터세의 취지와도 맞지 않다.

〈그림 1〉에서 보는 바와 같이 만약 소비국가에서 먼저 DDT를 납부하면 초과이익 자체가 〈그림 2〉의 디지털세에 비해 감소하게 된다. 디지털세의 초과이익[금액 A]처럼 복잡한 산출 과정을 이용해서 배분[319]하는 것이 아니며, 국가 간 합의 절차도 필요 없다. 게다가 현재 제도적이나 기술적으로 데이터 수집량 등의 측정이 가능하므로 앞에서 살펴본 비트세에서 제기된 문제가 발생할 여지는 없다. 데이터세의 과세 표준은 비트세와 같이 데이터 용량이며, 비트세에서 비트당 일정액을 부과하는 것과는 달리 바이트[1B(byte)=8bit]를 기본 단위로 한다.

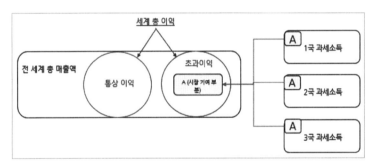

〈그림 2〉 디지털세의 초과이익 배분 개념[320]

최근 유럽연합을 중심으로 자국 내에서 발생한 데이터를 해외로 반출하는 것을 엄격히 통제하는 데이터 현지화와 접합해서 초과이익에 대한 과세 논리를 발전시켜 볼 만하다. 즉, 서버나 클라우드 기업의 데이터센

---

319 글로벌 매출액의 10%를 상회하는 이익(초과이익)에 대해 25%(금액 A)를 매출이 발생한 시장 소재지에 그 지분비율만큼 배분.
320 기획재정부 보도참고자료, ."디지털세 국제논의 최근경향", 2019.10.30., 4면 그림 수정 인용.

터가 국내에 위치하지 않는다면 해외 반출 시점에 데이터세를 부과하는 국제 조세의 하나로 이용할 수 있다. 이때 세율 인상으로 인한 국내 기업의 경쟁력 확보와 세수 증대 효과를 어느 정도 기대할 수 있다. 데이터세는 간접세이므로 「한미조세조약」 등의 저촉을 받지 않으며, 디지털세의 도입 여부와 상관없이 존속할 수 있는 개별 조치라는 것도 장점이다.

국가의 데이터 주권 확보

컴퓨터 프로그램을 기술함에 있어 실행 속도나 오차 등을 줄이기 위해 만든 실행 명령어 순서를 의미하는 알고리즘이 엔진이라면 데이터는 이를 돌리는 연료라고 할 수 있다. 아무리 머신 러닝을 통해 알고리즘을 코딩하더라도 훈련시킬 예측 모델을 만들 수 없고 검증할 데이터조차 없다면 에너지가 없어 동작을 멈춘 기계와 같기 때문이다.[321] 디지털 경제에서 데이터가 새로운 자원으로 평가받는 이유가 여기에 있다. 데이터가 디지털 경제 사회에서 수익을 발생시킬 수 있는 자원이라는 점은 이미 구글, 페이스북 등 다국적 IT 기업들의 사업 모델이 성공을 거두었다는 점을 통해서도 입증되고 있다. 한편 국가가 과세권을 행사할 수 있는 범위도 국가의 주권이 미치는 영역에 국한될 것이므로 한 국가에서 발생한 경제적 자원에 해당하는 데이터가 해외로 이동할 때 국가가 통제권을 행사할 수 있는지도 고찰해 볼 필요가 있다. 우리나라 「헌법」은 대한민국의 영토를 한반도와 그 부속 도서로 명시[제3조]하고 있다. 또한 국가는 국토와 자원을 보호하고, 균형 있는 개발과 이용을 위하여 필요한 계획을 수립[제120조 제2]

---

321 박상철, 앞의 논문, 260면.

항하도록 정하고 있다. 그러므로 데이터가 디지털 경제에서 자원이라는 데 이의가 없고 국내에서 발생했다면 국가는 그 자원의 이용을 통제하는 권한을 가진다고 볼 수 있다. 유럽사법재판소도 다국적기업과 관련하여 「유럽연합정보보호규정」에서 정한 영토적 관할 범위를 확장 해석[322]했고, GDPR도 규제의 영토적 범위[323]를 유효하게 정함으로써 EU 역외의 다국적기업이 GDPR을 준수하게끔 했다.[324] 미국도 2018년 시행된 「해외정보이용합법화법 Clarifying Lawful Overseas Use of Data Act; CLOUD Act」을 통해 미국 정부 기관이 국가 안보 등을 이유로 데이터가 저장된 위치와 관계없이 정보의 이전을 요청할 수 있게 함으로써 자국의 역외 데이터 접근에 대한 법적 근거를 마련했다.[325]

디지털 경제에서 개인은 데이터의 소비자이면서 동시에 데이터의 가치 창출자로서 데이터 주권을 가진다. 데이터 주권 data sovereignty 이란 정보 주체인 개인이 자기 자신에 관한 데이터의 흐름생성, 저장, 유통 및 활용 을 스스로 결정하여 자신의 이익을 위하여 어떻게 사용할 것인지 등을 직접 관리하고 통제할 수 있는 배타적 권리를 의미한다.[326] 앞서 살펴본 대로

---

322 *Google Spain SL and Google Inc. v AEPD and Mario Costeja González*, 13 May 2014; 유럽사법재판소는 여러 회원국의 영토에, 특히 자회사를 통해 단일 관리자(controller)가 설립되었을 때 국가 규칙을 회피하지 않기 위해 활동에 적용되는 국가법에 의해 부과되는 의무를 이행하도록 보장해야 하며, 데이터의 처리는 사용된 수단이 위치한 회원국의 법에 의해 지배되어야 한다고 밝히고 있다.

323 GDPR 제3조 제1항에 따르면, GDPR 규정은 EU 역내에서 개인정보처리자(수탁처리자)의 사업장에서 처리되는 개인 정보에 적용되고, 이때 해당 처리가 EU 역내 또는 역외에서 이루어지는지는 관계없다고 규정하고 있다.

324 크리스티나 아이리언(Kristina Irion)/권헌영(역), "개인 정보의 국경 간 이전에 관한 EU 법률의 이해: 글로벌 환경과의 조화(*EU Law on Cross: Border Flows of Personal Data in a Global Perspective*)", 「경제규제와 법」 제11권 제2호, 서울대학교 법학연구소, 2018, 62~63면.

325 우창완 외, 앞의 책, 4면.

326 윤수영, "4차 산업혁명 시대의 소비자 데이터 주권에 대한 고찰: EU GDPR을 중심으로", 「소비자학 연구」 제29권 제5호, 한국소비자학회, 2018, 93면; 권리 행사의 주체가 개인이고

개인이 데이터에 대한 법적 소유권 Data ownership 없이 데이터를 사용하는 회사를 상대로 그 재산적 권리를 행사하는 데에는 제약이 따르므로 채권적 지위를 가질 수 있도록 마이데이터 산업의 틀을 만들어 놓았다. 그러나 소유권 ownership 이 재산권처럼 그 실체를 확인할 수 있는 것과는 달리 개인의 주권은 법률적으로 구체적인 권한 행사를 논하기 어렵다. 한편 데이터가 자원으로 인식되는 디지털 경제 사회에서 이러한 데이터 주권은 반드시 개인에게만 한정할 수 있는 것은 아닐 것이다. 국가 입장에서는 양질의 데이터가 발생할 수 있는 기반을 마련했기 때문에 국내에서 발생한 데이터가 자원이라면 국가의 데이터 주권도 인정되어야 한다. 왜냐하면 한 국가 내에서 데이터가 사용되고 유통될 수 있는 기반 산업의 확충은 개인의 노력 이외에도 CDMA 기술 도입, 산업 전반에 걸쳐 과학기술 육성 지원 등 국가 정책에 의한 결과이기 때문이다. 할리우드 영화나 애플사의 아이폰이 미국을 제외한 외국에서는 한국을 처음 출시 장소로 결정하는 것도 소비자의 반응이나 활용도에 대한 정보를 가장 빠르고 정확하게 얻을 수 있기 때문이다. 국가의 주권이 어떤 서비스를 생산하기 위해 고유의 능력이 필요하거나 해당 국가에서 자료의 반출을 허락할 때 국가 안보와 같이 취급된다는 전통적 견해에서는 비관세 무역 장벽의 문제들까지 국가 주권과 연계시키기도 했다.[327] 국가별로 인터넷 보급, 정보화 정도의 차이가 크게 나는 것으로 볼 때 한 국가 내에서 데이터가 양질의 자원이 되기 위한 국가의 역할은 필수적이며, 주인으로서 그 권리를 인정하는 것이 정당하다. 정보의 국가 간 이전이 디지털 경제의 핵심

객체가 개인 정보보다 세밀한 수준의 데이터라는 것이 개인정보자기결정권과 차이가 있다.
327　김창수, "정보의 국제적 유통에 관련된 문제들", 「논문집」 제1호, 광주대학교 민족문화예술연구소, 1992, 42면.

이며, 이를 통제할 수 있는 힘은 국가의 주권과 연결된다는 점에서 국가의 데이터 주권 확보는 중요한 이슈이다. 국내에서 발생한 데이터를 국내 자원으로 본다면 국가의 데이터 주권을 확보하는 가장 효율적인 방법도 데이터의 현지화일 것이다.

데이터에 대한 경제적 제재를 통한 데이터 현지화 방안

국내에서도 데이터 주권을 확보하려는 시도가 있었다. 더불어민주당 변재일 의원이 20대 국회였던 2018년 9월에 발의한 '데이터 서버 현지화 법안'이 그것이다. 당시 마이크로소프트사 한국 지사는 해당 법안을 21세기 척화비라고도 혹평하기도 했고, 주한미국대사관까지 나서서 반대 의사를 명확히 했다.[328] 결국 이런저런 이유로 데이터 서버 현지화 법안은 입법되지 못했다.[329] 우리나라는 포괄적·점진적「환태평양경제동반자협정」가입을 추진 중[330]이므로 서버를 현지에 두는 것을 강요하지 않는다는 2015년 결의안[331]에 동참해야 할 수도 있다.

---

328 마이크로소프트 한국지사, "데이터서버 현지화 법안은 21세기 척화비", 아시아경제, 2018. 11. 28. 기사(asiae.co.kr/news/view.htm?idxno=2018112819232534943, 검색일: 2020. 12. 24).

329 반면 최근 애플은 러시아법을 준수하기 위해 러시아 모스크바에 위치한 아이셀러레이트 (IXcellerate)가 운영하는 서버에 현지 이용자의 데이터를 저장하고 있다고 밝히기도 했다("애플, 러시아 서버에 현지 데이터 저장…인스타, 자살유도 콘텐츠 막는다", IT조선, 2019. 2. 5. 기사(it.chosun.com/site/data/html_dir/2019/02/05/2019020500266.html, 검색일: 2020. 12. 24).

330 "[그래픽] 포괄적·점진적 환태평양경제동반자협정 개요", 연합뉴스, 2021. 12. 27. 기사 (news.naver.com/main/read.naver?mode=LSD&mid=sec&sid1=101&oid=001&aid=0012806152, 검색일: 2021. 12. 27).

331 "CHAPTER 14 ELECTRONIC COMMERCE" 미국무역대표부 홈페이지(ustr.gov/sites/default/files/TPP-Final-Text-Electronic-Commerce.pdf, 검색일: 2020. 12. 18).

그러나 유럽연합의 GDPR에서 보듯이 데이터 주권의 확보는 반드시 데이터 서버를 국내에 두는 것만으로 가능한 것이 아니다. 단지 데이터를 국내에 쌓아놓게 하는 것은 더 이상 의미가 없을 수도 있다. 오히려 데이터 서버를 국내에 둔다 해도 데이터를 효율적으로 통제할 수 없다면 데이터 자원을 잘 관리한다고 볼 수 없기 때문이다. EU집행위원회가 데이터 단일 시장 European single market for data 을 통해 유럽식 데이터 환경의 미래를 나타내고자 하는 개념도 데이터 개방을 포괄하는 것으로 개인 및 산업 데이터를 모두 안전하게 보호하면서 동시에 사업자들이 쉽게 접근할 수 있는 환경을 만드는 것이다.[332] 따라서 디지털 미래에 대한 주요 이슈 중 하나는 데이터의 접근과 축적 pooling 및 공유, 온라인과 오프라인 상거래의 균형[333]이라고 할 수 있다. 데이터의 국외 이전을 자원의 수출이라는 측면에서 보면 주권 확보뿐만 아니라 데이터 경제 활성화 측면에서 허용과 제한의 적절한 절충[334]이 필요한 시점이다.

그렇다면 데이터 주권 확보를 위해 국내 발생 데이터의 국외 이전을 합리적으로 제한하는 규범을 만드는 방법으로 직접적인 경제적 제재를 통한 데이터 현지화를 고민해 볼 필요성이 있다. 다국적기업이 국내에서 발생한 데이터로 인해 벌어들이는 수익 원천에 대하여 국가가 재산권을 행사함으로서 경제적 제재를 통해 데이터의 역외 반출을 통제 현지화 하는 것이다. 현재 조세법 학계에서 논의 중인 데이터세는 구글과 같은 다국적 IT 기업들이 데이터를 해외로 이전할 때 조세를 부과하는 것으로 경제

---

332 이상윤, "유럽연합 디지털 정책의 동향과 전망: 유럽의 미래, 유럽 데이터 전략, 인공지능 백서의 주요내용과 의의",「고려법학」제97호, 고려대학교 법학연구원, 2020, 210면.
333 European Commission, *Shaping Europe's Digital Future*, COM 67 final, 2020, p. 8.
334 우창완 외, 앞의 책, 23면.

적 제재의 일환으로 사용할 수 있다. 즉, 국가가 데이터 자체의 경제적 가치에 중점을 두어 데이터의 수집과 소비를 과세 물건으로 하는 조세^{데이}터세를 도입한다면 기존 디지털 세제의 보완세[335]로서 다국적 IT 기업들의 조세 회피 문제를 해결하는 데에도 도움을 줄 수 있을 것으로 기대된다. EU가 데이터 현지화를 위해 시행하고 있는 개인 정보의 역외 이전에 대한 적정성 평가가 비효율적이고 투명하지 않으며 정치적 영향의 대상이라는 비판[336]에 대해서도 정부가 과세권 확보를 위해 필요한 법적 조치라는 근거로 대응할 수 있을 것이다. 특히 비식별 처리된 개인 데이터나 산업 데이터의 역외 이전에 대해 정부가 데이터세[337]를 부과할 수 있다면 적정한 세수 확보와 더불어 국내 데이터 산업 보호도 동시에 추구할 수 있다는 이점이 있다. 데이터세의 도입을 추진하는 정치권에서도 국가가 경제적으로 데이터 주권을 확보할 수 있다는 점은 조세 부과의 정당성을 뒷받침할 수 있는 좋은 근거가 될 수 있다.

한편 아마존웹서비스 Amazon Web Services , 마이크로소프트 애저 Microsoft Azure 같은 클라우드 서비스들은 국내 업체들이 운영하는 데이터센터 공간을 빌려 국내 인프라를 구축했는데, 확대되는 국내 수요를 감당하기 어려워 직접 데이터센터 구축에 나설 것이라는 전망이다.[338] 이미 글로벌

---

335 김신언, "기본소득 재원으로서 데이터세 도입방안", 「세무와 회계연구」 제9권 제4호, 한국세무사회 부설 조세연구소, 2020, 9, 49면.

336 Christopher Kuner, *Reality and Illusion in EU Data Transfer Regulation Post Schrem,* 18 German Law Journal, 2017, p. 911.

337 김신언, "디지털 경제의 세원(稅源), 데이터", 「세무와 회계 저널」 제22권, 제2호, 한국세무학회, 2021, 233~234면; 국가가 데이터세 징수를 통해서 비식별 데이터와 산업 데이터의 재산권을 활용하는 근거와 그 과세 요건을 설명했다.

338 "통신사 주도 데이터센터 판세…재편 가능성은?", 디지털투데이, 2021. 5. 24. 기사 (digitaltoday.co.kr/news/articleView.html?idxno=403108, 검색일: 2020. 5. 30).

디지털 인프라 기업인 에퀴닉스^{Equinix}도 2019년 8월 서울에 1차 데이터센터를 개소한 이후 2020년 12월 2단계 데이터센터를 확장했다.[339] 최근 정보기술^{IT} 시장에서 한국의 중요성이 커지고 있기 때문이다. 데이터 생산량 기준으로 한국은 미국, 영국, 중국, 스위스에 이어 세계 5위[340]에 해당한다는 점에서 볼 때 필요에 따라 해외 기업들이 국내에 데이터센터를 추가로 구축할 확률이 높아졌다. 따라서 앞으로 국내법상 데이터 관리 체계는 역외로 이전되는 데이터에 대하여 정보 보호 관리 체계 안에서 어떻게 적절히 관리할 것인가 하는 문제점[341]으로 귀결된다.

국내법상 데이터 관리 체계 보완

그러나 현행 우리 법률을 볼 때 유럽연합의 GDPR의 보호 기준과는 다른 양상을 보인다. 우리나라는 「정보통신망법」 제47조에서 정보 보호 관리 체계^{Personal information & Information Security Management System, 이하 ISMS} 인증을 규정하고 있다. 2003년 1월 25일 국내 인터넷망이 서비스 거부 공격으로 마비된 인터넷 대란 이후 기업과 공공기관에게 최소한의 보안 조치를 의무화하던 종전의 정보 보호 안전 진단 제도를 폐지하고 높은 수준의 정보 보호 관리 체계 인증 제도로 일원화하게 된 것이다.[342] 「정보통

---

339 "에퀴닉스, 서울 데이터센터 2단계 확장…아시아 추가 설립 계획", IT조선, 2020. 12. 14. 기사(it.chosun.com/site/data/html_dir/2020/12/14/2020121401789.html, 검색일: 2020. 12. 28).
340 "韓, 하이퍼 스케일 데이터센터 구축 시급", ZDNet Korea, 2020. 12. 23. 기사(zdnet. co.kr/view/?no=20201223144924, 검색일: 2020. 12. 24).
341 데이터세의 효율적인 징수를 위해서는 데이터의 역외 이동 시점만이 아니라 수집·보관하는 시점에 과세하는 것도 검토할 필요가 있다.
342 한국인터넷진흥원, 『정보보호 관리체계(ISMS) 인증제도 개요』, 미래창조과학부, 2017, 13면.

신망법」이 2012년 2월 17일에 개정되면서 정보통신망 서비스 제공자 중에서 매출액과 이용자 수 등이 일정 규모 이상인 기업[343]과 공공기관에게 ISMS 인증을 의무적으로 받도록 하고 있다.[344] 한편 「개인정보보호법」 제39조의11에서 국내 대리인 지정 의무 대상자도 정보 보호 관리 체계와 같은 기준을 충족할 것을 규정하고 있다.[345] 여기서 정보통신서비스제공자란 「전기통신사업법」 제2조 제8호에 따른 전기통신사업자와 '영리 목적'으로 전기통신 역무에 의한 정보를 제공하거나 매개하는 자를 말한다.[346] 그러나 반드시 영리 목적이란 제한을 가하는 것이 비영리 정보의 제공이나 매개와 관련된 규율을 배제할만한 당위성은 없어 보인다.[347] 이를 반증하듯 현재 스타벅스코리아는 ISMS-P 인증[348]까지 받았지만, 구글코리아와 같이 다국적 IT 기업들의 100퍼센트 국내 자회사는 어떠한 인증도 받은 적이 없고, 「개인정보보호법」상 국내 대리인의 요건을 충족시킬 수 있을지도 불확실하다. 조세법적으로도 외국 IT 업체들이 국내에 설립한 자회사를 단순 연락 사무소로서 보조적이고 예비적인 활동만 한다

---

343 전년도 매출액이 1조 원 이상인 자, 단 정보통신 서비스 부문은 매출액이 100억 원 이상인 자, 전년 말 기준 직전 3개월간 이용자 수가 하루 평균 100만 명 이상인 자 등이다.

344 「정보통신망법」 제47조 제2항.

345 개인 정보를 처리하는 자연인이나 법인, 공공기관, 기관 또는 기타 기구이면 GDPR의 적용 대상이 되는 것과 차이가 있다. GDPR에 의하면 다만 개인정보처리자 또는 개인정보처리자 지정을 위한 구체적 기준을 유럽연합 또는 회원국 법률로 규정할 수 있다(GDPR 제4조 제7항).

346 「정보통신망법」 제2조 제1항 제3호.

347 이민영, "정보통신서비스 제공자에 대한 법적 고찰", 「성균관 법학」, 성균관대학교 법학연구원, 2018, 96면.

348 ISMS-P는 ISMS 인증에 개인 정보 보호까지 포함된 넓은 보호 수준이다. 기업들의 정보 보안에 대한 인증을 의무화하여 주요정보 자산의 유출과 그에 따른 피해를 사전에 예방할 수 있도록 개인 정보의 수집 단계부터 보유 및 이용과 파기 단계까지 종합 관리 체계를 갖추게 한 것이다. 이에 따라 개인 정보의 항목, 보유량, 처리 목적 및 방법, 보유 기간 등 현황을 정기적으로 관리하여야 하며, 매년 사후 심사까지 받게 하고 있다.

고 주장하면 국내에서 직접 영리사업을 한다고 볼 수 없어서 법인세를 부과할 수 없고,[349] 「정보통신망법」상 전산망 사업 요건에도 해당하지 않으므로 ISMS 인증 의무가 없기 때문에 정보 보호 관리 체계 안에서 적절히 관리할 수 없게 된다.

따라서 국외 IT 기업들이 해외 서버로 데이터를 얼마나 전송했는지 파악하고 적절히 과세할 수 있는 권한을 부여하기 위해서는 「정보통신망법」상 ISMS 또는 ISMS-P 인증 대상에 국내 자회사 또는 국내 대리인을 포함하되, 사업자 요건 또는 매출액 규모 등의 조건과 상관없이 인증을 받도록 해야 한다. 물론 이러한 요건이 실질적인 개인 정보 보호보다는 슈렘스의 사례처럼 데이터 전송을 보호하기 위한 절차적 메커니즘에만 초점을 맞추는 경향을 보여준다는 비판[350]이 있을 수 있다. 그러나 정부가 데이터 주권에 대한 실질적인 권한을 실현하기 위해 절차적인 요소도 중요하며, 절차법적 정당성이 정부 기관에 의한 처분 행위의 적법성 확보와 더불어 실질적인 주권 확보의 근간이 된다는 점에서 데이터 전송과 관련된 법적 메커니즘의 완성은 필수적이다. 이러한 측면에서 데이터세법을 입법하면 정당한 과세를 위해 실제 데이터 수집 및 가공 규모와 그 사용 실적까지 확보할 수 있다. 데이터에 기반을 둔 외국 IT 기업들이 국내 발생 데이터 유출에 대한 통제도 보다 체계적으로 할 수 있을 것이다.

---

349 「법인세법」 제94조 제4항에 따르면 단순 구입만을 위해 사용하거나 판매 목적이 아닌 자산의 '저장과 보관', 광고, '정보의 수집 및 제공', 시장조사, 외국 법인이 자기의 자산을 타인으로 하여금 '가공'할 목적으로만 사용하는 장소가 외국 법인의 사업상 예비적 보조적 활동을 위하여 사용된다면 국내 사업장으로 보지 않고 있다.

350 Christopher Kuner, *op cit*, p. 882, 915.

데이터의 재산권 사각지대 보완

과거 개인 정보에 대한 권리는 정신적 손해 배상 청구와 위자료 지급을 가능하게 하는 것이 인격권의 일종임을 전제했기 때문에 개인정보자기결정권은 단지 인격권이라는 견해[351]가 일반적이었다. 그러나 경제적 가치가 있는 재화로서 데이터에 대한 소유권은 인격권이 아닌 재산권으로 보아야 하고, 「개인정보보호법」에서 말하는 자기결정권으로서 보호받는 개인 정보에 대한 권리와 구별하는 것이 적절하다.

그런데 현재 데이터 소유권 즉, 재산권 부여의 대상이 되는 데이터에 대한 논쟁은 익명화 등으로 비식별 처리된 데이터 deidentified data 이다.[352] CCPA[353]에 의하면 개인 정보의 재사용판매 등은 인정하되 해당 소비자가 이를 금지할 것을 요구하면 재사용할 수 없지만, 비식별 조치를 한 경우에는 해당 소비자가 CCPA에 의해 보호되는 권리를 갖는다고 볼 수 없다. CCPA는 소비자의 프라이버시 보호를 목적으로 하므로 개인을 식별할 수

---

351 정상조, 권영준, "개인 정보의 보호와 민사적 구제수단", 「법조」 제58권 제3호(통권 630호), 법조협회, 2009, 20면.

352 이동진, 앞의 논문, 224~226면.

353 미국 캘리포니아주 의회는 2018년 6월 28일 IP 기업들의 개인 정보 수집에 강력한 영향을 줄 「소비자정보보호법(California's Consumer Privacy Act, 이하 CCPA)」을 통과시켰다. 연방법이 아닌 캘리포니아 주법에까지 우리가 관심을 가져야 하는 이유는 구글, 페이스북, 애플 등의 본사가 모두 캘리포니아주의 실리콘밸리에 위치하므로 캘리포니아의 CCPA는 이러한 세계적인 IT 기업(조세 회피 기업)들에게도 직접 영향을 미치기 때문이다. CCPA 가 통과된 후 15개의 다른 주에서 CCPA와 유사한 프라이버시 법안을 도입했고, 유사한 제안들이 미연방 차원에서도 고려되고 있다. 2020년 1월부터 시행된 CCPA는 소비자가 요구하면 회사가 수집하는 정보의 내용과 수집 이유, 제3자에게 공유한 정보를 공개해야 하며, 소비자는 자신의 정보를 삭제하거나 판매 또는 공유하지 못하게 요구할 수 있다 [CCPA §1798.100 (a), (b), (c), (d)]. 또한 소비자로부터 정보 요구를 받은 사업자는 상응하는 조치를 하기 위해서 지난 12개월 동안 판매하고 사업 목적으로 사용했던 개인 정보 내역을 공개하고 12개월마다 이를 갱신해야 한다[CCPA §1798.140 (o), (2), (3)].

없는 정보까지 보호할 필요가 없기 때문이다. 그러므로 가명 정보[354]나 익명 정보[355]와 같이 비식별 조치가 된 데이터에 대한 데이터 주체의 권리는 인격권과는 별개인 재산권 문제로 보아 해결해야 한다. 그러나 마이데이터 산업이 뿌리를 내리더라도 비식별 조치가 된 데이터에 대한 개인의 채권적 권리 행사가 어렵다. 본인임을 알 수 있는 정보를 추적할 수 없다면 인격권뿐만 아니라 재산권 행사도 제한되는 것이다. 또한 마이데이터 산업이 자리 잡기 전에 IT 기업들이 수집한 개인 정보에 대해서도 정보 주체가 그 채권적 기능에 근거한 소유권 행사가 여전히 어렵다. 기업이 발생시킨 산업 데이터의 재산권 행사도 같은 관점에서 눈여겨 보는 이유다. 산업 데이터를 기업이 자체적으로 소유한 경우 그 소유권에 대한 법적 문제는 없지만, 그렇지 않다면 산업 데이터도 아무런 대가 없이 사용될 수 있다는 점에서 그 경제적 가치에 대해 정부가 권리를 행사할 필요가 있다. 아래 국내 데이터세의 과세 대상에서도 이러한 부분이 이미 검토되었으며, 개인과 법인의 소유권 행사의 사각지대에 대하여 과세를 통해 이를 보완할 수 있다고 본다.

---

354 우리나라 「개인정보보호법」도 개인 정보를 살아 있는 개인에 관한 정보로 이름, 주민등록 번호 또는 영상 등을 통해 개인을 식별할 수 있거나 다른 정보와 결합하여 식별할 수 있는 정보라고 정의하고 있다. 최근 이 범위에 원래 상태로 복원하기 위해 추가적인 정보를 사용하거나 결합하지 않고는 특정 개인을 식별할 수 없는 가명 정보도 포함했다(「개인정보 보호법」 제2조 제1호 다목).; 과거 개인 정보에 대한 정의는 「정보통신망법」 제2조 제6호 에서 규정하고 있었다. 그러나 데이터 3법이 2020년 2월 4일 개정되면서 「정보통신망법」 에서 삭제하고 「개인정보보호법」에서 개인 정보를 정의하고 가명 정보까지 포함하는 것 으로 그 범위를 확대했다.

355 익명 정보는 추가 정보가 있어도 특정 개인을 더 이상 알아볼 수 없을 정도로 비식별 조치 된 정보를 말한다(「신용정보법」 제2조 제16호). 익명 정보는 개인 정보로서 프라이버시나 재산적 가치를 따지지 않아도 되어 자유롭게 활용할 수 있다.

4. 데이터세법 도입 방안

새로운 구글세의 대안으로서 데이터세

현실적으로는 다국적 IT 기업이 그 원재료 raw data 의 사용 대가를 시장 논리에 의해 개인에게 직접 지불하고 구매하는 것이 가장 이상적이다. 하지만 개인이 자신의 데이터 사용에 대한 대가 데이터세를 청구하기 위해서는 자신의 원시 데이터의 가치를 산정해야 하는데, 현실적으로 불가능하다. 원시 데이터를 재료로 사용하는 회사는 빅데이터 플랫폼에서 빠른 시간 velocity 내에 다양한 variety 데이터를 가공하는 일련의 절차를 거쳐 수익을 발생시키는 데 필요한 경비를 산출할 역량을 갖추고 있지만, 개인에게는 이를 기대할 수 없기 때문이다. 따라서 개인보다는 국민의 재산권을 보호하고 사회 보장 및 복지를 위해 노력할 의무가 있는 국가가 대신 이러한 역할을 한다면 보다 효율적일 것이다.[356] 또한 데이터세는 다국적기업의 조세 회피에 대한 디지털 세제의 보완세로서의 역할도 기대할 수 있다. 이러한 측면에서 데이터세의 도입은 필요하며, 이를 위해 합리적인 과세 체계와 징수 방법을 개발해야 할 것이다.

데이터세의 도입 형태는 법인세 또는 그에 대한 부가세(surtax) 와 같은 소득 과세보다는 소비세가 타당하다. 데이터세의 정의에 따른 과세 대상은 원시 데이터로서 기업의 재료비 성격을 가지기 때문에 매출이나 소득을 과세 표준으로 할 수 없기 때문이다. 특히 데이터세가 구글세로서의 기능을 향상시키기 위해서도 소득 과세보다는 소비 과세로 도입하는 것이 유

---

356 「헌법」 제23조 제1항, 제2항, 제34조 제2항.

리하다. OECD도 인정한 바와 같이 1920년대까지 거슬러 올라가는 소득 과세 중심의 현행 국제 조세 체계만으로는 디지털 경제에서 더 이상 원천지 국가들의 공평한 과세권 행사를 기대할 수 없게 하고 있다. 특히 서버를 국내에 두지 않게 됨에 따라 발생하는 고정사업장 문제[357]를 소득 과세 형태에서는 완전히 배제할 수 없으므로 새로운 소비 과세 패러다임을 구축할 필요가 있다. 만약 IT 기업이 데이터를 사용한 대가를 시장 소재지 국가가 징수하는 방법으로 소득이 발생하기 전 단계인 소비 단계에서 우선 과세한다면 이후 IT 기업의 수익에 대한 (소득) 과세를 보완하는 역할을 할 수 있다. 우리나라가 체결한 각종 양자 간 조세 조약의 조세는 소득세와 법인세에 주로 국한되므로 소비세인 데이터세가 이 조약의 간섭을 받지 않는다는 것도 강점이다.

구체적인 법안 소개

앞의 과세 논리를 바탕으로 국내 데이터세 연구 결과는 법안 형태로도 이미 공개되었는데,「개별소비세법」을 기반으로 한 소비세 체계이며, 기본소득을 재원으로 하는 목적세[법안 1조]로서 종량세[3조]이다. 원시 데이터에 대한 대가는 거래 단계에서 발생하는 부가가치보다 물품세로서의 성격이 타당하므로「부가가치세법」이 아닌「개별소비세법」의 법리를 적용한 것이다. 새로운 세제 도입으로 인한 기업 부담을 완화하기 위해 (-)탄력세율과 잠정세율[4조], 소액부징수[少額不徵收, 10조], 조건부 면세[20조]를 규

---

357 OECD, *Public consultation document Secretariat Proposal for a 'Unified Approach' under Pillar One*, 2019, p 6.

정하고 있다. 데이터를 많이 사용하는 기업이 주로 납세 의무를 부담할 수 있도록 소비자에게 전가를 최소화하기 위한 비과세 규정[5조]을 두고 있다. 정부의 디지털 뉴딜 정책 공조 방안으로서 공공데이터에 대한 무조건 면세[21조], 마이데이터 세액 공제[22조], 공평성을 증진하기 위해 텍스트 파일과 동영상 차등 과세[4조]도 별도로 두고 있다. 무엇보다도 조세 회피 방지 방안에 중점을 두고 있는데, 납세 의무자[6조], 과세 시기[7조], 가공[8조] 및 반출 의제[9조], 폐업 시 과세[24조], 기록 장치 및 장부 기장 의무[25조], 과세 관청의 권한 강화[27, 28, 29, 31조], 미납세반출未納稅搬出, [17조]로서 외국 기업에 대한 과세 체계에 활용할 수 있는 기능을 강화한 점이 특징이다. 다만 이 법안은 현재 소병훈 의원이 대표 발의한 '기본소득법안[의안번호 제2104204호]'의 의결을 전제로 하는 것이므로 이 법안이 의결되지 않거나 수정 의결되는 경우에는 이에 맞추어 조정되어야 한다.[358] 따라서 최근 대통령 선거와 관련하여 논란이 되는 기본소득의 논의 결과에 따라 법안의 발의부터 입법까지 영향을 미치므로 현재 상태로는 국내 도입이 다소 불확실하다. 그러나 제1조 목적 조항을 제외하면 보통세로서 데이터를 많이 사용하는 국내외 디지털 기업에 대한 과세로서 역할을 기대할 수 있으므로 기본소득과 관계없는 구글세로 입법할 수 있다. 현재 데이터세 법안은 국내 데이터 산업의 발전에 미치는 악영향을 최소화하기 위해 세율을 1기가바이트당 1,000원으로 낮게 설정하고, (-)탄력세율과 잠정세율을 두고 있어서 도입 초기에 국내 IT 기업들의 부담이 낮기 때문에 산업 전반에 미치는 영향도 크지 않다는 장점이 있다. 데이터세법을 입법할 경우 구체적 방안은 아래와 같다. 데이터세의 도입과 관련

---

358 국회 기본소득 연구포럼, 『기본소득 재원 마련을 위한 데이터세법 토론회』, 2021, 25, 86면.

하여 과세 요건의 세밀한 설계 과정과 전가 가능성, 이중과세 문제, 데이터 용량 포착^{측정} 방안 등은 이미 발표된 논문[359]으로 대체하기로 한다.

데이터세법(안)

〈중략〉

제3조(과세 대상과 세율) ① 데이터세를 부과할 물품(이하 "과세 물품"이라 한다)과 그 세율은 다음과 같다.

   1. 전자화된 영상 파일에 담겨있는 데이터: 용량 1기가바이트당 300원

   2. 제1호에 해당하지 아니하는 파일에 담겨 있는 데이터: 용량 1기가바이트당 1,000원

② 제1항에 따른 데이터의 용량은 데이터가 담겨 있는 파일의 용량으로 측정한다.

③ 과세 물품의 세목과 종류는 대통령령으로 정한다.

④ 과세 물품의 판정은 명칭이 무엇이든 상관없이 그 물품의 형태·용도·성질이나 그 밖의 중요한 특성에 의한다.

⑤ 동일한 과세 물품이 제1항제1호 및 제2호에 모두 해당하는 경우에는 그 과세 물품의 특성에 맞는 물품으로 취급하되 그 특성이 명확하

---

359 김신언, "디지털 경제의 세원(稅源), 데이터", 「세무와 회계 저널」 제22권 제2호, 한국세무학회, 2021, 228~230, 235~245면.

지 아니한 경우에는 주된 용도로 사용되는 물품으로 취급하고, 주된 용도가 명확하지 아니한 경우에는 높은 세율이 적용되는 물품으로 취급한다.

⑥ 과세 물품을 대통령령으로 정하는 사유로 가공하여 용량에 변화가 있는 경우에는 그 변화의 전후 용량을 비교하여 큰 용량을 기준으로 과세한다.

⑦ 제4항 및 제5항에서 규정한 사항 외에 과세 물품의 판정에 필요한 사항은 대통령령으로 정한다.

제4조(탄력세율 및 잠정세율) ① 제3조에 따른 세율은 데이터산업 활성화 및 중소기업 육성 등에 탄력적으로 대응하기 위하여 그 세율의 100분의 30의 범위에서 대통령령으로 감액 조정할 수 있다.

② 제6조의 납세 의무자 중 기술 개발을 선도하거나 마이데이터(MyData) 산업 또는 중소기업 육성에 필요하여 대통령령으로 정하는 기업에 대해서는 다음 각호의 세율을 적용한다.

1. 대통령령으로 정하는 날부터 4년간: 제3조제1항의 세율(이하 이 조에서 "기본 세율"이라 한다)의 100분의 10

2. 제1호에 따른 기간이 지난날부터 1년간: 기본 세율의 100분의 40

3. 제2호에 따른 기간이 지난날부터 1년간: 기본 세율의 100분의 70

③ 제2항에 따른 세율은 대통령령으로 정하는 바에 따라 그 적용을 단축 또는 중지하거나 기본 세율의 범위에서 인상할 수 있다.

④ 제2항과 제3항에 따른 세율은 기본 세율 및 제1항의 세율에 우선하여 적용한다.

제5조(비과세) 다음 각호의 어느 하나에 해당하는 데이터에 대해서는 데이터세를 부과하지 아니한다.

1. 검색 포털 등을 통하여 데이터를 검색하고 유상 또는 무상으로 다운로드한 데이터. 다만 알고리즘, 인공지능 등 그 명칭에 상관없이 데이터 수집을 위한 기계장치 등에 의하여 대통령령으로 정하는 대용량의 파일을 다운로드한 경우와 다운로드한 데이터를 가공 또는 반출하거나 사업에 사용하는 경우에 해당하는 데이터는 제외한다.

2. 전자우편 등을 통하여 무상으로 파일을 주고받는 등 대통령령으로 정하는 행위에 따라 전송되는 데이터. 다만 타인에게 가공을 의뢰하거나 사업에 사용할 목적으로 전송하는 데이터는 제외한다.

3. 자신의 저장 장치에 보관하던 과세 물품을 자신 또는 타인의 저장 장치에 대통령령으로 정하는 바에 따라 업로드하는 데이터

4. 법률이나 정부 또는 지방 자치 단체의 명령에 따라 전송하는 데이터

5. 정보 주체가 자신의 의지에 따라 개인 정보를 전송하는 등 대통령령으로 정하는 사유에 해당하는 데이터

6. 정보 주체 자신이 직접 생산하는 데이터. 다만 해외에 영리를 목적으로 반출하는 데이터는 제외한다.

제6조(납세 의무자) 다음 각호의 어느 하나에 해당하는 자는 이 법에 따라 데이터세를 납부할 의무가 있다.

1. 과세 물품을 수집하는 자

2. 과세 물품을 가공하는 자

3. 과세 물품을 반출하는 자(과세 물품을 국외로 반출하는 자를 포함한다)

4. 과세 물품의 수집, 가공, 반출 등을 위탁하는 자, 수탁자, 재위탁자 및 재수탁자

제7조(과세 시기) 데이터세는 데이터를 수집, 가공 또는 반출할 때에 부과한다.

제8조(가공으로 보는 경우) 다음 각호의 어느 하나에 해당하는 경우에는 해당 과세 물품을 가공하는 것으로 본다.

1. 과세 물품을 인공지능의 학습에 사용하는 경우

2. 제20조제1항에 따라 수집된 데이터를 회원 관리 목적이 아닌 광고 등 대통령령으로 정하는 목적으로 사용하는 경우

3. 과세 물품을 대통령령으로 정하는 바에 따라 사업에 사용하는 경우

제9조(반출로 보는 경우) 다음 각호의 어느 하나에 해당하는 경우에는 과세 물품을 반출하는 것으로 본다.

1. 자신의 저장 장치에서 타인의 저장 장치로 데이터를 이전하지는 아니했으나, 타인이 해당 데이터를 사실상 사용할 수 있도록 권한을 부여한 경우

2. 과세 물품의 수집자의 저장 장치에 있다가 공매(公賣)·경매 또는 파산 절차로 환가(換價)되는 경우

3. 과세 물품의 가공 및 사용을 사실상 폐지한 경우에 저장 장치에 남아 있는 경우로서 대통령령으로 정하는 사유에 해당하는 경우

제10조(과세 표준) ① 데이터세의 과세 표준은 다음 각호에 따른다.

1. 과세 물품을 수집, 가공 또는 반출할 때의 그 용량

2. 과세 물품을 가공하여 용량이 변경되는 경우에는 가공이 완료된 이후의 용량과 이전의 용량 중 큰 것

② 납세 의무자가 1개월(매월 1일부터 말일까지의 기간을 말한다) 동안 수집, 가공 또는 반출한 과세 물품의 총량이 1기가바이트 미만인 경우에는 이를 과세 표준에 산입하지 아니하고, 1기가바이트 이상인 경우 소수점 이하는 버린다.

〈중략〉

제17조(미납세반출) ① 다음 각호의 어느 하나에 해당하는 데이터의 반출에 대해서는 대통령령으로 정하는 바에 따라 관할 세무서장의 승인을 받은 경우에는 데이터세를 징수하지 아니한다.

1. 법률로 정하는 바에 따라 정보 주체가 요구하는 경우에 해당 정보 주체와 관련된 데이터를 반출하는 것

2. 법률상 의무 등 대통령령으로 정하는 사유에 따라 비식별 조치를 하기 위하여 데이터를 다른 저장 장치로 반출하는 것

3. 제2호에 따른 비식별 조치를 한 데이터를 의뢰인에게 반환하거나 지정한 저장 장치로 다시 반출하는 것(반환 또는 반출하는 자가 반

환 또는 반출 후 자신의 저장 장치에서 해당 데이터를 삭제하는 경
우로 한정한다)

4. 데이터세의 보전이나 그 밖에 단속에 지장이 없다고 인정되는 것으
로서 대통령령으로 정하는 것

② 제1항에 따라 데이터를 반출한 경우로서 정보 주체의 요구에 따라
반출한 사실, 비식별 조치를 하기 위하여 반출한 사실, 자신의 저장
장치에서 삭제한 사실 등을 대통령령으로 정하는 바에 따라 증명하
지 아니한 것에 대해서는 반출자로부터 데이터세를 징수한다.

③ 제1항 제1호. 제2호 및 제4호의 경우에는 반입자를 수집자로 보지
아니한다.

④ 제1항제3호의 경우에는 반입자를 가공한 자로 본다.

⑤ 제1항을 적용받아 데이터를 미납세반출하는 자는 제25조에 따른 기
록 장치에 의하여 그 반출 사실을 기록하고 보관하여야 하며, 제11조
에 따른 신고를 할 때 관할 세무서장에게 신고하여야 한다.

〈중략〉

제20조(조건부 면세) ① 다음 각호의 어느 하나에 해당하는 데이터에 대
하여 대통령령으로 정하는 바에 따라 관할 세무서장의 승인을 얻은 경우
에는 데이터세를 면제한다.

1.「부가가치세법」 제8조 및 제53조의2에 따른 사업자 등록을 한 사
업자가 상품의 판매와 결제, 배송, 환급 등 회원 관리 목적으로 회원
가입 등의 절차를 통하여 수집 및 보관하는 고객의 식별정보

2. 제1호에 따라 수집한 후 고객정보 보호를 위하여 다른 법률에서 정하는 바에 따라 비식별 조치를 한 데이터

② 제1항의 데이터로서 제25조에 따른 기록 장치에 의하여 증명되지 아니한 것에 대해서는 수집자 및 비식별 조치를 한 자로부터 데이터세를 징수한다.

③ 제1항의 데이터를 수집자가 광고성 정보 제공 등 마케팅 목적으로 가공한 사실이 확인된 경우에는 대통령령으로 정하는 바에 따라 수집자로부터 데이터세를 징수한다.

④ 제1항에 따라 데이터세를 면제받아 수집 또는 비식별 조치를 한 자는 수집 또는 비식별 조치를 한 날이 속하는 달의 다음 달 15일까지 그 사실을 관할 세무서장에게 신고하여야 한다.

제21조(무조건 면세) 다음 각호의 어느 하나에 해당하는 데이터에 대해서는 대통령령으로 정하는 바에 따라 데이터세를 면제한다.

1. 정부가 「공공데이터의 제공 및 이용 활성화에 관한 법률」 제21조에 따라 공공데이터 포털을 통하여 제공하는 공공데이터

2. 국가 또는 지방 자치 단체가 직접 수집·보관·가공·반출하는 데이터

3. 군사상 목적으로 수집되는 데이터 또는 그 데이터를 이용하여 가공하는 군수용 데이터

4. 조약 또는 상호주의에 따라 데이터의 이동과 관련하여 과세하지 아니하도록 규정한 데이터

제22조(세액의 공제와 환급) ① 이미 데이터세가 납부되었거나 납부될 과세 물품을 수집, 가공 또는 반출하는 경우 해당 과세 물품에 대한 데이터세를 납부 또는 징수함에 있어서는 이미 납부되었거나 납부할 세액을 대통령령으로 정하는 바에 따라 납부 또는 징수할 세액에서 공제한다.

② 이미 데이터세가 납부되었거나 납부될 과세 물품이 다음 각호의 어느 하나에 해당하는 경우에는 대통령령으로 정하는 바에 따라 이미 납부한 세액을 환급한다. 이 경우 납부 또는 징수할 세액이 있으면 이를 공제한다.

1. 수집단계에서 데이터세가 과세된 과세 물품을 가공한 과세 물품이 데이터세가 면제되는 경우

2. 「신용정보의 이용 및 보호에 관한 법률」 제2조제9호의2에 따른 본인신용정보관리업(마이데이터 사업을 말한다)을 통하여 데이터를 수집한 경우

③ 제1항과 제2항에 따른 세액 공제와 환급을 받기 위해서는 제25조에 따른 기록 장치를 갖추고 해당 과세 물품에 대한 공제 또는 환급 사유가 발생한 날이 속하는 달의 다음 달 15일까지 공제 또는 환급 사유가 발생한 사실을 관할 세무서장에게 신고하여야 한다.

④ 제17조제2항 및 제20조제2항에 따라 데이터세를 납부하거나 면세를 받은 데이터의 용도를 변경하는 등의 사유로 데이터세를 신고·납부하는 경우에는 그 데이터에 대하여 납부되었거나 납부될 세액을 공제하거나 환급하지 아니한다.

⑤ 제1항과 제2항에 따른 공제 또는 환급을 받으려는 자는 해당 사유가 발생한 날부터 6개월이 지난 날이 속하는 달의 말일까지 대통령령으

로 정하는 서류를 제11조에 따른 신고를 할 때 관할 세무서장에게 제
출하여야 한다.

⑥ 데이터세가 납부되었거나 납부될 과세 물품에 대하여 부과했거나
부과할 가산세는 공제하거나 환급하지 아니한다.

⑦ 제1항에 따른 공제를 할 때 이미 납부되었거나 납부할 세액이 납부
또는 징수할 세액을 초과하는 경우에는 그 초과 부분의 세액은 공제
하지 아니한다.

〈중략〉

제25조(기록 장치의 설치 및 장부 기록의 의무) ① 과세 물품을 수집하
거나 보관, 가공 또는 반출하려는 자는 대통령령으로 정하는 바에 따라
저장 장치별로 정보 전송에 사용되는 물리적 매체의 유형, 승인된 발신자
및 수신자, 정보 전송 일시, 물리적 매체 수 및 물리적 매체의 반입.반출
사실을 기록하는 장치를 설치하여야 한다.

② 제1항에 따라 기록 장치를 설치한 자는 관할 세무서장에게 설치 완
료 신고를 하여야 하며, 기록 장치의 변경과 기록된 자료의 삭제 등
대통령령으로 정하는 행위를 할 때에는 그 행위를 하기 7일 전까지
이를 신고하여 승인을 받아야 한다.

③ 제1항에 따라 기록 장치를 설치한 자는 대통령령으로 정하는 사항을
별도의 장부에 기록하고 비치하여야 한다. 다만 대통령령으로 정하
는 바에 따라 해당 감사(監査) 테이프를 보관하는 경우에는 장부를
기록.비치한 것으로 본다.

④ 제1항에 따른 의무가 있는 자는 관할 지방국세청장 또는 관할 세무서장의 요구가 있는 경우 반입 및 반출, 자료 삭제에 관한 정보를 즉시 제공하여야 한다.

〈중략〉

제27조(명령 사항 등) ① 관할 지방국세청장 또는 관할 세무서장은 데이터세의 납세 보전을 위하여 필요하다고 인정하면 대통령령으로 정하는 바에 따라 제6조의 납세 의무자에게 세금계산서 발행, 현금영수증 발행, 그밖에 단속을 위하여 필요한 사항에 관한 명령을 할 수 있다.

② 관할 지방국세청장 또는 관할 세무서장은 데이터세의 납세 보전을 위하여 필요하다고 인정하면 제17조제1항 또는 제20조에 따른 데이터를 반출하는 경우에는 해당 데이터의 구분·보관, 과세자료 제출, 그밖에 단속을 위하여 필요한 사항에 관한 명령을 할 수 있다.

제28조(질문 검사권) ① 세무공무원은 데이터세에 관한 조사를 위하여 필요하다고 인정하면 납세 의무자에 대하여 다음 각호의 사항에 관하여 질문을 하거나 제25조에 따른 기록 장치, 장부 및 그 밖의 사항을 검사할 수 있다.

1. 과세 물품 또는 이를 사용한 서비스 또는 제품으로서 과세 물품의 수집자 또는 가공자가 보관하거나 통제하는 것
2. 과세 물품 또는 이를 사용한 서비스 또는 제품의 수집·저장, 가공 또는 반출에 관한 기록

3. 과세 물품 또는 이를 사용한 제품을 수집 · 저장, 가공 또는 반출하기 위하여 필요한 건축물 · 기계 · 기구 · 장치나 그 밖의 물건

② 세무 공무원은 과세 물품과 이를 사용한 제품의 출처 또는 도착지를 질문할 수 있다. 이 경우 단속을 위하여 필요하다고 인정하면 세무 공무원은 가공 행위를 정지시키거나 그 밖에 필요한 조치를 할 수 있다.

③ 세무 공무원이 제1항 또는 제2항에 따라 질문 · 검사하거나 그 밖의 필요한 조치를 할 때에는 그 권한을 표시하는 증표를 지니고 관계인에게 보여주어야 한다.

제29조(영업 정지 및 허가 취소의 요구) ① 다음 각호의 어느 하나에 해당하는 경우에는 관할 세무서장은 대통령령으로 정하는 바에 따라 관할 지방국세청장을 거쳐 해당 사업에 관한 영업 정지나 허가 취소를 그 영업의 허가 관청에 요구할 수 있다.

1. 영업에 관하여 「조세범처벌법」 또는 「조세범처벌절차법」에 따른 처벌이나 처분을 받은 경우

2. 최근 1년 이내에 데이터세의 전부 또는 일부를 3회 이상 신고 · 납부하지 아니한 경우

3. 과세 물품의 반출자가 제12조제2항에 따른 납세 담보를 제공하지 아니한 경우

4. 제25조에 따른 기록 장치를 갖추지 아니하거나 무단으로 기록 장치를 변경하는 등 납세 보전에 영향을 미치는 행위를 하는 경우

② 제1항의 요구를 받은 허가관청은 정당한 사유가 없으면 요구에 따라 영업 정지나 허가 취소를 하여야 한다.

〈중략〉

제31조(과태료) ① 관할 세무서장은 제27조제2항에 따라 요구한 과세 자료를 제출하지 아니한 자에 대하여 7천만 원 이하의 과태료를 부과·징수한다.

② 관할 세무서장은 제25조에 따른 기록 장치를 갖추지 아니하거나 같은 조에 따른 장부 기록을 하지 아니한 자에 대하여 5천만 원 이하의 과태료를 부과·징수한다.

부   칙

제1조(시행일) 이 법은 202 년 1월 1일부터 시행한다.

제2조(일반적 적용례) 이 법은 이 법 시행 후 수집, 가공하거나 반출하는 과세 물품부터 적용한다.

5. 결론

인터넷의 발달이 가져온 디지털 경제에서 폭발적으로 증가하는 데이터는 새로운 자원으로서 그 중요성이 인식되고 있다. 디지털 산업이 전 세계에서 차지하는 비중이 확대되면서 구글, 애플, 아마존, 페이스북 등과 같은 플랫폼 회사들이 매년 성장하고 막대한 수익을 발생시키고 있지만, 사회 구성원의 기여로 수집된 데이터에 대한 대가는 거의 지불하지 않고 있다. 정보 주체의 데이터 주권 행사를 위해 우리정부가 주도하고 있는 마이데이터산업은 조만간 현실화될 전망이지만, 여전히 비식별 정보와 산업 데이터 사용에 대한 대가는 받을 수 없다. 따라서 마이데이터산업의 사각지대에 놓여 있는 비식별 조치된 데이터와 산업 데이터 등에 대해 데이터세를 정부가 부과한다면 필요한 세수 확보와 더불어 데이터의 역외 이동에 대한 통제권도 행사할 수 있어 국가의 데이터 주권을 확보할 수 있으리라 본다.

데이터세는 인공지능을 통한 빅데이터 가공을 핵심 기술로 하는 IT 기업들이 마치 데이터를 원재료로 사용하여 필요한 제품이나 서비스를 제공하면서도 합당한 데이터^{원재료} 가격을 지불하지 않는 것에 대하여 과세하는 조세다. 데이터세는 기본적으로 국내외 IT 기업들로부터 추가적인 세수 확보의 역할을 하지만, 그동안 소득 중심의 국제 조세 체계가 다국적기업의 조세 회피를 방지하기에는 부족한 점을 보완할 수 있다는 점에서도 그 의의가 크다. 따라서 데이터세의 도입을 위해 합리적인 과세 요건과 징수 방법을 만들고 과세 대상을 정확히 포착하고 관리할 수 있는 과세 메커니즘의 개발은 필수적이다. 구체적인 실익들을 검토한 결과, 데이터세의 도입 초기모델은 종가세^{從價稅} 보다는 종량세^{從量稅} 체계가 더 적합하다. 종가세일 때 과세 표준이 되는 데이터 가치^{가격} 를 합리적으로 측정할 수 있어야 하는데, 적절한 원시 데이터의 가격 산출 근거를 구축하는 것이 힘들기 때문이다. 과세 대상은 우선 민간 데이터로 한정하되, 고유 목적 범위에서 수집하고 보관하는 데이터를 제외하고 광고 등 수익 창출을 위해 2차적 목적으로 재사용하거나 제3자에게 제공하는 정보만을 과세 대상으로 하는 것이 적절하다. 납세 의무자는 과세 대상 행위가 포착 가능한 시기별로 담세자에게 직접 데이터를 전송 또는 처리하는 자로 하고, 데이터를 수집하는 회사들에게 ISMS 또는 ISO/IEC 인증을 의무화하여 국세청의 조사 능력을 배양할 필요가 있다. 특히 국제 조세 문제와 관련하여 국외 IT 기업들이 국내 발생 데이터를 사용하는 것에 대한 데이터세 부과는 데이터 주권과 연계하여 그 과세 논리를 지속적으로 강화할 필요가 있다. 이를 위해서는 개인 데이터뿐만 아니라 산업 데이터가 가진 경제적 소유권을 명확히 하고 국내 발생 데이터의 데이터 주권을 강화할 수 있는 근거와 이를 징수할 수 있는 법적 장치를 보완해야 할 것이다. 한편, 새로운 조세의 신설로 인해 영향을 받는 국내 데이터 산업의 경쟁력확보를 위해서 점진적 도입과 중소기업을 지원할 수 있는 정책의 보완도 함께 고려되어야 한다.

6장 로봇세

1. 로봇세의 과세 논리

로봇세의 도입 논의

1차 산업혁명은 1784년 영국을 중심으로 증기기관을 이용한 철도 및 면직물 생산 기계화로 대표되는 산업 발전을 의미하고, 2차 산업혁명은 1870년대 이후 산업에서 전기를 주동력으로 한 대량 생산 체계를 기반으로 했다고 할 수 있다. 제3차 산업혁명은 1969년 이후 컴퓨터와 인터넷이 주도한 정보화 및 자동화 생산 시스템을 도입한 것이다. 4차 산업혁명은 로봇이나 인공지능을 통해 현실과 가상 세계까지 통합하여 자동 및 지능적으로 사물을 제어할 수 있는 산업 형태의 변화를 의미한다.[360] 로봇

---

360 황준성, "4차 산업혁명에 따른 생산구조의 변화와 조세정책", 「세무회계연구」 제67호, 한국세무학회, 2021, 157면.

과 인공지능의 발달로 인한 생산 효율성 증대와 노동력 절감 효과 등은 4차 산업혁명의 큰 장점이지만, 동시에 현재 인간이 하는 상당 부분을 로봇이 대신할 수 있다는 우려가 커지고 있다. 또한 현재의 과세 기반이 유지된다면 부와 영향력의 불평등을 심화시킬 수 있는 고용의 미래와 사회 보장 시스템의 생존 가능성이 어둡다는 전망도 나온다.

2016년 유럽연합의회는 과세 및 사회 보장 목적으로 로봇 및 인공지능이 회사의 경제적 이익에 기여하는 정도와 비율을 보고하도록 할 필요가 있다고 보았다. 이와 아울러 로봇과 인공지능으로 인해 미칠 수 있는 노동 시장의 영향에 따라 기본소득의 도입도 진지하게 고려할 것을 제안하고 있다.[361] 노동력만을 생산 요소로 할 때 일자리 감소 계층에 대한 정부 지원의 하나로 가장 활발히 논의된 것이 기본소득이며, 노동의 대체제인 로봇에 대한 과세를 통해 재원을 조달하자는 취지다. 기본소득 연구자들은 결국 사람의 일자리는 점차 줄어들어 일하지 못하는 상황이 될 것이므로 노동을 하지 않고 사람들이 살아가기 위해서는 로봇에게 조세를 징수해야 한다고 한다.

반면, 로봇이나 인공지능의 등장이 기술의 발전을 가져와 오히려 새로운 분야의 일자리를 창출할 수 있는 만큼 반드시 로봇세를 부과할 필요가 없다는 반론도 만만치 않다. 기술의 발전으로 자동화는 증가해 왔고 이로 인한 일자리도 꾸준히 대체되었지만, 일자리 수 자체가 뚜렷이 감소했다고 보기 어렵다는 이유에서다. 그러나 앞으로도 유사한 상황이 계

---

361 European Parliament, *Draft Report with recommendations to the Commission on Civil Law Rules on Robotics[2015/2103(INL)]*, 2016, pp. 3, 10(europarl.europa.eu/doceo/document/JURI-PR-582443_EN.pdf, 검색일: 2022. 1. 8).

속될지는 어느 누구도 단정하기 어렵다.[362][363] 인공지능의 등장으로 로봇이 인간의 인지 능력이나 판단력을 점차 앞서가고 있어 근로 조건이나 업무 환경이 어떻게 변할지 예측할 수 없기 때문이다. 과거 산업혁명 때는 새로운 일자리를 통해 실업을 극복할 수 있었지만, 로봇에 의한 노동의 대체는 정부의 보조가 필요한 점[364]도 로봇세 도입이 필요한 이유다.

한편, 로봇세는 (적어도 잠시 동안) 신속한 로봇화 과정을 지연[365]시킬 수 있을 뿐만 아니라 근로자의 재교육 프로그램의 자금 조달을 위해 필요한 수입을 보장할 수 있다.[366] 그런데 2017년 유럽연합의회는 로봇에 의해 일자리를 잃은 노동자를 지원하거나 재교육하기 위해 소유자에게 이른바 로봇세를 부과하는 제안을 거부했다.[367] 로봇세 도입으로 인해 새로운 경제 성장의 동력이 되는 기술 혁신을 저해할 우려가 있고, 기본소

---

362 김주성, "로봇세 연구(Robot Tax?): 인간과 기계 노동의 조세중립성 관점에서", 「Law & Technology」 제16권 제5호, 서울대학교 기술과법센터, 2020, 77, 80~81면.

363 현재호, 조경민, 이윤경, 한승진, 안광석, 곽준영, 『4차 산업혁명의 정의 및 거시적 관점 대응방안 연구』, 산업통상자원부 연구 보고서, 2016, 1, 9면; 4차 산업혁명은 이전에 경험하지 못한 획기적인 기술 진보 속도와 생산 및 관리와 지배 구조까지 포함한 전체 시스템과 더불어 전 산업 분야에 걸친 대대적인 개편으로 인해 과거 인류가 경험하지 못했던 변화가 일어날 것임을 예측했다. 이 보고서는 고용 시장의 유연성, 기술 숙련도, 교육 시스템, 사회 인프라, 법적 보호 지표 부분에서 사회 경제 산업 시스템의 변화에 대응 방안을 검토했다.

364 홍범교, 『기술발전과 미래 조세체계: 로봇세를 중심으로』, 한국조세재정연구원, 2018, 38면.

365 Vikram Chand, Svetislav Kostić and Ariene Reis, *Taxing Artificial Intelligence and Robots: Critical Assessment of Potential Policy Solutions and Recommendation for Alternative Approaches–Sovereign Measure: Education Taxes/Global Measure: Global Education Tax or Planetary Tax*, World Tax Journal, 2020, P. 731.

366 Valentine P. Vishnevsky, Viktoriia D. Chekina, *Robot vs. tax inspector or how the fourth industrial revolution will change the tax system: a review of problems and solutions*, 2018, p. 16(elar.urfu.ru/bitstream/10995/61852/1/jtr-2018-4-1-6-26.pdf, 검색일: 2022. 1. 12).

367 "European parliament calls for robot law, rejects robot tax", Technology News, 2017. 2. 17. 기사(reuters.com/article/technologyNews/idCAKBN15V2KM?edition-redirect=ca, 검색일: 2022. 1. 20); 그러나 로봇 개발을 위한 윤리적 프레임워크와 자율 주행차를 포함한 로봇 행동에 대한 책임 설정을 포함하여 로봇화 과정을 규제하기 위한 EU 전역의 법안 마련을 요구했다.

득의 재원을 마련하는 데 로봇세의 세수만으로는 부족하다는 재정적 부담을 고려한 결과다. 즉, 로봇에 의한 일자리 상실을 예측하면서도 로봇세 도입은 아직 시기상조라고 본 것이다.

로봇세의 과세 환경과 도입 필요성

로봇세 도입 주장 근거는 로봇으로 인한 자동화나 인공지능으로 인해 근로자의 일자리를 빼앗기게 되므로 새로운 일자리 창출에 투입될 재원으로 로봇세가 필요하다는 것이다. 4차 산업혁명이란 빅데이터, 인공지능 등 디지털 기술로 촉발된 초연결 기반의 지능화 혁명을 의미한다. 과거 3차례에 걸친 아날로그 산업혁명에서는 핵심 자산이 자본과 노동력, 원료 등이라고 한다면 디지털혁명으로도 대변되는 4차 산업혁명의 핵심은 데이터와 인공지능이라고 할 수 있다.[368] 우리나라는 근로자 1만 명당 774개의 로봇이 밀집되어 있어 로봇 밀집도 세계 2위를 차지하고 있다. 다만 이러한 수치는 4차 산업혁명에 따른 것이 아니라 (3차 산업혁명의 일환인) 공장 자동화에 기인한 것으로 볼 수 있으므로 인공지능에 의한 로봇화라고는 볼 수 없다. 그러므로 로봇세의 과세 대상이 노동력 감소에 초점을 맞추어 제4차 산업혁명뿐만 아니라 그 이전의 시설 자동화까지 포함하여야 할 것인지 범위 설정이 필요하다. 생산 시설의 자동화는 근로자 고용에 대한 인센티브 제공, 자동화 시설 및 기계 장치 투자에

---

368 조세 측면에서는 인공지능뿐만 아니라 가상화폐, 공유경제, 드론, 디지털 거래, R&D까지 확장할 수 있다(박훈, "4차산업혁명을 고려한 세정 및 세제의 개선방안: 인공지능 및 빅데이터를 중심으로", 「조세와 법」 제13권 제1호, 서울시립대학교 법학연구소, 2020, 102면).

대한 세액 공제의 점진적인 폐지, 감가상각 제도 개선 등[369]의 방법으로 노동력 감소를 일정 부분 보완할 수 있을 것이다. 그러나 4차 산업혁명의 효과가 나타나기 시작하는 현 시점에서 장기적 안목에서 로봇세의 구체적인 과세 요건을 중심으로 도입 논의를 시작할 때이다.

한편, 로봇이나 인공지능의 도입으로 인한 일자리 감소는 기업의 수익 구조뿐만 아니라 국가 재정에도 영향을 미친다. 기업은 자동화된 설비의 구입 비용 등을 감안하더라도 장기적으로 인건비 대비 생산량 증대와 수익이 증가할 수 있다면 로봇이나 인공지능으로 대체하게 된다. 기업의 수익 증가로 국가 입장에서는 (주로) 법인세 세수가 증가할 것이다. 하지만 인간의 근로를 통해 징수한 소득세와 노동자들이 이용하는 식당 등 각종 편의 시설 사업자로부터 징수하는 소득세, 부가가치세 등도 감소하게 된다. 법인세와 소득세의 누진율 차이와 납세 의무자의 수적 차이 등을 고려하면 자동화가 진행되고 일자리 감소가 증가할수록 세수 측면에서는 불리해질 것이다. 산업 전반의 인공지능과 로봇 도입이 확산되면 새로운 세원 잠식[370] 요인으로서 작용할 수 있는 것이다. 따라서 국가 재정 측면에서 로봇세는 단지 실업 문제뿐만 아니라 적어도 현재의 과세 기반과 세수를 유지하기 위해서도 필요하다.

이외에도 로봇이 노동을 대체함으로써 발생하는 문제는 기업 규모에 따른 부의 격차다. 대규모로 자동화 설비와 인공지능 또는 우수한 연구 인력의 확보가 가능한 대기업과는 달리 중소기업은 생산과 공급 능력에서 뒤처질 수밖에 없다. 대기업과 중소기업 간의 규모와 성장력의 차이

---

369 김주성, 앞의 논문, 81, 90~91면.
370 김주성, 앞의 논문, 77면.

는 자동화와 인공지능화에 따른 노동의 생산성 감소로 나타난다. 따라서 로봇세를 부과한다면 간접적으로 생산 요소노동를 대기업에서 중소기업으로 이전시킬 수 있어 고용 유지뿐만 아니라 기업간 경쟁력 불균형 문제도 해소할 수 있다는 실증적 분석[371]도 있다. 결국 로봇 때문에 소득이 줄어드는 사람과 비교하여 로봇으로 이익을 더 받는 사람에게 소득세를 더 부담하게 하는 것은 합리적 차별[372]로 용인될 수 있다.

데이터세와의 관계

4차 산업혁명의 핵심은 인공지능, 사물 인터넷, 자율 주행 차량 등 무인 운송 수단, 나노 기술 등을 꼽을 수 있다. 특히 인공지능과 빅데이터 산업의 발전은 이러한 기술 발전을 가능하게 하는 필수적인 요소다. 인공지능은 학습, 추론, 지각 능력과 인간의 언어를 이해할 수 있는 능력을 컴퓨터 프로그램으로 실현한 기술이다. 그런데 아무리 알고리즘을 만들어 인공지능이 완성되더라도 의사 결정을 위해서는 추가로 검증할 데이터를 수집해야만 한다. 자동화를 통해 노동을 대체하는 산업 로봇과 달리 전문적인 자료 수집과 이를 활용한 비즈니스 모델에서는 인공지능 등에 대한 로봇세를 데이터세와 함께 연계할 수 있다. 데이터세는 IT 기업들이 인공지능을 이용한 빅데이터를 가공하여 서비스를 제공할 때 사용하는 원시 데이터의 수집 과정에서 국가가 그 데이터의 사용 대가를 징

---

371 이경빈, 조문수, "로봇세 부과의 필요성에 관한 연구: 기업 간 생산 효율성 불균형에 따른 부의 양극화 문제를 중심으로", 「2020년도 한국통신학회 동계종합학술발표회 논문집」 한국통신학회, 2020, 318면; 로봇세를 부과(주로 대기업이 됨)한다면 경제 전체의 생산에 영향을 거의 주지 않으면서 대기업에서 중소기업에게 로봇 사용 효과를 이전할 수 있음을 보여준다.
372 박훈, 앞의 논문, 113면.

수하는 소비세[373]이다. 로봇세에 비해 데이터세는 그 납세 의무자에 대한 논란이 적고 현재 법률 체계에서 바로 도입할 수 있지만, 수집, 가공, 판매되는 데이터의 양을 측정하는 절차에서 보다 복잡한 과세 구조를 가진다. 따라서 인공지능에 대한 로봇세의 도입은 인공지능이 얼마만큼 일을 하여 (데이터를 사용하여) 노동 시간을 줄여주는지를 측정할 수 있으므로 종량세 구조의 데이터세 과세 대상 포착에도 도움이 될 수 있다. 역으로 데이터 사용량에 따른 인공지능의 노동 정도를 파악하여 로봇세의 과세 표준 산정에 활용할 수 있으므로 로봇세와 데이터세는 상호 보완적인 관계를 유지할 수 있다.

2. 로봇세의 과세 요건

조세 법률주의에 따라 과세 요건을 법률로 반드시 규정해야 하는데, 이것을 과세 요건 법정주의라고 하고, 과세 대상 혹은 과세 물건, 납세 의무자, 과세 표준, 세율을 일반적으로 과세 요건이라고 한다. 로봇세를 반대하는 입장에서는 4가지 과세 요건 중에서 납세 의무자나 과세 대상을 특정하기 어렵다[374]는 점을 하나의 이유로 꼽는다. 그러므로 이하에서는 로봇세를 부과하기 위한 과세 요건을 중심으로 그 실현 가능성에 대하여 검토하고자 한다.

---

373 김신언, "기본소득 재원으로서 데이터세 도입방안", 「세무와 회계연구」 제9권 제4호, 한국조세연구소, 2020, 9면.
374 황준성, 앞의 논문, 161면.

납세 의무자

로봇세의 아이디어는 오래전부터 논의되었으나 일반인의 주목을 받게 된 것은 빌 게이츠가 로봇이 사람의 일자리를 대체한다면 그들도 세금을 내야 한다고 주장하면서부터라고 할 수 있다.[375] 빌 게이츠에 따르면, 공장에서 일하는 연봉 5만 달러의 노동자는 소득세를 내고 있기 때문에 만약 로봇이 그 일자리를 대체한다면 유사한 수준의 세금을 로봇에게 부과하는 것이 타당하다는 것이다. 따라서 로봇세는 로봇이 산업에 활용되면서 노동력 절감으로 늘어난 회사의 이익에 기업에게 과세될 수 있고, 또는 원래 인간이 지급하던 소득세를 로봇세 형태로 로봇에게 직접 부과할 수 있다고 보았다.[376] 소유자인 개인 또는 법인을 납세 의무자로 하거나 로봇을 인격체로 보아 로봇을 납세 의무자로 할 수 있다는 의미다.

레이 커즈와일 Ray Kurzweil 도 2007년에 4차 산업의 중심이 되는 인공지능 로봇의 발전 단계를 3단계로 나누었는데, 제1단계는 인공지능이 아직 인간의 지능에 미치지 못하는 단계를, 제2단계는 최소한 인간과 동등한 정도의 상태, 제3단계는 인간보다 뛰어난 단계로 구분한다.[377] 로봇세가 부과된다면 제1단계는 자율성이 없는 로봇이 노동력을 감축시킨 노동자의 급여만큼 담세력 있는 로봇의 소유자나 사용자를 납세 의무자로 하

---

375 홍범교, 앞의 보고서, 요약 및 정책 시사점.

376 "Bill Gates says robots should pay taxes if they take your job", Marketwatch, 2017. 2. 17. 기사(marketwatch.com/story/bill-gates-says-robots-should-pay-taxes-if-they-take-your-job-2017-02-17, 검색일: 2022. 1. 8); 빌 게이츠는 로봇 회사들도 로봇세 도입에 대하여 극렬한 저항을 하지 않을 것이라고 예측했다.

377 커즈와일은 인공지능 발달 단계에서 1단계는 2029년까지, 2단계는 2029년 이후 2045년까지, 3단계는 2045년 이후로 예상했다. 개인적인 예상이므로 정확한 분기점은 아닌 하나의 예시적 기준으로 볼 수 있다(홍범교, 앞의 보고서, 54면).

여 (법인이라 할지라도) 개인소득세를 징수하는 것이다. 로봇의 소유자가 로봇세를 실질적으로 부담한다면 담세력에 따른 과세 원리에 부합하고 경제적인 귀착 측면에서도 타당하다. 2017년 유럽연합의회에서 로봇에게 전자인격 electronic personality 을 부여[378]하도록 결의했다. 로봇의 지능화 제2단계와 제3단계는 로봇이 충분한 자율성 autonomy 을 가진 인격체로 보아 노동의 대체와 상관없이 로봇에게 직접 세금을 부과할 수 있다. 사람을 중심으로 구축되어 있는 현행 조세 체계에서 인격의 부여는 로봇을 과세 대상에 포함시키기 위한 전제 조건이다.[379] 마치 「법인세법」에서 자연인이 아닌 법인을 하나의 인격체로 인정하고 납세 의무자로 지정하는 것과 같은 방식이다. 「상법」상 법인의 실제 소유자는 주주나 채권자다. 배당의 형태로 법인세를 납부한 이후의 이익을 나누든 이자의 형태로 법인세 이전에 가져가든 법인이라는 매개를 통한 이익의 분배가 이루어진다. 로봇도 그 소유자가 있게 마련이고 독립적인 담세력을 측정할 수 있다면 로봇의 지능화 단계와 상관없이 법인처럼 로봇 자체를 납세 의무자로 해도 법리상 문제가 없을 것이다. 결국 인격이란 어떤 권리와 책임이 있다는 의미를 법적으로 표현한 것이므로 로봇에 대한 인격의 부여도 인

---

378 이미 2016년 유럽의회 실무 보고서는 현재의 과세 기반이 유지된다면 인구의 미래 고용과 사회 보장 시스템의 생존 가능성을 우려하며, 부의 분배와 영향력의 불평등을 증가시킨다고 강조했다. 이 보고서의 주요 아이디어 중 하나는 로봇에 대한 특정한 법적 지위를 부여하여 최소한 가장 정교한 자율 로봇이 설립될 수 있도록 하는 것이다. 로봇이 현명한 자율적 의사결정을 하거나 다른 방법으로 독립적으로 제3자와 상호 작용하는 경우에 전자적 인격을 적용하는 것을 포함하여 특정한 권리와 의무를 가진 전자 인격의 지위를 가지는 것(European Parliament, *op cit*, pp. 3, 12)이다. 이것은 매우 특이하고 논란이 많은 아이디어로, 지지자와 반대자 모두를 가지고 있다(Oberson X, *Taxing Robots? From the Emergence of an Electronic Ability to Pay to a Tax on Robots or the Use of Robots,* World Tax Journal vol. 9,, no. 2, 2017, p. 248).
379 홍범교, 앞의 보고서, 61면, 요약 및 정책 시사점.

간이 법률로 정하는 것이기 때문[380]이다. 다만 로봇에 대한 인격의 부여는 세법이 아닌 「민법」이나 「상법」 등에서 법리를 먼저 정리해야 할 것으로 보인다.

한편, 이미 법인세를 부담하는 법인이 로봇의 도입으로 수익이 증가하여 추가로 법인세를 납부함에도 불구하고 로봇세를 다시 부과한다면 이중과세가 된다는 비판이 나올 수 있다. 그러나 현행법상 법인세와 소득세의 이중과세 조정을 통해 해결할 수 있으므로 문제가 되지 않는다.[381] 또한 로봇을 하나의 인격체로 보아 과세하게 되면 로봇을 소유한 자와 그렇지 않은 자 간의 부의 격차 해소[382]에도 도움이 될 것이다. 다른 문제는 기존에 노동 집약형 기업이 생산 설비 등을 자동화하기 위해 법인을 신설하고 종전 법인의 사업을 고용의 승계 없이 흡수^{합병}하는 경우에 노동의 감소로 인한 소득세 세수 일실^{逸失}을 폐업 법인에게 부과하기 곤란한 상황이 발생할 수 있다. 이에 따라 납세 의무 승계 또는 연대 납부 의무 등 조세 일실 방지를 위한 납세 의무 확장도 함께 검토해야 한다.

과세 대상^{과세 물건}

가. 소득세 형태의 로봇세

로봇의 지능화 제1단계에서 AI 탑재 로봇을 사용하여 생산성 향상이 가능한 제조업 중심으로 노동 대체가 시작되고, 제2단계부터는 대량 실

---

380 Kaplan, *Human need not apply*, 신동숙 역, 『인간은 필요없다』, 한스미디어, 2016, 129면.
381 박훈, 앞의 논문, 110, 112면.
382 이경빈 외, 앞의 논문, 319면.

업이 현실화될 가능성이 커지게 된다. 마지막으로 제3단계로 확장될 경우 인간의 지능을 인공지능이 앞서게 되어 현재로서는 예측 불가능한 상황을 만들 것[383]이라고 한다. 현시점에서는 인공지능만을 과세 대상으로 할 것인지, 공장 자동화 설비까지 포함할 것인지는 산업에 미치는 전반적인 영향을 고려하여 합의해야 하는 선택의 문제로 남는다. 다만 어떠한 선택을 하든 로봇세의 과세 대상은 로봇화로 인해 노동을 대체한다는 점에서 로봇으로 인한 근로자 등의 소득세 감소분을 과세 대상으로 고려할 수 있다. 다만 이 경우에는 로봇이 대체한 인력이 부담하던 소득세를 합리적으로 측정할 수 있어야 한다. 왜냐하면 공장을 지으면서 로봇을 처음부터 생산 라인에 투입했다면 기존의 노동력을 감소시킨 것이 아니므로 노동자의 소득세 감소분을 측정할 수 없기 때문이다. 노동이 필요하지 않는 사업 분야에서 자동화 설비 또는 로봇의 설치로 인해 미래 노동의 감소까지 예상하여 과세 대상을 설정할 수도 없다. 게다가 숙련도나 근무 연수에 따라 사람도 소득 차이가 발생하기 마련인데, 업데이트가 되지 않는 한 같은 숙련도로 반복적인 노동을 할 수 있는 로봇에게 어느 숙련자를 기준으로 일실된 소득세를 산정할 것인지 판단하는 것은 쉽지 않다. 그렇다면 우선 로봇세는 로봇의 숙련도와 상관없이 현재 근무 중인 노동자를 로봇이 직접 대체하는 경우에만 그 소득세 감소분만큼 로봇세를 부과하는 것을 고려해야 할 것이다. 한편, 자동화시설이나 인공지능을 이용하는 기업에서 로봇과 상관없이 기업의 인적 구조 혁신이나 경영 악화 등의 사유로 실직이 발생한 경우는 과세 대상에서 제외하여야 한다. 직원이 퇴사하고 새로 입사하는 공백 기간에도 로봇으로 인한 노

---

383 홍범교, 앞의 보고서, 54~55면.

동 대체로 오인하지 않도록 과세 대상을 구분할 방법도 마련해야 한다.

나. 보유세 형태의 로봇세

한편, 납세 의무자가 로봇이라도 법인처럼 로봇의 소유자에게 세 부담이 최종 귀착된다는 점에서 보면 로봇을 소유함으로써 발생하는 수익도 과세 대상으로 볼 수 있다. 그러나 로봇의 소유에만 초점을 맞출 경우 재산세의 성격이 강할 수밖에 없고 근로 상실로 인한 소득세 세수의 감소를 대체하는 효과도 낮다는 단점이 있다. 다만 앞의 소득세로서 로봇세를 부과할 때 기존의 노동을 감소시키지 않는 경우에는 부과가 사실상 불가능하다는 점에서 보면 로봇 보유세로 어느 정도 보완할 수 있다. 기존의 노동을 감소시키지 않더라도 새로운 일자리를 계속해서 로봇이 차지한다면 장기적으로 노동을 대체하는 것과 마찬가지이므로 당장의 노동력 상실이 아니라도 과세 대상으로 포함할 필요가 있다. 한국지방세연구원은 최근 발행한 보고서에서 로봇 보유세는 로봇의 자산 가치를 근거로 과세하는 방법[384]을 제시했다. 그러나 노동의 대체와 로봇의 자산 가치는 직접적인 연관성을 찾을 수 없어서 앞의 소득세 형태의 로봇세를 보완하기에는 여전히 부족한 점이 있다. 로봇세 도입의 우선순위에서 소득세형 로봇세보다 보유세형 로봇세가 밀리는 이유다.

이외에도 위 보고서는 거래세로서 로봇의 취득 및 등록 행위에 대하여 과세하는 방안도 검토했다. 로봇의 최종적 소비가치나 부가가치에 대한

---

384 신뢰성을 확보할 수 있는 상장사를 중심으로 재무제표상 장부가액을 중심으로 과세 표준에 특정 세율을 적용해서 과세하는 방법이다.

부가가치세 과세 방법도 고려[385]되었지만, 현행 「부가가치세법」 체계에서 별도의 로봇세를 다시 도입할 실익은 크지 않다.[386] 또한 취득세를 부과하기 위해서는 현행 「지방세법」을 개정하여 취득세 과세 대상의 범위에 로봇 등을 포함시켜야 하는데, 로봇의 법적 정의가 명확해야 한다. 취득세는 한 번만 과세하므로 상당 기간 근로자가 계속 반복적으로 납부하는 근로소득세의 세수 일실을 보충하기 힘들다. 세율을 높이면 로봇의 도입 초기에 비용이 많이 발생하는 데다 과중한 취득세까지 부담해야 되므로 기업이 산업 설비의 개선을 늦출 수 있다는 것도 단점이다. 보유세 형태로 로봇세를 도입한다면 무엇보다 로봇세의 과세 주체가 중앙정부[국세]가 아닌 지방 자치 단체[지방세]일 때 발생하는 장점을 부각하면서 단점에 대한 해결책도 마련해야 할 것이다.

과세 표준

가. 산정 기준

과세 표준은 과세 대상의 물건이나 행위 또는 사실을 일정한 가치 척도[금액, 가액, 용량, 건수 등]로 나타내기 위하여 과세 대상을 금액 또는 수량화한 것이다.[387] 만약 로봇이 노동자를 직접 대체하여 일실된 소득세만큼 납

---

385 윤상호, 『기본소득 재원 마련을 위한 신세원 발굴 및 현행 세제의 합리적 증세방안: 로봇세와 지방소비세를 중심으로』 정책과제 2020-41, 한국지방세연구원, 2020, 49, 52면.

386 로봇을 운영하면서 발생하는 부가가치만을 별도로 측정하는 것도 맞지 않다. 왜냐하면 로봇을 생산에 투입하여 발생시킨 기업의 매출액에 부가가치세를 부과하는 현행 과세 체계상 로봇을 이용한 생산에 중과세할 것이 아니라면 이를 별도로 구분할 필요가 없기 때문이다.

387 임승순, 『조세법』, 박영사, 2020, 129면.

부한다면 과세 표준은 노동자의 소득 금액에서 각종 인적 공제 등을 제외한 금액이어야 한다. 그러나 로봇은 자연인과 같이 인적 공제, 교육비 등의 특별 공제, 자녀 세액 공제의 대상이 될 수 없으므로 로봇에게 대체된 근로자의 금액보다 과세 표준이 커진다. 반면 로봇을 인격체로 보더라도 유지 보수를 위한 수선비, 업그레이드 비용 등은 로봇으로 사업을 하는 기업의 당기 비용으로 처리될 수 있을 뿐, 로봇세 과세 표준 공제 대상이 아니다. 법률이 부여한 인격이 있는 법인도 각종 면허세 등을 납부하고 법인세 산출 시 사업과 관련한 비용으로 처리되는 것과 같다. 따라서 법인처럼 로봇에게 자연인과 동일한 인적 공제 등을 고려하지 않는 것이 당연할 수 있지만, 실직한 노동자의 소득세를 추징하는 개념으로 로봇세가 자리 잡는다면 그 노동자의 과세 표준에 상응하는 금액만큼만 과세 표준이 산정되어야 합리적이다.

또한 인간을 대체하는 로봇은 기업이 부담하는 4대 보험료와 식비 등 복리후생비를 절감할 수 있다는 장점이 있는 반면, 로봇을 유지하기 위해 사용되는 각종 수선비와 업그레이드 비용, 로봇을 동작시키기 위해 드는 전기 요금 등이 인간을 대체하기 전과 비교해서 훨씬 더 증가될 수 있다. 여기에 노동을 대체한 대가로 납부해야 할 소득세까지 부담을 가중시킨다면 기업의 생산 활동을 위축시킬 우려가 있다. 따라서 로봇의 노동 대체에 대하여 기업에게 비합리적인 추가 부담을 주지 않기 위해^조 세의 중립성을 유지하기 위해서라도 로봇에게도 별도의 로봇 공제 같은 제도를 도입할 필요가 있다.[388]

---

388 다만 기본소득과 같이 국가가 국민에게 생활지원금 등을 지급한다면 최소한의 생계 유지를 위해 존재하는 인적 공제 등 소득세법상 각종 소득 공제를 축소하거나 폐지할 필요가 있다. 따라서 개인의 소득 공제 제도가 없다면 로봇에 대한 로봇 공제를 별도로 둘 필요가 없다.

만약 소득세 부과가 곤란하여 앞서 언급한 보유세를 도입한다면 과세 표준이 감가상각을 끝낸 장부상의 금액을 과세 표준으로 해야 할 것인지는 고민해야 한다. 감가상각에 의해 과세 표준이 되는 자산가액이 계속 감소하므로 시간이 지날수록 소득세 형태로 매년 부과하는 로봇세보다 과세 표준이 적어지는 (형평성) 문제가 있기 때문이다. 그런데 로봇세가 법률로 입법되는데, 과세 표준의 산정 방법이 어떤 경우에는 소득세 산출 방식으로, 어떤 경우에는 재산세 산출 방식으로 하나의 법률에 함께 규정하는 것은 법률의 정합성이나 집행상의 혼란을 가져올 수 있다. 따라서 소득세를 산출하는 방식은 국세 형태의 로봇세로, 보유세^{재산세}는 지방세 형태의 로봇세로 각각 입법하는 것이 타당하다. 물론 두 가지가 중복해서 과세되지 않도록 과세 대상을 명확히 구분하거나 세액 공제를 통해 이중과세가 되지 않게 해야 한다.

나. 과세 표준의 측정

로봇이 기존의 노동력을 대체하는 경우 국세청에 퇴직 신고나 근로복지공단에 실업급여를 신청하는 시점에 로봇에 의한 실직 여부를 판단하여 로봇세를 부과할 수 있다. 특히 국세청에 신고된 퇴직소득 산정 자료는 실직자 1인당 최근 과세 정보를 얻을 수 있다는 점에서 정확한 과세 표준 측정이 가능하다. 하지만 퇴직금 지급 대상이 아닌 1년 미만의 근로자와 임시직은 국세청의 퇴직 신고 자료만으로는 부족하다. 이를 보완하기 위해 근로복지공단의 실업급여 신청 기준도 함께 고려할 필요가 있다. 재취업을 위한 재원 마련 및 실업수당 지급과 연계할 수도 있다는 점도 장점이다.

한편, 사업을 시작하면서부터 바로 로봇을 사업에 투입하거나 신규 사업 자체가 인간의 노동에 의존하지 않는 것이라면 기존의 노동에 영향을 미치지 않고 로봇화가 이루어지므로 노동 대체로 인한 소득세를 산출하기 힘들다. 공장 자동화가 아니더라도 신규 개업하면서 키오스크^{kiosk}나 서빙^{배달} 로봇을 매장에 사용하는 기업은 로봇으로 장래에 사람의 일자리를 대체한 것이 맞지만, 이들이 대체한 노동의 상용 임금을 기준으로 바로 로봇세를 부과하는 것은 쉽지 않을 것이다. 아직 그 기능에 있어 인간과 동등하다고 할 수 없기 때문이다. 매년 최저임금의 상승에 맞춰 로봇세의 과세 표준을 인상시킬 것인지도 합의가 필요하다. 인간의 하루 노동 시간은 보통 8시간이지만, 로봇은 24시간이 가능하므로 생산량을 기준으로 노동자를 대체함으로써 얻는 이익을 역산하여 소득세를 산출하는 것도 불합리하다. 따라서 로봇세를 실현하기 위해서는 반드시 과세 표준의 정확한 측정 방법이 우선 마련되어야 한다. 또한 로봇의 지능화가 제2단계 이상일 경우를 대비하여 장기적인 관점에서 과세 표준의 현실화를 검토해야 한다.

세율

로봇세가 인간의 노동력을 대체하고 그 노동자의 소득세 감소분을 보완할 목적의 세금이라면 개인의 소득세와 비슷한 체계의 누진세율을 부과해야 할 것이다. 이와 동시에 로봇세의 세율은 국내 기업의 해외 경쟁력 확보와 산업 발전에 지장을 초래하지 않아야 하며 IT, 제약 등 신성장 산업의 육성에도 걸림돌이 되지 않도록 설계할 필요가 있다. 앞서 살펴본 바와 같이 로봇이나 인공지능은 인적 공제 등을 적용할 수 없어 누진

세율 구간에서 더 많은 세금을 부담할 가능성이 있다. 따라서 「개별소비세법」에서 규정한 잠정세율과 탄력세율의 도입을 검토할 수 있다. 잠정세율은 정부가 기술 개발을 선도하는 등 정부의 정책 지원이 필요한 대상에 대하여 일정 기간 감면하되, 해당 기간 동안 나누어서 기본 세율에 가깝게 세율을 인상하는 방법을 말한다. 이는 소득세 형태만 아니라 보유세 형태의 로봇세를 도입하더라도 같이 적용할 수 있다.

예를 들어, 현행 개별소비세는 기술 개발을 선도하거나 친환경 물품에 대하여 최초 4년간은 기본 세율의 10퍼센트, 이후 1년간 40퍼센트, 그 이후 1년간 70퍼센트만큼의 세율을 적용한다.[389] 따라서 로봇을 도입할 때 초기 투자 비용이 큰 것을 고려하여 로봇세를 부과하더라도 일정 기간 잠정세율을 적용하는 방법으로 기업 부담을 완화시킬 수 있을 것이다. 한편, 탄력세율은 일시적으로 경기 조절 또는 가격 안정이 필요한 경우 세율을 변동시키는 30% 이내 것이다. 탄력세율은 개별소비세뿐만 아니라 「소득세법」[390] 「지방세법」[391] 「교통·에너지·환경세법」[392] 「증권거래세법」[393] 등에서도 규정하고 있다. 일반적으로 탄력세율은 일정 기간 동안 기본 세율보다 적게 받지만, 세 수입이 감소될 것으로 예상되거나 로봇으로 인한 급격한 실업이 예상되면 증세 조치를 하여 안정적인 세수 확보와 고용 안정을 동시에 달성할 수 있다. 로봇세를 도입할 때 탄력세율은 중앙정부뿐만 아니라 지방정부 차원에서도 활용할 수 있을 것이다. 지방 자치 단체의 의사로 재정 필요에 대응할 필요가 있는 부분에 대하

---

389 「개별소비세법」 제1조의2 제1항.
390 「소득세법」 제118조의5 제2항, 같은 법 시행령 제178조의 6.
391 「지방세법」 제103조의3 제7항.
392 「교통·에너지·환경세법」 제2조 제3항, 같은 법 시행령 제3조의2.
393 「증권거래세법」 제8조 제2항, 같은 법 시행령 제5조.

여 지방 자치 단체가 추가로 일정 한도에서 세율 결정의 재량권을 갖게 하는 것이다. 탄력세율을 지방 자치 단체가 활용한다면 선택 과세 방법을 통해 지방 자치 단체의 재정 자주권 확보와 지방 세제의 탄력성을 제고提高 할 수 있는 장점이 있다.[394]

3. 제도화 방안

조세 감면 제도와 로봇세

로봇세 도입을 찬성하는 측은 로봇에 의한 노동의 대체로 발생하는 일자리 감소 문제를 해결하기 위해 실업자의 교육과 재취업을 위해서, 또는 장기적인 관점에서 기본소득의 재원으로 사용해야 한다고 주장한다. 기본소득 연구자들은 로봇세를 도입하기 이전에라도 각종 세액 감면을 줄이는 방법을 내놓기도 했다. 경기도, 기본소득당, LAB2050[lab2050.org] 에서 내놓은 기본소득의 재원 마련 방법은 모두 1차적으로 현행 세법이 규정한 각종 세액 감면이나 세액 공제를 대폭 축소하거나 폐지할 것을 요구한다.[395] 한편, 로봇세 도입을 반대하는 측은 4차 산업의 중요한 요소인 인공지능 등 로봇 산업의 발전을 저해함으로 인해 미래의 경제 성장 동력을 잃을 수 있다는 우려를 근거로 팽팽하게 맞서고 있다. 특히 로봇으

---

394 임다희, 조경훈, 송상훈, "탄력세율 확대 효과에 대한 연구: 경기도 사례를 중심으로", 「국가정책연구」 제33권 제1호, 중앙대학교 국가정책연구소, 2019, 112면.
395 조세 감면 축소를 통해 재원을 조달할 규모에 대하여 큰 폭의 차이가 있는데, 경기도는 25조 원, 기본소득당은 57.5조 원, LAB2050은 78조 원 이상이 가능할 것으로 예측하고 있다 (윤상호, 앞의 보고서, 48면).

로 일자리 감소에 대해 세제상 불이익을 주기보다 오히려 기술 분야의 투자 확대를 위해 세제 혜택을 유지하는 것이 장기적인 일자리 창출과 국가 경제 발전의 선순환 효과가 있다고 주장한다.[396] 이렇듯 로봇세의 도입이 이분법적으로 논의되면서 사실상 타협점을 찾기 힘든 상황이다.

국가 입장에서는 로봇으로 대체된 실직자 증가로 인한 소득 세수의 감소와 더불어 이들에게 복지 지출을 하기 위해서도 새로운 세원 마련 방안을 고심해야 한다. 그러나 조세는 되도록 세수는 유지하되 자본에 대한 수익력을 약화시키지 않게 경제 활동에 중립적으로 작용하도록 설계되어야 한다. 그렇다면 찬성과 반대의 입장을 통합하여 로봇세 도입과 기술 개발에 대한 세제 감면 확대를 모두 수용한다고 가정했을 때 실질적인 경제적 효과에 대하여 검토해 볼 필요가 있다. 즉, 로봇으로 인해 일자리가 감소되어 세수 손실이 있는 근로소득세 등을 보충할 수 있도록 로봇세를 부과하되, 4차 산업의 성장 동력이 되는 인공지능 등의 도입에 투자 세액 감면 같은 세제상 우대 조치도 함께 확대하는 것이다. 실증 분석이 필요하겠지만, 노동을 대체하는 로봇의 도입으로 인해 기존에 지불하던 인건비와 복리후생비, 사용주 부담 4대 보험료를 절감할 수 있고, 인건비에 부과되는 소득세만 납입하므로 기업의 이익이 크게 감소되지 않을 것이다. 로봇 도입으로 인한 각종 세제 혜택도 유지되므로[397] 반드시 필요한 산업 설비의 확장 및 기술 개발을 계속할 수 있어 기업의 경쟁력도 유지할 수 있다. 정부 입

---

396 박훈, 앞의 논문, 119면.
397 즉, 로봇 등 투자로 인한 기대 수익=(인건비+4대 보험 사용자 부담분)-인건비×소득세율이 되므로 실직한 근로자의 소득세분 만큼만 투자 원금의 회수가 늦어진다. 하지만 로봇으로 대체됨으로 인해 기존의 고정비(인건비, 복리후생비 등) 감소로 인한 수익의 증대는 가능하고, 늘어난 수익만큼 (법인이라면) 법인세 산출 세액이 증가한다. 이때 로봇 도입에 대한 세제상의 혜택을 확대하거나 최소한 유지한다면 결국 시설 투자금이 로봇세(근로자의 소득세분) 만큼 손해 본 것을 법인세 납부 세액에서 만회할 수 있다.

장에서는 경제 주체가 인간을 고용하는 것이 유리함에도 세액 감면 때문에 세후 수익을 고려하여 기업이 로봇을 도입하게 됨에 따라 국가가 실업을 조장한다는 비판[398]에서도 자유로워진다. 기존의 근로소득세 감소분을 로봇세로 확보할 수 있어 세원 잠식의 위험성도 낮아지므로 로봇화에 따른 세수 확보와 지속 가능한 산업 발전이라는 두 개의 다른 목적을 달성하면서 동시에 조세의 중립성도 유지할 수 있다.

징수 방법

가. 과세 주체

조세는 부과 주체에 따라 국세와 지방세로 구분할 수 있다. 소득세는 기존의 과세 체계를 기반으로 하므로 국세로 하는 것이 타당하지만, 로봇세의 특수성과 용이성을 고려해서 국제 조세 문제에서 자유로운 지방세 체계에서 과세하는 것이 좋다는 견해[399]도 있다. 일정한 지역에서 물리적으로 구현되는 특정 지능형 로봇에 대해서 과세하므로 물리적 고정사업장을 한정하기 쉽다는 점 때문이다. 그러나 다국적 플랫폼 기업은 여전히 물리적 고정사업장 없이도 인공지능과 같은 지능형 로봇을 이용해 세계 각국의 디지털 서비스를 제공하고 수익을 거둘 수 있다는 점에서 지방세로 해도 조세 회피를 막을 순 없다.[400] 한편, 현재 소득세와 법인세

---

398 김주성, 앞의 논문, 78면.
399 윤상호, 정승영, 오경수, 『4차 산업혁명이 지방세제에 미치는 영향에 관한 연구』 기본과제 2019-08호, 한국지방세연구원, 2020, 57면.
400 국내 고정사업장이 없다는 것은 국내에서 노동의 대체가 없으므로 이에 대응할 목적으로 신설되는 로봇세의 도입 취지에 맞지 않다는 지적이 나올 수 있다.

는 조세 조약에 의해 그 실행 범위에 한계가 있지만, 노동을 로봇으로 대체하는 외국 기업이 국내 사업장을 두고 있지 않아 조세 회피에 대한 대응 방안은 추가로 검토해야 한다.

우리나라 「헌법」은 제59조에서 "조세의 모든 종목과 세율은 법률로 정한다"고 하여 조세 법률주의를 표방하고 있다. 지방세의 과세권은 「헌법」 제38조에서 모든 국민은 법률이 정하는 바에 따라서 납세 의무를 가진다고 정하고 있고, 「지방세기본법」 제4조에 의해 「지방세기본법」 및 「지방세관계법」에서 정하는 바에 따라서 지방 자치 단체가 과세권을 가지므로 자치 단체의 주민에게 지방세 형태로 조세를 부담시키는 것은 가능하다.[401] 또한 지방 자치 단체는 「지방세기본법」 제5조 제1항에 의하여 지방세의 법령의 범위 내에서 일반 조례로도 지방세의 세목, 과세 객체, 과세 표준, 세율 등 필요한 사항을 정할 수 있다. 하지만 이 일반 조례는 지방세 법령의 구체적 위임 범위 내에서만 가능하므로[402] 조례로서 지자체 내에 주소를 두고 있는 법인 또는 거주자를 대상으로 과세할 수 있는 소득세 형태의 로봇세를 신설하는 것은 사실상 힘들다. 현재 지방세의 세목을 살펴보면 취득세, 등록면허세, 재산세, 부가세 형태의 지방소득세, 주민세, 자동차세, 지방소비세, 레저세, 담배소비세, 지역자원시설세, 지방

---

401 지방세의 개념을 공권력 관계에서 보고 지방 자치 단체가 필요한 재정 수요를 충족시키기 위해 주민으로부터 직접적인 반대급부 없이 징수한다면 과세 관청만 납세 의무를 확정할 수 있으므로 신고 납부 제도가 적용되지 않는다. 이에 반해 조세 채권 채무 관계에 의하면 과세 관청의 처분이 없이도 납세자인 주민이 납세 의무를 이행할 책임이 발생하고, 과세 관청의 부과 처분은 이미 성립된 납세자의 채무를 확인하는 데 그친다(전동흔, 『2020 지방세실무』, 한국세무사회, 2020, 3면).

402 반대로 지방 자치 단체의 감면 조례는 「지방세법」의 구체적인 위임이 없어도 자치 단체에서 공익상 필요하다고 판단되는 경우 감면 조례를 제정하거나 개정할 수 있다(행자부 세정-844, 2005. 5. 23).

교육세가 있다. 이 가운데 특히 고용을 대체함으로써 징수하고자 하는 소득세 형태의 로봇세를 조례 제정으로 위임할 세목은 없다. 「헌법」상 조세를 부과하기 위해서는 법률의 형태여야 하고, 모든 법률은 국회의 입법 절차를 거쳐야 하므로 지방 자치 단체가 자체적으로 국회의 입법을 요구하는 것도 힘들다. 집행 구조의 복잡성, 높은 납세 협력 비용, 국회의 예산 통제권 약화 등의 부작용을 초래할 위험성과 더불어 납세 의무자와 과세 표준 설정이 조세 법률주의에 부합하지 않다는 지적[403]도 있다. 소득세 형태의 로봇세가 지방세로 도입되기 곤란한 이유다. 그러나 보유세 형태의 로봇세를 지방세로 입법하는 것은 크게 문제가 없어 보인다. 다만 재산세가 시군세인 것을 보면 소규모 지방 자치 단체별로 산업화 등의 차이로 인한 세수의 차이가 발생하므로 취득세와 같은 도세로 도입할 필요가 있다.

나. 세목과 징수 시기

납세 의무자가 되는 IT 기업이 법인이면 법인세가, 개인이면 소득세가 부과된다. 현재 세법 구조상 로봇을 생산에 도입한 기업에 대한 조세를 기존 과세 체계에 포함시키거나 부가세[附加稅, surtax] 형태로 유지할 것인지, 아니면 하나의 독립세로 입법할 것인지 고민할 필요가 있다. 개인적인 의견으로는 로봇세는 별도의 세목으로 신설하여야 한다. 세계 경제가 디지털화된 시점에서 기존의 과세 체계에서 벗어나 데이터세와 같은 새

---

403 우지훈, 양인준, "세법체계 관점에서 목적세의 허용범위 및 정비방안에 관한 소고", 「조세와 법」 제10권 제1호, 서울시립대학교 법학연구소, 2017, 105~106면.

로운 개념의 조세 제도까지도 검토되고 있는 현시점에서 시대 변화에 맞는 세목과 과세 표준의 패러다임을 새로 구축할 필요가 있기 때문이다. 지방세로 로봇 보유세를 부과하더라도 재산세의 과세 대상에 로봇을 포함시키는 것보다 별도의 독립세로 만들어야 과세 용도를 목적세로 한다든지, 과세 주체를 특별시장이나 도지사^{도세}로 하는 데 용이할 것이다.

다만 국세로 별도의 세목을 만들더라도 납세 의무자가 노동을 대체하는 업종에만 한정되므로 별도의 신고 시기를 만들어 납부하게 하는 것은 납세 협력 비용을 발생시킨다는 점에서 불합리하다. 따라서 먼저 현행법상 주기적으로 기업이 신고·납부하는 신고 시기와 일치시킬 필요가 있다. 예를 들어, 담세자이며 납부 의무자인 로봇의 소유자가 근로소득세의 원천징수 신고 시기에 맞춰 신고 및 납부하게 할 수 있다. 연말정산이 가능한 근로소득세 체계에서 기업이 회계 기간 결산을 완료하기 전 일괄적으로 연말정산 시기에 신고 납부하게 하여 납세 편의를 제공할 수도 있다. 다만 소득세형 로봇세의 납부 시기를 연간 1회로 하게 되면 기본소득 또는 실업자 재취업에 필요한 재원 확보 시기도 회계 연도가 종료되고 다음 연도 연말정산 신고 기한까지 늦춰지므로 징수와 배분에 더 많은 시간이 소요된다는 단점이 있다.

추가 고려 사항

가. 과세 용도^{목적}의 적합성

로봇세의 세원을 사용하는 용도를 특정하기 위해 목적세로 할 것인지 보통세로 할 것인지도 고민해야 한다. 현재 국세에서 목적세는 교육

재정의 확충[404]과 농어업 경쟁력 강화, 농어촌 산업 기반 시설 확충[405], 교통 시설 확충, 에너지, 환경 보전과 개선에 필요한 재원을 확보[406]하기 위한 목적으로 각각 교육세, 농어촌특별세, 교통·에너지·환경세를 부과한다. 지방세의 세목 중 목적세는 지역자원시설세와 지방교육세로 한정[407]되며, 지역자원시설세는 지역의 부존자원^{賦存資源} 보호·보전, 환경 보호·개선, 안전·생활 편의 시설 설치 등 주민 생활 환경 개선 사업 및 지역 개발 사업에 필요한 재원을 확보하고 소방 사무에 소요되는 제반 비용에 충당하기 위하여 부과한다.[408]

로봇세의 가장 큰 도입 동기가 노동을 대체함으로써 발생하는 실업 문제와 세원 잠식에 대한 대책이라는 점에서 실업자의 지원과 재취업을 위한 목적세로 도입하는 것은 타당해 보인다.[409] 목적세 earmarked tax 는 그 성격상 특정 경비에 사용될 것을 예정하고 있으므로 일반적인 재정 충당에 사용될 목적으로 징수하는 보통세와는 다르다.[410] 소득세 형태가 아닌 보유세 형태의 로봇세가 지방세로 도입될 때 목적세의 기능과 논리에 더 부합한다. 목적세는 수익자 부담 원칙 이론과 특히 지방 재정의 세입 및 세출 연계성의 충실 정도, 지방 재정 배분의 효율성을 충족시켜야만 부담자 역시 편익을 얻을 수 있고 지방 자치 단체의 정책 목적 달성에도 기여할 수 있는 특징이 있다.

---

404 「교육세법」 제1조.
405 「농어촌특별법」 제1조.
406 「교통·에너지·환경세법」 제1조.
407 「지방세기본법」 제7조 제3항.
408 「지방세법」 제141조.
409 그러나 현재 고용보험과 같은 사회보장제도를 유지하고 있고, 그 기능이 제대로 작동된다면 반드시 도입 이후 로봇세를 목적세로만 유지하지 않고 보통세로 전환될 수 있을 것이다.
410 임승순, 앞의 책, 10면.

만약 로봇세가 목적세로 도입될 경우 이론적으로 목적세가 수익자 부담 원칙의 충실 즉, 공공재로부터 이익을 받는 사람에게 비용을 부담시킨다는 논리와 상응해야 한다. 수익자 부담 원칙은 주로 도로, 항만 등 공공재를 건설하는 데 소요되는 자금^{비용}을 조세로 조달하면서 공통적인 편익을 얻을 수 있을 때 적용할 수 있는데, 로봇세는 납세자와 편익을 받는 대상이 복합적으로 나타난다. 즉, 로봇의 담세자^{납세 의무자}는 노동을 대체 가능한 산업 시설 또는 첨단 IT 기업이며, 인건비 절감 또는 생산량 증대로 인해 기업의 이익을 창출하므로 응익^{應益} 과세 원칙이 실현된다. 또한 로봇세 부과로 확보된 재원이 해당 지역의 개인에게 기본소득이나 재취업을 위한 경비로 사용되므로 이익을 받는 계층이 추가된다. 로봇을 사용하는 기업이 부담하는 로봇세는 수익을 창출하기 위한 필요 경비^{로봇 이전에는 노동이 차지한 부분} 측면에서도 수익자 부담 원칙과 상응한다. 수익자 부담 원칙을 바탕으로 할 때 상대적으로 납세자의 조세 저항을 감소시키는 데 효과적이라는 점, 세금을 부담하는 로봇을 소유한 기업이 받는 편익과는 직접적으로 상관관계가 있다^{응익 과세}는 점에서 볼 때 로봇세는 목적세의 이론에도 적합하다. 로봇세가 목적세일 경우 독자적인 납세 의무자와 과세 표준을 도출해야 할 필요성[411]도 앞에서 이미 살펴본 바와 같이 노동의 감소에만 초점을 맞춘다면 도입에는 큰 문제가 없을 것이다.

나. 전가 가능성과 국민의 효용 가치

일반적으로 조세의 전가^{shifting of taxation} 란 납세 의무자에게 세금을 부

---

411 우지훈, 양인준, 앞의 논문, 130면.

과했을 때 실질적인 세 부담을 다른 경제 주체에게 떠넘기는 것을 말한다. 실제 세 부담을 하는 다른 경제 주체는 자신에게 조세 부담이 귀속되었으므로 조세의 귀착 incidence 이 발생한다. 주로 직접세보다는 부가가치세와 같은 간접세가 최종 소비자의 세 부담을 예상하고 거래 징수하므로 전가가 쉽다고 한다. 그러나 전가라는 의미가 실제 세 부담을 넘기는 것이 아니라 납세 의무자에게서 담세자에게로 이전하는 것을 의미하므로 경제학적으로 볼 때 간접세라고 해서 전가가 되는 것은 아니라는 견해[412]도 있다. 간접세가 아닌 양도소득세도 전가는 거래되는 물품 부동산 등 의 가격을 상승시키는 효과[413]가 있다. 로봇을 사용하는 기업들에게 로봇세를 부과하면 이들이 생산한 제품의 상품 원가에 로봇세를 가산하므로 결국 소비자 가격이 상승할 수 있다.[414]

그러나 원칙적으로 로봇세는 기존 노동을 대체하는 데 부과되는 것이며, 로봇으로 인해 인건비 부담이 감소했으므로 반드시 소비자 가격을 상승시킨다고 할 수 없다. 오히려 노동의 대체 효과로 인건비 등 기존에 지출하던 고정비 감소로 인해 소비자 가격이 내려갈 수 있다. 여기서 로봇세는 그 가격 하락 폭을 조금 줄이는 외부 효과로 작용할 뿐이다. 생산자 기업 의 자본 능력에 따라서도 로봇세의 부과 여부가 결정이 되므로 대기업과 중소기업 간 전가 가능성에도 차이가 있다. 제조업을 중심으로 대기업이 보유한 풍부한 유보액으로 로봇을 생산 라인에 투자하여 인력

---

412 이창희, 『세법강의』, 박영사, 2020, 9면.
413 임승순, 앞의 책, 538면.
414 이렇게 공급자에서 소비자로 전가되는 경우를 전전(前轉, forward shifting)이라고 한다. 일반적으로 세금을 부과하거나 세율이 인상되어 해당 상품의 가격이 인상되면 조세 부담은 전전되었다고 한다. 그러나 반대로 상품 가격이 낮아진다면 상품 유통 과정과 역방향으로 (도매상에서 생산자에게로) 전가될 수도 있는데, 이를 후전(後轉, backward shifting)이라고 한다(우명동, 『조세론』, 도서출판 해남, 2007, 110면).

을 대체하게 되면 생산량은 유지하면서 파업 등 불확실한 고용 상황을 안정시켜 우발적 손실을 피할 수 있다. 고용 불안에 대한 우려가 감소하면 비용 감소로 인한 판매 가격이 더 낮아질 수 있어 로봇세가 부과되더라도 소비자가 체감하는 소비자 가격도 낮아진다. 상대적으로 인간의 노동에 의존해야 하는 중소기업의 경쟁력 약화도 늦출 수 있어 가격 경쟁력 있는 다양한 소비 제품이나 대체재를 생산할 수 있다. 따라서 로봇세가 반드시 소비자 물가의 상승을 가져온다고 할 수 없고 국민 입장에서는 선택의 폭을 넓힐 수 있기 때문에 로봇세가 국민에게 직접적으로 전가되는 효과는 떨어진다.

4. 결론

지능형 로봇의 등장으로 예전과는 다른 양상으로 노동이 대체될 수 있고, 4차 산업혁명으로 창출된 새로운 일자리도 처음부터 자동화된 로봇이 대체할 수 있다는 우려는 기우로 끝나지 않을 수 있다. 일자리 감소에 대한 대책으로서만 아니고 소득세의 세수 감소로 인한 국가 재정 축소에 대응하기 위해서도 새로운 산업 환경에 맞는 로봇세 도입을 검토할 때이다. 그러나 로봇세 도입은 국가 산업의 근간이 되는 시설 자동화나 신성장 동력이 되는 기술 혁신을 강력히 추진하는 정부의 방침과 조화되어야 한다. 이를 위해서는 로봇세는 시설 투자와 기술 개발에 대한 세액 감면 등의 조세 지원이 동시에 병행되도록 설계되어야 한다. 기업 입장에서는 근로자를 대체할 막대한 예산이 드는 로봇의 도입을 망설이지 않을 수 있고, 근로자의 감소로 인한 기업의 수익 중 일부만을 근로자가 납부하는 소득세로 납부하게 할 수 있다. 로봇세는 로봇에게 일자리를 빼앗긴 사람의 생활을 보장하기 위한 재원 마련이라는 목적에 부합할 수 있게 그 과세 대상과 과세 표준을 우선 로봇의 대체로 줄어드는 근로소득세 등에 한정되도록 설계할 필요가 있다. 로봇의 지능화 단계가 높아지고 4차 산업혁명으로 발생한 새로운 일자리를 처음부터 로봇이 차지하는 문제는 로봇세의 시행 이후에도 추가적인 과세 대상 확대를 통해 보완할 수 있다.

한편, 노동의 직접적인 대체 효과를 입증하기 힘든 로봇화에 대해서는 지방세^{보유세} 형태의 로봇세 도입도 검토할 수 있다. 그러나 소득세와 보유세 두 가지 형태로 로봇세를 운영해야 한다면 우선 노동을 대체하는 부분부터 소득세를 부과하는 로봇세^{국세}가 먼저 도입되어야 한다. 당장 실업 문제에 대처하기 용이할 뿐만 아니라 로봇세의 운영상 문제점을 파악하고 개선하여 합리적인 과세 논리를 구축해야 점차 보유세 형태의 로봇세까지 확장할 때도 실무상 결함과 조세 저항을 줄일 수 있기 때문이다. 다만 보유세의 과세 표준이 법인의 장부를 기준으로 감가상각이 반영된 자산가액이 될 경우 로봇세의 세수가 감소하여 세원이 줄어들고, 소득세형 로봇세와도 형평이 맞지 않으므로 이를 보완할 수 있는 대책도 마련해야 한다.

개인적으로 기술 중심의 산업화가 급속도로 진행되더라도 인간이 노동을 하지 않아도 되는 환경이 쉽게 오리라고 생각하지 않는다. 하지만 자본이 로봇을 통해 노동을 효과적으로 대체하여 생산성을 향상시킴으로써 과거보다 부유하게 될수록 노동력만을 생산 수단으로 가진 개인의 상대적 빈곤은 악화될 가능성이 크다. 노동소득에 의지하는 계층의 복지 불균형이 커질 것이며, 대규모 자본 조달이 가능한 대기업과 그렇지 않은 중소기업 간의 경쟁에서 불평등도 심화될 것이다. 따라서 로봇이 노동을 대체할 경우 새로운 세원 마련에 대해 조세법 학계에서도 관심을 가져야 하며, 구체적인 과세 요건과 실행 방안에 대한 연구도 계속되어야 할 것이다. 로봇세의 논의가 더 활성화되기 위해서도 앞으로 산업 현장과 일상생활 등 다양한 분야에서 로봇화가 이루어질 경우 세수 변동을 예측하는 등 실증적인 연구 결과가 나오기를 희망한다.

참고문헌

기본소득과 재원 마련 | 기본소득의 과세 문제

경기도,『기본소득의 정석』, 2020. 6. 30.

국회기본소득포럼, "기본소득과 결합한 조세·재정 개혁 방향",『2021년 제1회 국회기본
　　　소득포럼 자료집』, 2021.

송쌍종,『조세법학총론』, 도서출판 나라, 2010.

이창희,『세법강의』, 박영사, 2020.

임승순,『조세법』, 박영사, 2020.

한국조세정책학회,『기본소득재원 마련을 위한 세제개혁방안 세미나 자료집』, 2020.

강남훈, "인공지능과 기본소득의 권리: 마르크스의 지대이론과 섀플리 가치 관점에서",「마
　　　르크스주의 연구」 제13권 제4호, 경상대학교 사회과학연구원, 2016.

_____, "4차 산업혁명과 공유부 배당: 섀플리 가치의 관점에서",『한국사회복지학회 학술
　　　대회 자료집』, 한국사회복지학회, 2018.

금민, "공유 자산 배당으로서의 기본소득",「Future Horizon」, 과학기술정책연구원, 2017.

김공회, "긴급재난지원금은 기본소득의 마중물인가?: 기본소득(론)의 과거, 현재, 미래",
　　　「마르크스주의 연구」 제17권 제3호, 경상대학교 사회과학연구원, 2020.

김신언, "(긴급)재난지원금과 기본소득은 과세될 수 있는가?",「조세와 법」 제13권 제2호,
　　　서울시립대학교 법학연구소, 2020.

안효상. "토머스 페인의『토지 정의』와 해설",「시대」 통권 50호, 박종철출판사, 2017.

전강수, "기본소득 사상의 세 흐름에 대한 비교 검토와 그 함의: 재원 정당성을 중심으로",
　　　「시민과 세계」 통권 제35호, 참여연대 참여사회연구소, 2019.

Karl Widerquist, Allan Sheahen, *The Basic Income Guarantee in the United States:*

Past Experience, Current Proposals, Georgetown University, 2012.

국토보유세(기본소득토지세)

경기도, 『기본소득의 정석』, 2020. 6. 30.

국회기본소득연구포럼, 『기본소득 실현을 위한 기본소득토지세법 토론회 자료집』, 2021.

기본소득당, 『토지 불로소득 실태보고 & 해결방안 토론회 자료집』, 2020. 3. 22.

남기업, 『대한민국 부동산 불평등 실상과 해소방안 연구』, 용혜인 의원실 연구 용역 보고서, 2021.

남기업 외, "부동산과 불평등 그리고 국토보유세", 「사회경제평론」 제30권 제3호, 한국사회경제학회, 2017.

박상수, 『국토보유세 도입 쟁점 검토』, 정책과세 2019-06호, 한국지방세연구원, 2019.

박상수, 이슬이, "국토보유세 도입 쟁점 검토", 「한국지방세연구원 연차보고서」, 한국지방세연구원, 2020.

박훈, 허원, "토지 공개념 인정이 토지 관련 보유세 개편에 갖는 의미", 「경희법학」 제54권 제3호, 경희대학교 법학연구소, 2019.

송상훈, "기본소득형 국토보유세 설계방향", "GRI 정책브리프」 2018-19, 경기연구원, 2018.

신용상, 『일반투자자의 시장접근성 제고를 위한 공모 · 상장형 부동산 유동화시장 활성화 방안 연구』 KIF VIP 리포트 2020-01, 한국금융연구원, 2020.

유영성 외, 『기본소득형 국토보유세 도입과 세제 개편에 관한 연구』, 경기연구원, 2020.

윤영훈, "주요국의 부동산 관련 세부담 비교", 「조세재정 브리프」, 한국조세재정연구원, 2021. 5. 21.

임승순, 『조세법』, 박영사, 2020.

한국조세정책학회, 『기본소득재원 마련을 위한 세제개편방안 세미나 자료집』, 2020. 12. 17.

국토교통부 보도참고자료, "부동산 공시가격 현실화 계획", 2020. 11. 3.

통계청 보도자료, "가계금융복지조사 소득분배지표 확대 제공", 2019. 4. 11.

헌법재판소 1994. 7. 29. 선고, 92헌바49 결정.

대법원 2007. 1. 11. 선고, 2007두16847 판결.

Adam Smith, *An Inquiry into the nature and causes of the Wealth of Nations*, Μετα Libri, 2007.

B. K. Atrostic, James R. Nunns, *Measuring Tax Burden: Historical Perspective*, University of Chicago Press, 1991.

Hal R. Varian, *Intermediate Microeconomics* (9th Edition), W. W. Northon & Company, 2014.

Henry George, Progress and Poverty, The Modern Library NewYork, 1879.

Karl Widerquist, Allan Sheahen, *The Basic Income Guarantee in the United States: Past Experience, Current Proposals*, Georgetown University, 2012.

Mustafa Oktem, *Property tax shifting under imperfect competition: Theory and application*, University of New Hampshire Doctoral Dissertations, 2001.

탄소세

국회기후변화포럼, 『탄소세 도입! 준비현황과 주요쟁점은』, 국회토론회 발표자료, 2021. 11. 30.
국회예산정책처, 『탄소세의 배당에 관한 법률안 비용추계서』, 2021. 3. 25.
_____, 『교통 · 에너지 · 환경세법 전부개정법률안 비용추계서』, 2021. 9. 14.
_____, 『에너지세제 현황과 쟁점별 효과 분석』, 2019. 11.
기획재정위원회, 『교통 · 에너지 · 환경세법 전부개정법률안 검토보고』, 2021. 11.
대한민국정부, 『지속가능한 녹색사회 실현을 위한 대한민국 2050 탄소중립 전략』, 2020.
유영성 외, 『기본소득 재원으로서 탄소세 도입 검토』, 경기연구원, 2020.
유종민, 『탄소권 부과대상 및 최적세율에 대한 정책 연구: 배출권 시장과의 연계를 중심으로』, 한국조세재정연구원, 2021.
이창희, 『세법강의』, 박영사, 2020.
이재원, 김우현, "우리나라 탄소세 부과가 가계에 미치는 분배효과", 『2021년 재정패널 학술대회 자료집』, 한국조세재정연구원, 2021. 11. 12.
한국조세정책학회, 『탄소중립 2050, 세제상 대응은?』, 제20차 세미나 자료집, 2021. 12.
행정안전부, 『2021 지방세 통계연감』, 2021.
김승래, "탄소세 도입방안의 파급효과 및 성과 분석: 과세 대상 범위의 비교를 중심으로", 「재정정책논집」 제23집 제3호, 한국재정정책학회, 2021.
김현동, "이중과세금지 원칙의 의미와 한계", 「세무학연구」 제34권 제4호, 한국세무학회, 2017.
박준욱, "이중과세금지원칙의 적용과 그 조정방안", 「조세와 법」 제4권, 서울시립대학교 법학연구소, 2011.
심성은, "노란 조끼 시위의 동인과 특징에 대한 고찰", 「의정연구」 제25권 제1호, 한국의회발전연구회, 2019.
오문성, "귀납적 접근방법에 의한 이중과세 개념에 관한 소고", 「회계연구」 제22권 제1호, 2017.
이동규, 김승래, "에너지세제의 분배효과 분석: 수송용 및 가정용 연료를 중심으로", 「재정학연구」 제11권 제2호, 한국재정학회, 2018.
조혜경, "탄소 배당 연계 탄소세 도입의 필요성 및 기본 방향", 「Alternative Issue Paper」 No 14, 정치경제연구소 대안, 2020. 11. 10.
최막중, 정이레, "소득 수준과 주택특성에 따른 난방 에너지 소비의 역진적 인과구조", 「국토계획」 제53권 제6호, 대한국토 · 토지학회, 2018.
한희진, 안상욱, "기후변화 정책과 이해충돌 : 프랑스 사례를 중심으로", 「유럽연구」 제39권 제1호, 한국유럽학회, 2021.

기본소득당 보도자료, "용혜인 의원, '기본소득 탄소세법' 대표 발의", 2021. 3. 11.
산업통상부 보도자료, "산업부 2차관: 에너지 얼라이언스 CEO 탄소중립 간담회 개최", 2021. 9. 28.
정의당(국회의원 장혜영) 보도자료, "장혜영, 탄소중립과 정의로운 전환을 위한 '탄소세법' 발의", 2021. 7. 12.
헌법재판소, 2006. 3. 30. 선고, 2003헌가11 결정.
_____, 2008. 11. 13. 선고, 2006헌바112 결정.
European Commission, *Fossil CO₂ and GHG emissions of all world countries*, 2019 .
_____, *Renewable Energy Progress Report*, COM(2020) 952 final, 2020.

데이터세

국회기본소득연구포럼, 『기본소득 재원 마련을 위한 데이터세법 토론회』, 2021.
김신언, 『최근 디지털세제의 동향과 분석』, 제4회 한국세무포럼 발표자료, 한국세무사회, 2021. 1. 21.
김용담, 『민법-물건법』, 한국사법행정학회, 2011.
우창완, 김규리, 『(EU 정책분석 보고서) 데이터 주권과 데이터 국경』, 한국정보화진흥원, 2020.
임승순, 『조세법』, 박영사, 2020.
중소기업기술정보진흥원, 『데이터 3법 개정이 국내 산업에 미치는 영향』 Issue Report 2020. 4. Vol. 2, 2020.
한국데이터산업진흥원, 『마이데이터 서비스 안내서(웹용)』, 2019.
_____, 『2019 데이터산업 백서』, 2019.
(사)한국지식재산학회, 『데이터거래 가이드라인』, 한국데이터산업진흥원, 2019.
강남훈, "인공지능과 기본소득의 권리: 마르크스의 지대이론과 새폴리 가치 관점에서", 「마르크스주의 연구」 제13권 제4호, 경상대학교 사회과학연구원, 2016.
강형구, 전성민, "국내 전자상거래의 규제 및 글로벌 경쟁 이슈: 시장지배력, 데이터 주권, 아마존 효과를 중심으로", 「법경제학연구」 제15권 제3호, 한국법경제학회, 2018.
김송옥, "유럽연합 GDPR의 동의제도 분석 및 우리 개인 정보보호법제에 주는 시사점", 「아주법학」 제13권 제3호, 아주대학교 법학연구소, 2019.
김신언, "기본소득 재원으로서 데이터세 도입방안", 「세무와 회계연구」 제9권 제4호, 한국조세연구소, 2020.
_____, "디지털 경제의 세원(稅源), 데이터", 「세무와 회계 저널」 제22권 제2호, 한국세무학회, 2021.
_____, "디지털세의 최근 입법동향과 우리나라 세제 개편 방안", 「조세법연구」 제27권 제2호, 2021.
_____, 구성권, "데이터 소유권과 현지화에 관한 연구", 「서울법학」 제29권 제2호, 서울시립대학교 법학연구소, 2021.

김창수, "정보의 국제적 유통에 관련된 문제들", 「논문집」 제1호, 광주대학교 민족문화예술
연구소, 1992.

김현경, "국내 · 외 플랫폼 사업자 공평규제를 위한 제언", 「성균관 법학」 제29권 제3호, 성
균관대학교 법학연구원, 2017.

류병윤, "개인 데이터의 보호 대(對) 자유로운 국제이동: 국제법의 현재와 미래", 「IT와 법
연구」 제21집, 경북대학교 IT와 법연구소, 2020.

목광수, "빅데이터의 소유권과 분배 정의론: 기본소득을 중심으로", 「철학 · 사상 · 문화」,
동국대학교 동서사상연구소, 2020.

박상철, "데이터 소유권 개념을 통한 정보보호법제의 재구성", 「법경제학연구」 제15권 제2
호, 한국법경제학회, 2018.

박주석, "빅데이터, 오픈데이터, 마이데이터의 비교 연구", 「한국빅데이터학회지」 제3권 제
1호, 한국빅데이터학회, 2018.

배영임, 신혜리, "데이터3법, 데이터경제의 시작", 「이슈&진단」 No 405, 경기연구원,
2020.

윤수영, "4차 산업 혁명 시대의 소비자 데이터 주권에 대한 고찰: EU GDPR을 중심으로",
「소비자학 연구」 제29권 제5호, 한국소비자학회, 2018.

이동진, "데이터 소유권, 개념과 그 실익", 「정보법학」 제22권 제33호, 한국정보법학회,
2018.

이민영, "정보통신서비스 제공자에 대한 법적 고찰", 「성균관 법학」, 성균관대학교 법학연
구원, 2018.

이상용, "데이터 거래의 법적 기초", 「법조」 제67권 제2호, 법조협회, 2018

이상윤, "유럽연합 디지털 정책의 동향과 전망: 유럽의 미래, 유럽 데이터 전략, 인공지능
백서의 주요내용과 의의", 「고려법학」 제97호, 고려대학교 법학연구원, 2020.

이흔재, "인터넷서비스 제공자와 공정이용: 구글의 사례를 중심으로", 「동북아법연구」 제
10권 제2호, 전북대학교 동북아법연구소, 2016.

정상조, 권영준, "개인 정보의 보호와 민사적 구제수단", 「법조」 제58권 제3호(통권 630
호), 법조협회, 2009.

차상육, "세이프하버협정 무효판결 이후 EU 일반개인 정보 보호 규정의 내용과 우리 개인
정보보호 법제상 시사점: 개인 정보의 국외이전에 관한 비교법적 연구를 중심으
로", 「법학논총」 제36권 제1호, 한양대학교 법학연구소, 2019.

최경진, "데이터와 사법상의 권리, 그리고 데이터 소유권", 「정보법학」 제23권 제1호, 한국
정보법학회, 2019.

KOSTEC(한중과학기술협력센터), "중국의 빅데이터 지원 정책과 동향", 「Issue Report」
2018. vol 3, 한중과학기술협력센터, 2018.

Kristina Irion/권헌영(역), "개인 정보의 국경 간 이전에 관한 EU 법률의 이해: 글로벌 환
경과의 조화(EU Law on Cross : Border Flows of Personal Data in a Global
Perspective)", 「경제규제와 법」 제11권 제2호, 서울대학교 법학연구소, 2018.

산업통상자원부 보도자료, "미래차, 가전 · 전자 등 6대 산업 분야 '연대와 협력'으로 산업

　　　디지털 전환(DX) 앞장서다", 2020. 10. 28.

기획재정부 보도참고자료, "디지털세 필라2 모델규정 공개: 글로벌 최저한세 도입을 위한 입법 지침 합의", 2021. 12. 20.

Cristian Óliver Lucas-Mas and Raúl Félix Junquera-Varela, *Tax Theory Applied to the Digital Economy: A Proposal for a Digital Data Tax and a Global Internet Tax Agency*, World Bank Group, 2021.

Christopher Kuner, *Reality and Illusion in EU Data Transfer Regulation Post Schrem*, 18 German Law Journal, 2017.

Court of Justice of the European Union, PRESS RELEASE No 117/15, Luxembourg, *The Court of Justice declares that the Commission's US Safe Harbour Decision is invalid*, 6 October, 2015.

European Commission, *A European Strategy for Data*, COM(2020) 66 final, 2020.

_____, *Shaping Europe's Digital Future*, COM(2020) 67 final, Brussels, 19 Feb 2020.

Ewin Chemerinsky, *Constitutional law*, 4th Edition, Wolsters Kluwer, 2016.

Max Cash, Robert Schuman Scholar, *Electronic Commerce and Tax base erosion*, Economic Affairs Series ECON 108 EN, European Parliament, 1999.

OECD, *Addressing the Tax Challenges of the Digital Economy Action 1: 2014 Deliverable*, 2014.

_____, *Public consultation document Secretariat Proposal for a "Unified Approach" under Pillar One*, 2019.

Ruth Boardman, Arian Mole, *Guide to the General Data Protection Regulation*, Bird & Bird, May 2020.

British Horseracing Board v. *William Hill Organization Ltd* C-203/02.

Google Spain SL and Google Inc. v AEPD and Mario Costeja González.

Feist Publications v. Rural Telephone Service, 499 U. S. 340.

Gonzales v. Raich, 545 U.S. 1.

Houston, East and West Texas Ry. co. v. United States, 234 U. S. 342.

로봇세

우명동, 『조세론』, 도서출판 해남, 2007.

윤상호, 정승영, 오경수, 『4차 산업혁명이 지방세제에 미치는 영향에 관한 연구』 기본과제 2019-08, 한국지방세연구원.

윤상호, 『기본소득 재원 마련을 위한 신세원 발굴 및 현행 세제의 합리적 증세방안: 로봇세와 지방소비세를 중심으로』 정책과제 2020-41, 한국지방세연구원, 2020.

이창희, 『세법강의』, 박영사, 2020.

임승순, 『조세법』, 박영사, 2020.

전동흔, 『2020 지방세실무』, 한국세무사회, 2020.

현재호, 조경민, 이윤경, 한승진, 안광석, 곽준영, 『4차 산업혁명의 정의 및 거시적 관점 대응방안 연구』, 산업통상자원부 연구 보고서, 2016.

홍범교, 『기술발전과 미래 조세체계-로봇세를 중심으로』, 한국조세재정연구원, 2018 .

Kaplan, Human need not apply, 신동숙 역, 『인간은 필요없다』, 한스미디어, 2016.

김신언, "기본소득 재원으로서 데이터세 도입방안", 「세무와 회계연구」 제9권 제4호, 한국조세연구소, 2020.

김주성, "로봇세 연구: 인간과 기계 노동의 조세중립성 관점에서"', 「Law & Technology 제16권 제5호, 서울대학교 기술과법센터, 2020.

박훈, "4차산업혁명을 고려한 세정 및 세제의 개선방안: 인공지능 및 빅데이터를 중심으로", 「조세와 법」 제13권 제1호, 서울시립대학교 법학연구소, 2020.

우지훈, 양인준, "세법체계 관점에서 목적세의 허용범위 및 정비방안에 관한 소고". 「조세와 법」 제10권 제1호, 서울시립대학교 법학연구소, 2017.

이경빈, 조문수, "로봇세 부과의 필요성에 관한 연구: 기업 간 생산 효율성 불균형에 따른 부의 양극화 문제를 중심으로", 「2020년도 한국통신학회 동계종합학술발표회 논문집, 한국통신학회, 2020.

임다희, 조경훈, 송상훈, "탄력세율 확대 효과에 대한 연구: 경기도 사례를 중심으로". 「국가정책연구」 제33권 제1호, 중앙대학교 국가정책연구소, 2019.

황준성, "4차 산업혁명에 따른 생산구조의 변화와 조세정책", 「세무회계연구」 제67호, 한국세무학회, 2021.

European Parliament, Draft Report with recommendations to the Commission on Civil Law Rules on Robotics[2015/2103(INL)], 2016.

Oberson X, Taxing Robots? From the Emergence of an Electronic Ability to Pay to a Tax on Robots or the Use of Robots, World Tax Journal. 2017(vol. 9).

Vikram Chand, Svetislav Kostić and Ariene Reis, Taxing Artificial Intelligence and Robots: Critical Assessment of Potential Policy Solutions and Recommendation for Alternative Approaches – Sovereign Measure: Education Taxes/Global Measure: Global Education Tax or Planetary Tax, World Tax Journal, 2020.

Valentine P. Vishnevsky, Viktoriia D. Chekina, Robot vs. tax inspector or how the fourth industrial revolution will change the tax system: a review of problems and solutions, 2018.